언어의 본질에 대한
물음으로서의 논리학

언어의 본질에 대한
물음으로서의 논리학

– 하이데거 전집 38A

인쇄 1쇄 인쇄 2021년 11월 18일
발행 1쇄 발행 2021년 11월 25일

지은이 | 마르틴 하이데거
옮긴이 | 김재철, 송현아
펴낸이 | 김태화
펴낸곳 | 파라아카데미 (파라북스)
기획편집 | 전지영
디자인 | 김현제

등록번호 | 제313-2004-000003호
등록일자 | 2004년 1월 7일
주소 | 서울특별시 마포구 와우산로29가길 83 (서교동)
전화 | 02) 322-5353 팩스 | 070) 4103-5353

ISBN 979-11-88509-48-5 (93160)

* 값은 표지 뒷면에 있습니다.
* 파라아카데미는 파라북스의 학술 전문 브랜드입니다.

언어의 본질에 대한
물음으로서의 논리학

LOGIK ALS DIE FRAGE NACH DEM WESEN DER SPRACHE

마르틴 하이데거 지음
김재철, 송현아 옮김

파라아카데미

차례

2부 **역사의 본질로서 근원적으로 통일된 시간** • 187

1장 **인간의 역사성은
변화된 시간과의 관계로부터 경험된다** • 198

■ 일러두기 ■

1. 이 책은 마르틴 하이데거(Martin Heidegger)의 전집 38A권, *Logik als die Frage nach dem Wesen der Sprache*(1934년 여름학기 강의, Frankfurt a. M.: Vittorio Klostermann, 2020)를 완역한 것이다. 하이데거의 강의수고에 기초하여 페터 트라브니(Peter Trawny)가 편집한 이 책이 나오기 이전에 귄터 조이볼트(Günter Seubold)가 필사본에 근거하여 편집한 전집 38권이 1998년에 출판되었다. 번역을 위해 역자는 이전 판본을 참조하였다.

2. 하이데거가 인용한 그리스어와 라틴어 문장은 대부분 하이데거가 본문에서 직접 독일 어로 번역한 것을 사용하였다. 원문에서 원어 그대로 사용된 그리스어와 라틴어의 낱 말은 처음에 병기한 이후 대부분 번역어를 사용하였으며 문맥에 따라 필요한 것은 발음 그대로 사용하였다.

3. 원문에 이탈릭체로 표시된 많은 부분은 역자가 핵심적인 부분만을 선택하여 굵은 글 자체로 바꾸었다. 그리고 원문에 있는 [?]는 편집자가 판독하기 어려운 것으로 표시한 것이며, 그 외에 다양한 표시들과 많은 부연부호는 필요에 따라 생략하거나 문맥에 맞 게 풀어서 번역하였다.

4. 본문과 각주에서 [ ] 안에 들어 있는 내용은 편집자가 작업한 것이다. 하이데거가 독 특하게 사용한 문장, 개념, 용어는 필요에 따라 ' '에 넣어 통상적인 낱말과 구별하였으 며, 본문에서 〔 〕안에 있는 내용은 독자의 이해를 위해 역자가 추가한 것이다.

5. 원문에 하이데거의 강의수고에 대한 쪽수 표시는 이 책의 쪽수로 바꾸었다.

논리학의 구조, 유래, 의미
그리고 필요한 변화

논리학

[그리스인들에게 있어 시원의 **몰락**으로부터 시작된 '논리학'의 유래에 관하여 – 1935년 여름학기 강의 참조; 같은 곳. '논리학'과 '문법'에 관하여.][1]

['논리학'은 항상 **마지막의** 것인가? 나중의 것, **가장** 나중의 것인가? 그것이 만들어진 것으로 남아있다면 확실히 그렇다.

그러나 논리학이 언어에 대해 그리고 언어 안에서 취하는 근본태도의 변화로부터 **진리**의 본질적인 변화를 수행한다면 논리학은 시원일 수 있고 시원이어야 한다. 1935년 여름학기 강의 "알레테이아

---

1 [Martin Heidegger: Einführung in die Metaphysik, GA41. 〔GA40이 잘못 기입된 것으로 보임 — 옮긴이〕 Hrsg. von Petra Jaeger, Frankfurt am Main, 2/2020, S. 58 – 75.; Martin Heidegger: Einführung in die Metaphysik, GA40, Vittorio Klostermann GmbH · Frankfurt am Main, 1983.]

($\dot{\alpha}\lambda\acute{\eta}\theta\epsilon\iota\alpha$)의 추락과 알레테이아"를 참조할 것.[2] 이 **시원적인** '논리학'은 사유의 예리함과 본질성에 있어 지금까지의 모든 논리학과 '기호논리학'을 완전히 능가한다. — 이 시원적인 '논리학'은 현–**존재**(Da–sein)를 진리의 본질적 변화에 대한 수행으로 모아들이기 위한 제목으로서의 '**논리학**'이다; 1935/6.][3]

'논리학(Logik)'이라는 제목은 그리스어 표현인 '로기케($\lambda o\gamma\iota\kappa\acute{\eta}$)'의 약어이다. 이 표현은 '로고스($\lambda\acute{o}\gamma o\varsigma$)'와 관계한다는 것을 의미한다. 보충되어야 하는 것은 에피스테메($\dot{\epsilon}\pi\iota\sigma\tau\acute{\eta}\mu\eta$), 즉 앎(Wissen)이다. 따라서 논리학은 **로고스**와 관계하는 앎이며, 로고스에 정통해있음을 의미한다. 로고스는 이야기(Rede), 말함(Sagen)이다. **그리고** 심지어 여기('로기케')에서 로고스는 **이미 아주 특정한 의미**[첨부 12쪽 참조][4]에서 '로고스 아포판티코스($\lambda\acute{o}\gamma o\varsigma$ $\dot{\alpha}\pi o\phi\alpha\nu\tau\iota\kappa\acute{o}\varsigma$)'로 여겨진다. 로고스 아포판티코스, 즉 내보이는 말함과 이야기함은 다른 방식의 말함과 이야기함, 즉 요구, 명령, 부탁, 비난, 한탄, 칭찬의 이야기함과 구별된다. 오히려 로고스 아포판티코스는 사태가 **무엇**인지, 사태가 **어떤** 관계에 있는지를 단순하게 말하고 보여준다. 진술함

---

2 [Martin Heidegger: Ἀλήθεια und Höhlengleichnis, In: Ders.: Vorträge. Teil 1: 1915–1932, GA80. 1, Hrsg. von Günther Neumann, Frankfurt am Main 2016, S. 479–486. 〔하이데거가 의도했던 제목으로 편집자가 부친 제목으로 보임 — 옮긴이〕

3 [Martin Heidegger: Die Frage nach dem Ding, Zu Kants Lehre von den transzendentalen Grundsätzen. GA41, Hrsg. von Petra Jaeger, Frankfurt am Main, 1984.]

4 [수고에는 해당되는 쪽수의 '첨부'가 없다.]

(Aussagen)으로서의 말함은 예를 들어 '하늘이 구름으로 덮여 있다', '원은 둥글다', '소크라테스는 인간이다'와 같은 것이다. 이러한 말함은 밖으로 말해진다(ausgesagt, 진술된다). 즉 이러한 말함은 앞서 말해지며 뒤따라 말해진다. 다시 말해 이러한 말함은 밖으로 말해진 것으로서 문장으로 작성되고 문헌으로 보존된다. 이때 로고스 — 그러한 문장들, 그러한 문장들의 연결(논문들) — 는 **다른 사물들**(동물, 식물, 인간, 산맥, 바다)**처럼 눈앞에** 출현한다. '로고스'는 **눈앞에 있는 것**(Vorhandenes), **겉으로 보이는 것**(Aussehen)이다. 사람들은 이러한 로고스로부터 — 그 로고스에서 앞서 발견할 수 있는 것에 대한 단순한 호기심에서이든, 거기에서 적합한 것을 발견하기 위해서이든 — 이야기로 주고받는 논쟁 속에서 타자에게서 생겨난 지식을 얻을 수 있다.

위대한 철학의 시대가 끝나가는 무렵인 플라톤과 아리스토텔레스의 시기에 그리스인들이 이러한 로고스에 대한 지식을 획득한 형태와 방식은 실제로 현재에 이르기까지 로고스에 대한 앎, 즉 논리학의 전체 역사에 있어 **결정적인 것으로 남아** 있다.

1절. 논리학의 내적 구조와
그것의 네 가지 고찰방향

우리는 역사적으로 진행되어온 논리학의 이론들을 깊이 다루지 않고 간단히 **논리학의 내적 구조**를 추적해보고자 한다. 논리학의 **근본현상**은 진술, 즉 가장 단순한 진술로서의 '**로고스**'이다. 진술은 단적으로 '하늘은 구름으로 덮여 있다'와 같은 **범주**($\kappa\alpha\tau\eta\gamma o\rho\iota\alpha$)이다. 네 가지 **관점에 따라** 이러한 로고스의 근본현상이 파악되고, '로고스'에 대한 앎, 즉 **논리학의 뼈대**가 구축된다.

네 가지 고찰방향은 서로 연관되어 있는 네 가지 절차의 방식을 조건으로 가지고 있다. 1. 로고스의 분석, 2. 모음구조, 3. 규칙의 정립, 4. 형식의 고찰.

1. 로고스의 분석에 대하여. 예를 들어 '하늘은 구름으로 덮여 있다'에 대해서 생각해보자. 이 진술은 표면적으로는 낱말의 이음구조 (Wortgefüge)로서 개별낱말로 분석된다. 다시 말해 개별낱말들의 **결합**($\sigma v\mu\pi\lambda o\kappa\eta$)은 분해된다. 개별낱말에는 '하늘', '덮여있다' 등등의 개별표상들이 속한다. 이 표상들에 대한 일반적인 파악이 **개념**이다. 이렇게 조각으로 나눔으로써 진술 자체는 '**표상의 연결**', 개념의 결합으로 파악된다. 그러므로 진술은 **판단**이다. '비가 내린다(pluit, es

15

regnet)'. 이 진술은 〔라틴어로는〕 하나의 **낱말**(**ein Wort**)일 수 있지만 〔독일어로는〕 진술의 이음구조를 보여준다!

2. **모음구조**에 대하여. 이렇게 짜맞추어진 진술은 이제 **그 자체로** 보다 더 고차적인 모음구조와 진술**연관**의 **조각**으로 파악된다. 이 연관은 단순한 문장들의 나열이 아니다. 예를 들어 '소크라테스는 인간이다', '소크라테스는 죽는다', '모든 인간은 죽는다'와 같은 세 가지 진술들은 다음과 같은 질서를 가진 연관으로 옮겨진다.

'모든 인간은 죽는다'
'소크라테스는 인간이다'
'소크라테스는 죽는다'

이 진술연관을 사람들은 **추론**(**Schluß**)이라고 명명한다.

논리학의 **근본현상**에 속하는 분석과 모음구조로부터 **이러한 근본현상** 자체를 **포함하는 근본구조**가 생겨난다.

'개념 ← 판단 → 추론'

이러한 근본구조 자체는 다시 **분절된다**. 다시 말해 도출된 **구조형식**으로 쪼개지고 정렬된다.

3. **규칙의 정립**에 대하여. 나아가 진술들과 그 구조는 어떤 의미에서는 다른 사물들처럼 **앞서 발견할 수 있는 것**으로 놓여진다. 그러나 그것들은 인간의 **진술하는 활동**에 의한 자유로운 수행에서만 **존재한**

다. 이 수행은 순전히 자의적인 것이 아니라 하나의 **규칙** 아래 놓여 있다.

　모든 근본구조와 그것의 형성에는 그때마다 **근본규칙**이 속해 있다.

　개념에서 표상된 것이 그때마다 동일성 속에서 유지될 때, 그리고 그때에만 개념은 진술의 **기본요소**를 형성할 수 있다. 이것이 **표상된 것의 동일성에 대한 규칙**이다. 하늘이 바로 그것이다. [X — 는 구름으로 덮여 있다.] — **동일률** — 동일성의 명제

　한 개념이 다른 개념과 모순되지 **않을** 때에만 그 개념은 다른 개념에 **귀속**(*zu*gesprochen, 긍정)될 수 있다. 또는 한 개념이 다른 개념과 모순될 때 그 개념은 다른 개념에서 처음부터 **배제**(*ab*gesprochen, 부정)되어야 한다. 하늘은 '장님'이다. **진술의 무모순성에 대한 규칙 — 모순율.**

　진술들은 진술들과 함께 하나의 진술연관(추론)을 형성한다. 이것은 이 진술연관이 근거제시와 같은 것일 때에만 그렇다. **추론에서 드러나는 진술과정의 근거성에 대한 규칙 — 근거율.**

　이러한 세 가지 근본규칙의 정립은 때로는 추가적인 규칙을 통해 보완되기도 하고, 때로는 두 개 또는 하나의 근본규칙으로 소급되기도 한다.

　지금까지 특징 지어진 로고스, 즉 진술에 대한 고찰은 — 그 근본구조에 따라 그리고 이러한 구조의 형성을 규정하는 **근본규칙**에 따라 — **로고스**에 대해 알 수 있는 **주요내용**, 로고스에 대한 **앎**, 즉 **논리학**을 형성한다.

　그러나 우리는 논리학을 **충분히 특징 짓기** 위해서 네 번째 고찰에 보다 더 주목해야 한다. 즉, **무엇이** 논리학이라는 앎의 영역 안에 놓

여 있는지에 대해서 뿐만 아니라, **어떻게 구조 및 규칙에 대한 고찰이 수행되는지**에 대해서 주목해야 한다. 이 고찰은 여기에서 **다시금 근본현상**, 즉 **진술**로부터 시작한다.

4. 형식의 고찰에 대하여. '하늘은 구름으로 덮여 있다'라는 진술은 어떤 것에 관해, 즉 구름으로 덮인 하늘에 관해 진술한다. 진술 속에 있는 무엇에 관한 것(Worüber)을 우리는 진술대상이라고 명명한다. '구름으로 덮인 하늘'은 **그 자체로는** 대상이 아니다. 그것은 존재할 뿐이다. 그것은 진술 속에서 그리고 진술을 통해서 대상이 **된다**. 대상들은 그때마다 대상화되는 존재자의 형태에 따라 상이하다. 무거운 물체, 세 변의 길이가 같은 삼각형, 꽃이 핀 사과나무, 긴 도로, 1804년에 죽은 칸트 등등. 이것들은 모두 진술 안에 **배치될 수** 있다. 우리는 거기에서 진술함이 그때마다 **동일한** 형식으로, 다시 말해 **진술하는 대상화의 방식**으로 나타난다는 것을 알게 된다. 그럼에도 불구하고 진술되고 있는 사태들과 사태연관은 근본적으로 상이하다.

논리학의 구조와 규칙은 진술하는 대상화의 방식에서 고찰된다. 그로 인해 거기에서 **대상들**이 가진 **그때마다의 사태내용들**은 배제된다. 그렇다고 해서 대상이 없는 것은 아니다. 왜냐하면 진술은 **무엇에 관한** 진술이기 때문이다. '무엇에 관한 것'은 진술의 본질에 속한다. 그러나 논리학에서 대상적인 것의 사태내용은 **임의적**이다. 논리학은 근본구조와 근본규칙의 형식을 형식화하는 다양성과 분류만을 고찰한다.

* 이러한 고찰은 알 수 있는 것에 관한 특정한 영역을 **철저하게 연**

구하고 분류함으로써 학문이 된다. 우리도 지금 논리학을 '에피스테메 로기케(επιστήμη λογική, 로고스에 대한 앎)'로서 한정할 수 있다. 논리학은 진술의 근본구조와 근본규칙의 형식에 관한 학문이다.

2절. 사고에 대한 예비교육으로서 논리학. 문법과 논리학. 논리학의 역사

우리가 들었던 것처럼 진술은 **내보이는 이야기함**이다. 내보임은 언어적인 표현으로 수행된다. 그러나 논리학이 결정적인 시원에서 즉각 언어구조를 실마리로 삼았을지라도 논리학은 **언어형식의 낱말과 문장형식(언어학 — 문법)**을 연구하지 않는다. 논리학은 문법에 매여 있으면서도 역으로 문법에 영향을 끼친다. 이러한 상호관계를 우리는 **이제 더 이상** 다루지 **않을** 것이다. 그렇지만 사람들은 — 문법적인 것과 뚜렷이 구별되는 — **진술로서의** 로고스에 담긴 의미를 보다 분명하게 말하기 위하여 말함의 **본래적 행위**에 주목한다. 말함의 본래적 행위는 일반적으로 진술이 대상을 분해하고, 그러한 분해에서 그것을 규정하는 가운데 파악된다. 대상들을 이렇게 **분절하고 경계 짓는 규정**을 우리는 또한 사고라고 부른다. 그리하여 **논리학은 사고의 근본구조와 근본규칙의 형식에 관한 학문**이 된다.

그러나 그러한 학문으로서 논리학은 — 모든 학문이 **철학**에서 생겨난 것처럼 — **그 자체로 더 이상 철학이 아니다.** 그것은 배울 수 있는 **교과목**으로 아주 빠르게 변화되었다. 그리고 논리학은 **가장 일반적인** 사고의 구조와 규칙을 다루기 **때문에** 개별학문의 영역에서 모든 특정한 사고와 앎을 위한 **예비교육**으로 여겨진다. 기원전에는 그것을 '오르가논(Organon)'**5**이라 불렀다.

그러므로 오늘날에 이르기까지 **논리학의 내용과 특징**은 아리스토텔레스의 시기 이후 2천 년의 역사에 걸쳐 **본질적인 변화 없이 유지되어왔다.** 이러한 역사적 흐름에서 **이따금씩 변화된** 것은 그때마다 철학적 문제제기에 따라 논리학을 철학으로 다시 편입시키는 형태, 즉 그것의 구조와 규칙의 근거를 제시하는 형태와 범위이다. 이러한 관점에서 논리학은 라이프니츠, 칸트, 헤겔을 통해 그리고 최근 수리논리학을 통해 특정한 형태의 변화를 겪었다. **특정한 형태의 변화**라고 말한 이유는 **본질적으로** 논리학이 **시원적** 형태와 첫 번째 단초에 머물러 있기 때문이다. 칸트와 헤겔을 포함한 모두에게 칸트의 말(『순수이성비판』, B판 서문, VIII쪽)은 오늘날까지도 유효하다. "**논리학**이 이미 고대부터 이러한 확실한 과정을 거쳐 왔다는 **사실은 아리스토텔레스** 이래로 논리학이 어떠한 후퇴도 하지 않았다는 것에서 알 수 있다. 사람들이 논리학에 있어서 몇 가지 필요 없는 미묘한 것들을 배제하거나 아니면 앞서 논의된 것을 보다 더 분명하게 규정하는 것을 개선으로 여기지 않는다면 그렇게 생각할 수 있다. 그것은 학문의 안정성을 위한 것이라기보다 보기 좋게 하는 것에 속하는 것이다. 논리학이 지금까지도 한 걸음도 나아갈 수 없

5　['오르가논'은 아리스토텔레스에 의해 만들어진 명칭이 아니라 논리학에 대한 그의 저작들을 그렇게 특징 지어 모은 것에 대한 명칭이다. 오르가논(ὄργανον)은 '도구'를 의미한다.]

었다는 것, 그리고 또한 외관상으로는 완결되고 완성되어 있는 것처럼 보인다는 사실은 여전히 논리학에서 주목할 만한 것이다."[6]

6 [Immanuel Kant: Kritik der reinen Vernunft. Nach der ersten und zweiten Original-Ausgabe neu herausgegeben von Raymund Schmidt. Felix Meiner: Hamburg 1926.]

3절. 논리학의 유용성을 판단하는 세 가지 통상적인 입각점들

논리학에 대한 연구가 지금 여기 우리에게 무엇을 의미할 수 있는 가? 또는 그것은 우리에게 **얼마나 유용**할 수 있는가? 논리학의 가치 는 어떤 것인가? 이에 대한 의견들과 입장들은 다음과 같이 나뉜다.

어떤 사람들은 다음과 같이 말한다. 논리적인 근본구조와 규칙에 관한 **지식**을 통하여 우리의 사고는 사고의 절차를 의식하게 된다. 의식 된 절차는 보다 높은 확실성, 보다 강한 예리함, 기술의 숙련됨을 부여 한다. 또한 이러한 **사고기술**에서 유용함과 탁월함이 제공된다.

다른 사람들은 다음과 같이 말한다. 지침과 규칙에 관한 단순한 지 식습득을 한다고 해서 적절한 때에 맞는 적합한 사용이 보장되는 것은 아니다. 논리학의 공허한 규칙에 얽매이도록 주입식으로 가르치는 것보다 사고의 절차에 대한 **실제적인 훈련**이 더 유용하다. 그리고 이 러한 훈련은 다시금 개별적인 앎의 영역들과 학문들에서 **특정한** 과 제를 직접 **함께 수행**할 때에만 이루어질 수 있다.

물리학적 사고를 우리는 실험실에서 배운다. 법학적 사고를 소송 사건에 대해 철저히 조사하면서 배운다. 의학적 사고를 병상에서 배 운다. 그 외에 사고능력을 갖추지 **못한** 사람은 논리학을 연구한다고 해도 그런 능력을 획득하지 못한다. 왜냐하면 그 연구는 **짐작되듯이** 특히 사고에 대한 **고차적인 요구**를 하기 때문이다.

세 번째 부류의 사람들은 다음과 같이 말한다. 논리학의 연구가 유용하든지 아니면 쓸모없고 심지어 방해가 되든지 간에 어떤 경우에서든 사고의 근본구조와 근본법칙을 **숙고하고** 긴 **역사** 속에서 그것에 관해 정리될 수 있었던 것을 **경험하는** 것은 그 자체로 정당한 과제이다.

결과적으로 아리스토텔레스, 라이프니츠, 칸트, 헤겔과 같은 **사유자들**이 본질적으로 끊임없이 **논리학**에 대해 연구해 왔다면 **그 배후에**는 무엇인가가 있음에 틀림없다.

4절. 논리학의 해체를 위한 필수적 과제

이러한 상이한 입장들 중에서 우리는 어떤 편을 지지할 것인가? **어떤 입장도 지지하지 않는다!** 왜냐하면 우리는 '논리학' 자체를 시원에서부터 근본적으로 **해체하여** 그 이름에 담긴 더 근원적인 과제를 일깨워 포착할 수 있기를 원하기 때문이다. 우리가 그것을 원하는 것은 우리가 그것을 해야 하기 때문이다. 우리는 절박함 속에서 그것을 수행해야 한다. 절박함을 경험하는 것이 중요하다. 그러나 우리가 지금까지의 논리학이 유용하다거나 아니면 쓸모없다는 논쟁만을 하고 있는 한, 우리도 매번 논리학을 이러저러하게 **긍정하는** 차원에서 맴돌고 있는 것이다.

심지어 형식과 규칙을 배우는 것에 반대하고 직접적이고 실제적인 훈련을 옹호하는 사람들은 논리학을 **넘어선 것처럼 보인다.** 우리도 그들에 동의하는 것처럼 보일 수 있다. 그러나 우리는 그와는 정반대이다. 왜냐하면 그들은 분명 그때에도 **전승된 사고방식과 사고습관을 무비판적으로 전수하고** 있기 때문이다. 그들은 겉으로는 논리학의 형식에 얽매이는 것에서 자유로운 것처럼 보이지만 고착된 사고형식의 가장 천한 노예가 된다. 특히 정신적 **결단의** 영역에서 피하고

25

있다는 것은 분명 아직 **극복하지 못함**, 즉 완전히 정반대의 상태에 있다는 것을 의미한다.

그리고 희극적인 우스꽝스러운 상황이 연출되고 있다. 바로 중립적 입장을 취한다고 하면서 오늘날은 물론 이전에도 항상 합리주의와 주지주의와 맞서온 많은 사람들은 맹목적으로 그러한 상황에 고착되고 완전히 빠져있는 상태이다.

이후에 주지주의에 반대하는 권태로운 불평도, 도덕과 품성으로의 회귀도 주지주의를 극복하지는 못한다. 오히려 **완전히 새롭고 근원적이며 확실한 사유의 엄격함과 엄밀함을 통해서만** 주지주의는 극복된다. 그러나 이러한 사유는 하룻밤 사이에 저절로 이루어지지 않는다. 그리고 이러한 사유는 무엇보다도 **전승된 논리학의 힘이 근본적으로 분쇄되지 않는 한, 온전히 전개되거나 획득될 수 없다.** 그것은 우리의 정신적이고 역사적인 운명을 결정하는 **투쟁**을 요구한다. 투쟁이 요구되지만 우리는 오늘날 그것을 위한 어떤 무기도 아직 가지고 있지 않기 때문에 한층 더 어려운 상황 속에 있다. 요구된 투쟁에서 우리는 아직 **적**에 대해서 전혀 모르고 있다. 그런 까닭에 우리는 적을 공격하고 섬멸하는 대신에 부지중에 적과 협력하는 위험 속에 항상 처해 있다. 우리의 정신사가 2천 년 전의 것에 계속 묶여있고, 이러한 흩어진 힘 속에 **오늘날도 여전히** ― 우리가 그것에 대하여 더 이**상 아무것도 예감하지 못하는 것처럼 보이는** ― 현재가 유지되고 있다는 사실을 알고 그것을 심각하게 받아들일 때에만 우리는 요구되는 **투쟁을 감당할 수 있다.**

이러한 투쟁과 우리의 과제를 위해서 우리는 '논리학'이라는 전승된 명칭을 고수한다. 거기에는 우리의 정신적이고 역사적인 현존재와 그를 통해 수행되는 존재자와의 모든 대결이 그리스인들의 로고스에 의해 지탱되고 지배되어 왔다는 사실에 대한 **기억**이 담겨 있다. 그러나 이 명칭은 동시에 우리에게 보다 근원적이고 더 광범위하게 물음을 **묻는 임무(Auftrag)**를 부여한다. 로고스 속에 있는 그 무엇이 그리스인들에게 역사적인 현존재의 위대함이라는 형태를 부여하는 힘으로서 **쇄도하였고**, 서구 논리학을 지배하도록 만들었는가? 우리에게 이 명칭은 **지금까지의 것에 대한 길고 고통스러운 분리(Ablösung)**만이 우리를 열린 장으로 인도하고 **대지의 새로운 형태를** 대비하게 한다는 것을 보여주는 표시이다.

우리는 논리학에서 비루한 공식만을 보고 싶어 하는 **값싼 우월감의 가상과 결별을 선언**한다.

우리는 여기에서 **오래전부터 한 사유의 힘이 우리를 가로막고 있으며 그것에 대한 창조적 극복이 없이는 우리 현존재의 변화가 무력해진다**는 사실을 진지하게 받아들이는 법을 배울 것이다.

우리는 **학문의 변혁**이 — 제대로 한 번이라도 이루어지려면 — **앎에 대한 선행적인 전환과 모든 학문에 앞선 앎의 태도에서만** 가능하다는 것을 깨닫고자 한다.

그러나 이러한 **전환**은 **획기적으로 묻는 것**을 통해서만 이루어진다. 이 물음은 우리를 진리와 오류, 존재와 가상에 대한 **최종적 결단**으로 이끈다. 이 힘들을 대립시켜 어중간한 것을 얻으려는 것이 아니다. 우리는 하나의 힘만이 아니라 다른 힘 속에도 **내던져져 있다**. 그리고 인간은 바로 이들의 갈라짐(Zwiespalt)에서부터 자신의 규

27

정을 획득한다.

논리학, 이것은 학문들에서 행해지는 고상하거나 열등한 사고절차에 대한 훈련이 아니라, 존재의 심연(Abgründe)으로 내려가며 묻는 발걸음이다.

논리학, 이것은 우리에게 소위 영원한 사고법칙의 무미건조한 수집물이 아니라 인간, 다시 말해 그의 **유일무이한 인간다운 위대함을 물을 만한 장소**이다.

그러나 **그때** 논리학은 우리에게 **분명** 세계관에 관해 제멋대로 말하는 잡담이 아니라 오히려 진정한 추동력과 본질적인 절박함과 맞닿아 있는 분별력 있는 **노동(Arbeit)**이다.[7]

우리는 오늘날 철학이 시대에 적합하지 않다는 사실을 알고 있다. 그러나 바로 그러한 상황이 철학을 위해 가장 좋은 시간이라는 것도 알고 있다. 왜냐하면 철학은 항상 늦게 긴 에움길을 거쳐 비로소 한 민족의 **일상적** 현존재에 도달하기 때문이다.

---

7 〔여기에서 '노동(Arbeit)'은 대학의 교육사건에 관여함을 의미한다. 일반적으로 대학교의 연구 또는 작업으로 여겨질 수 있는 이 용어를 하이데거는 민족의 결단과 관련하여 교수 및 학생의 임무로 여긴다. 이에 대해서는 뒤 부분에 나오는 내용을 참조할 것 — 옮긴이〕

서문 | 논리학의 구조, 유래, 의미 그리고 필요한 변화

모든 논리학의 근거물음이자
주도적인 물음으로서
언어의 본질에 대한 물음

유일하게 지배하면서 전승되어온 규정에 따르면 논리학은 **사고의** 형식적인 근본구조와 근본규칙에 대한 **학문**이다.

만약 우리가 **이러한 형태의 논리학을 이제 더 이상 다루지 않고** 그 것을 있는 **그대로 놓아둔다면**, 결국 우리는 자의적으로 고집스럽게 그것을 변경하기 위해 그것과 나란히 **논리학의 다른 구조를** 확립하거 나 확립된 것으로 여기고 싶어 하는 **우쭐한 행동과도 완전히 멀어지는 것이다.** 논리학이라는 **제목을 고수함**으로써 우리는 하나의 **과제**, 다 시 말해 내적인 동시에 역사적인 절박함, 우리가 앞으로 말하고자 하는 **미래적인 절박함**을 우리에게 더욱 더 부각시켜주어야 할 그런 과제와 연결된다.

그러나 **우리의 노동을 진행하기** 위해서는 그 과제가 **앞서 명확해져 야** 한다. 이것은 우리가 **이미 언급한 것을 다시** 받아들이고, 지금 우 리가 마주한 기이한 것(das Seltsame)을 미래에는 더 **이상 피하지 않 음으로써** 달성할 수 있다.

'**사고**'를 '**논리학**'은 다룬다. 거기에서 기이한 것이란 무엇인가? 이제 논리학은 로고스에 대한 앎, 이야기에 대한 앎, 말함에 대한 앎이다. **그때 사고는 일종의 '이야기'와 말함**일 것이다. 사고가 논리학 에 맡겨지는 **한**, 거기에는 사고를 일종의 말함으로서 **앞서 파악함**이 놓여 있다. 이것은 적절한가? 아니면 말함은 오히려 반대로 사고를 위한 표현형식과 전달형식일 뿐인가? 오히려 말함이 일종의 사고 인가? 이 물음은 결정되어 있지 않으며 한 번도 분명하게 제기되지 않았다.

그러나 사고가 일종의 말함**이라면**, 그때 사고에 대한 앎(일반적인 의미에서 논리학)은 그야말로 **말함에 대한 앎, 언어에 대한 앎**으로서 전개될 수밖에 없을 것이다. 이때 논리학은 로고스에 대한 앎, 이야기에 대한 앎, 언어에 대한 앎이다. 그렇다면 우리는 언어의 본질에 대해 물어야만 할 것이다. 이 모든 것은 사고는 말함의 형태라는 **앞선** 견해 아래 놓여 있다. 이 앞선 견해가 **가장 먼저 결정되어야 한다.** 그리고 이것을 우리는 말함과 언어가 무엇인지, 사고가 무엇인지를 명확히 함으로써만 할 수 있다. 따라서 우리는 **언어의 본질에 대한 물음을 어떤 경우에서든** 더 이상 지나칠 수 없다. 나아가 우리는 다음과 같이 주장한다.

언어(로고스)의 본질에 대한 물음은 — 사람들이 논리학이라는 개념을 항상 그래왔던 것처럼 제한할지라도 — **모든 논리학의 근본물음이자 주도적인 물음**이다. 그러므로 우리의 노동은 명백하고도 근접한 물음의 방향으로 진입할 수밖에 없다. 이러한 논리학의 과제를 확고히 함으로써 우리는 논리학에 대한 이전의 '**정의**'에서 드러난 **모든 무익한 시도들**로부터 벗어나게 된다. 논리학은 **언어의 본질에 대한 물음**이다. 그러나 언어의 본질에 대한 물음은 언어철학이 추구한다. 그렇게 될 경우 **언어철학**은 **논리학의 전당**이 된다.

5절. 언어의 본질에 대한 물음을 모든 논리학의 근본물음이자 주도적인 물음으로 파악하는 입장에 대한 이의제기들

a) 언어철학의 대상으로서 언어

그러나 언어를 언어철학의 대상이라고 말하고 그렇게 여김으로써 우리는 방금 넘겨받은 **물음**의 과제를 이미 다시금 기피한 셈이다. 그렇다면 '언어철학'이란 무엇을 의미하는가? 이제 어떤 경우에서든 그것은 **가령** 자연철학, 역사철학, 국가철학, 종교철학**과 구별되며**, 거기에서 **언어**는 철학적 고찰의 대상이 된다. 언어는 그렇게 언어철학에 **귀속됨으로써** 이미 자연, 역사, 종교, 예술과 **나란히 있는 독자적인 영역**이 된다. 그뿐만이 아니다. 이러한 영역에 대한 고찰은 철학의 다른 분과 아래 배열되고, 동시에 그것의 특정한 형태는 **철학의 전체 개념**에서 앞서 규정된다. 그렇다면 그로 인해 무엇이 성취되는가?

'언어철학'이라는 이러한 유명한 개념으로 인해 우리는 아마도 방금 우리가 원했던 언어에 대한 **물음**을 **이중적인** 관점에서 이미 **방해를 받아** 왔다.

언어가 언어철학에서 파악될 수 있으리라는 생각은 아마도 불운한 선입견일 수 있다. 그리고 현실적인 철학함이 어떻게든지 언어철학과 모종의 관계가 있을 수 있다고 여기는 것도 아마도 큰 오류일 수 있다. → 그러나 이것은 공허한 말장난에 불과한 것인가?

언어, 그것은 이제 어떻든 자연, 종교, 문화, 국가와 다른 것이다. 왜 언어가 **분리된 영역**으로 고찰되어서는 안 되는가? 우리는 언어가 **어쩌면** 하나의 특정한 영역이라고 대답한다. 그러나 **어쩌면** 그렇지 않을 수도 있다. 그렇다고 겉보기에 무해하게 보이는 '영역'이라는 단초가 모든 추가적인 물음들을 망칠 정도는 아니다. 그렇지만 우리는 여기에서 **묻고자** 한다. 그렇게 함으로써 우리는 그 물음을 **개방시키고 분과로서의** 모든 언어철학을 **제쳐 놓을 것이다!** 어쩌면 언어는 그것의 본질상 **철학**을 통해서만 파악되어야 **한다.** 아마도 그렇게 할 때에만 언어에 대한 숙고는 **특정한 숙고**로 여겨지지 않고 — 다른 **방향**에서 **정초된 철학**으로 덧씌워지지 않고 — 오히려 **철학의 본질**이 무엇보다도 앞서 언어의 본질로부터 실제로 개방될 것이다.

우리는 그런 까닭에 언어를 언어철학 안으로 **밀어 넣지 않을 것**이다. 우리가 자기 자신을 기만하지 않고, 언어의 본질에 대해 **묻고자** 하는 결단을 처음부터 미사여구로 **속이려고** 하지 **않는** 한 결코 그렇게 해서는 안 될 것이다.

b) 물음을 언어학으로 좁힘

논리학의 **방향**에서 언어의 본질에 대한 **물음**을 부각시키는 것이

— 우리가 이 물음을 묻기로 결단했다면 — 정말로 유익한 것인가? 그럼에도 우리는 이 물음을 아주 특정한 앎의 영역, 즉 문헌학의 영역과 소위 일반 언어학의 영역으로도 옮겨 놓을 수 있다. 이것은 독자적인 앎의 영역들일 수 있다. 그러나 이러한 앎의 영역들은 법학자, 자연과학자, 역사가에게 관심을 불러일으킬 수 없다. 그것은 의학자에게 마찬가지이다. 기껏해야 의학자들은 언어장애와 실어증을 다루는 정신의학의 좁은 범위에서만 관심을 가진다. 그와 달리 논리학은 **사고에 대한** 이론으로서 **모든 학문과** 관련된다. 언어의 본질에 대한 물음을 — 기껏해야 문헌학자에게 약간의 유용함을 줄 수 있는 — **참을 수 없을 정도로 협소한 물음**으로 내모는 것은 우려스러운 일이지 않은가?

다시 말해 이러한 의구심은 우리가 세계를 개별학문과 단과대학으로 분할된 시각을 통해 고찰하는 한 당연한 것이다. 그리고 이러한 시각은 다시금 **일반적으로** 세계와 존재자 전체가 **근원적으로** 학문적 방법으로 접근될 수 있다는 **전제에서만 확실한 정당성**을 획득한다. 그러나 이 전제는 오류이다. 그렇다면 그 오류를 철학은 앞서부터 피해야 한다. 왜냐하면 철학에서는 모든 학문 **이전에** 모든 학문을 **넘어선** 앎이 중요하기 때문이다.

그런 까닭에 우리가 언어의 본질에 대한 물음을 법학자의 시야에서 **불필요한** 것으로, 자연과학자의 시야에서 **빗나간 것으로,** 의학자의 시야에서 **중요하지 않은 것으로** 평가절하하고, 문헌학자의 시야에서나 **쓸모 있고 자극을 주는 것으로서** 여기고 그렇게 다룬다면, 우리는 어떤 경우에도 **그 물음**에 깊이 들어가지 못한다. 그렇게 할 경우에 우리는 그 물음 앞에 도달하지도 못하고 확고하게 제기하지도 못한 상태에서 과도하게 분과의 입장을 반영한 맹목적인 이기심에서 그 물음을 판단하는 것이다. 일상에서 사람들은 그러한 태도를 **경솔함**이라고 부른다. 여기에서 그것은 그 이상으로 자신의 편협함을 우월함으로 정당화하는 **편협한 지성의 우스꽝스러운 자만심**이다.

c) 다른 어떤 것을 위한 수단으로서 언어

그러나 우리가 그러한 편협한 태도에서 벗어나려고 애를 쓸 때에도 **여전히 언어의 본질에 대한 물음**에는 낯선 것이 남아있다. 왜냐하면 그것은 **우리 현존재의 중심과 근거에서 우리에게 분명하게 드러나지 않는 물음**이기 때문이다. 오히려 그것은 우리를 훨씬 더 **사물의 주변과 겉모습**에 머물도록 **꾀어내는 물음**이다. 왜냐하면 그러한 언어는 분명 의사소통의 수단, 교섭의 수단, 표현의 도구, 그리고 경우에 따라서는 묘사의 도구일 뿐이기 때문이다. 언어는 항상 다른 **어떤 것**을 위한 수단일 뿐이다. 그러한 언어는 근본적으로 본질적인 것이 아니다. 그러한 언어는 항상 추후의 것, 이차적인 것, **사물의 외피와 껍질**일 뿐이지 **언어 자체가 아니며 언어의 본질이 아니다.**

누가 이것을 단호하게 부정하겠는가? 그러나 누군가는 다른 한편으로 위에서 말한 특징을 가지고 언어의 본질을 **이끌어내고 심지어 그것에 실제로 적중한다**고 감히 주장하고 싶어 하지 않겠는가? 그래도 그것을 원하는 사람이 있을 수 있다. 그럴 경우 우리는 분명 —

묻는 것 대신에 — 위의 특징을 가지고 언어에 관한 설명만을 제공하게 될 것이다.

d) 논리학과 문법에 의해 앞서 형성된 언어

그리고 우리가 이제 **논리학의 방향**에서 선입견 **없이** 언어의 본질에 대해 **묻는** 것에 집중한다면, 거기에서 언어, 즉 **어떤 하나의 언어**가 어떤 방식으로든 우리에게 **앞서 주어져야** 한다. 그렇다면 우리는 그것을 어디에서 가장 구체적이고 확실하게 발견하는가?

하나의 언어는 **사전** 속에 **기록되어** 있으며 관련된 문법으로 분석된다. 사전에 담긴 낱말의 형식은 그 자체로 문법에서 만들어진다. 그리고 문법은 예를 들어 낱말과 문장의 구별, 그리고 명사, 동사, 형용사, 부사, 나아가 명령문, 조건문, 결과문과 같은 것으로 이루어진다. 이러한 언어의 전체적 분절은 특정한 구별의 관점에서 생겨난다. 이러한 구별을 사고가 대상들에게서 수행한다. 이 수행은 **논리학**을 통해서, **보다** 정확히 말해 **존재자**에 대한 **아주 특정한 이해** — 그리스적인 이해! — 에 기초한 **사고의 논리학**을 통해 진행된다.

우리는 언어의 본질규정을 논리학의 전당으로 보내는 즉시 **정반대로 언어구조에 대한 가장 직접적이고 가장 확실한 분절이 이미 논리학**에서 유래했다는 사실에 주목해야 한다.

그렇다면 논리학의 관점에서 언어에 대해 묻는 우리의 물음은 — 끊임없는 순환 속에 빠져 거기로부터 벗어나지 못하는 — 희망 없는

시도인가? (1933/1934년 겨울학기 강의, 13쪽 참조)[1]

요약하자면 과제로 부여된 언어의 본질에 대한 물음을 위해서 다음과 같은 점들이 제시되었다.

1. 언어철학의 개입은 언어를 특정한 영역으로 밀어낸다.

2. 언어는 논리학에 대한 포괄적인 관심을 요구할 수 없는 하나의 영역이다.

3. 언어는 이차적인 것 — 수단 — 이다.

4. 언어의 포착은 **문법을 통해 앞서 형성된다**.

---

1 [Martin Heidegger: Sein und Wahrheit. 1. Die Grundfrage der Philosophie. 2. Vom Wesen der Wahrheit. GA36/37. Hrsg. von Hartrnut Tietjen. Frankfurt am Main 2001. S. 96. 107. 220.]

6절. 삼중적 선행물음으로서 본질물음과 민족의 지식교육

우리는 마침내 서서히 아주 명백하고 단순하게 우리의 과제설정(논리학: 언어의 본질에 대한 물음)이 제시되는 순간 이 물음이 즉시 어려움에 빠질 수 있다는 것을 알게 된다. 우리는 처음부터 **언어에 관해 검토되지 않은 앞선 견해** 속에 고착될 **위험** 속에 빠진다. 따라서 언어의 본질에 대해 우리 자신을 가능한 한 **열어두기** 위하여 앞서 언급한 **결단**을 있는 그대로 인정하는 것에 도달하는 것만 해도 우리에게는 어려운 일이다.

다른 말로 하자면 진정 본질적으로 묻는다는 것은 엄밀한 방식, 고유한 훈련을 요구한다. 그러나 오늘날 지식교육은 점점 더 몰락하고 있다. 그 주된 이유는 분명 **묻는 훈련을 하지 않는** 데 놓여 있다.

참되고 본질적인 의미에서 묻는다는 것은 분명 **어딘지 모르는 곳**에서 날아든 **어떤 의심**에서 생겨난 **어쩔 수 없는 물음**이 아니다. 또한 혼란스럽고 무질서한 의심 속에서 줏대 없이 휘청거리는 것도 아니다. 진정 본질적으로 묻는다는 것은 다음과 같은 것이다.

1) 그것은 **개인이 함부로 할 수 없고** 관련된 개인을 자기 민족의 역사를 위한 **통로**로만 여기는 어두운 **분부(Geheiß)**에 의해 수행되는 것

이다.

2) 그것은 태도의 지속적인 엄밀성과 성찰의 진정성을 요구하는 **빛나는 불안**에 의해 인도되는 것이다.

지식분야에 종사하는 **소시민들**에게 의표를 찌르는 물음의 바람은 불편할 뿐이다. **어중간한 정신을 가진 자**에게 길고 긴 시간을 요구하는 모든 물음은 무엇인가를 허물어 버리려는 의심스러운 것이다. 이러한 태도는 **아주 정상적인 것이기 때문에 변화해야 할 것도 없다.** 그렇다고 해서 사고가 **편협한 자**가 본질적인 것과 본질적이지 않은 것을 판단할 유일한 척도를 제공할 자격이 있다는 것은 아니다.

진정 본질적으로 묻는다는 것은 사람들이 주문할 수 있는 것이 아니다. 그것은 **소명**(Berufung)과 **지도**(Leitung) 그리고 무엇보다도 **오랜 교육과 훈련**을 필요로 한다. 그런 까닭에 물음에 관한 미사여구도 아무런 소용이 없다. **묻는다는 것은 묻는 방식으로만 연습된다.**

언어의 본질에 대한 우리의 물음을 **재고하는 동시에 우리가 어디에 서있는지를 기억해보자.** 우리는 논리학을 언어의 본질에 대한 물음으로 바꾸는 것에 대한 해명을 시도하였다. 그것을 위해서는 즉시 논리학에 앞서 그것의 전당인 **언어철학이 건립되어야 할 것처럼 보였다.** 이에 대해 우리는 **언어철학이 가진 문제점을** — 무엇보다도 언어철학이 숙고도 하지 않고 언어의 본질에 대한 대답들을 앞서 제시하고 있다는 점에서 — **짧게 지나가면서 지적하였다.** 그런 까닭에 이러한 앞선 견해들에서 한 걸음 물러나는 것이 우리에게는 **중요했으며,** 그것은 지금도 **중요하다.** 그것은 언어의 은폐된 본질에 맞서 물러나는 것처럼 보일 수 있다. 그러나 그것은 — 더 멀리 도약하려는 사람은 우선 한

41

걸음 뒤로 물러선다는 의미에서 — 독특한 물러남이다.

그러므로 항상 **도약**을 통해서만 적어도 인간은 모든 것에 있어서 본질적인 것에 도달한다. 비본질적인 것에서 본질적인 것으로 옮겨감에 있어서 **점진적이고 꾸준한** 이행은 없다. 그리고 **모든** 사람들은 스스로 **도약**해야 한다. 이 도약은 다른 사람을 통해서도, 많은 사람들을 통해서도, 현실적이며 불가피한 공동체를 통해서도 그 누구에게 주어지지 않는다.

모든 본질적인 본질물음은 **선행물음**의 성격을 가진다. 그리고 이것은 우선 **삼중의** 의미를 가진다.

1) 본질물음은 접근의 형태에 따른 진행이다. 좁은 길을 개척하여 **경로**를 만들고, 그렇게 함으로써 실제로 **영역**이 개방된다. 그 영역의 한계, 방향, 범위는 우선에는 **어둡게** 남아 있다. 그 예가 바로 언어이다. 우리가 언어의 본질에 대해 묻는다면 그때 우리는 무엇을 향하여 묻고 있는가? 언어와 같은 것이 **정말로** 있고 어딘가에 있다면 도대체 그것은 **어디에** 있는가? 언어와 같은 것이 정말로 있다면 언어와 같은 것은 어떠한 **방식으로 존재해야** 하는가? 아니면 언어는 그때마다 역사적인 것은 아닌가? 그렇다면 **어떻게** 그리고 어느 정도로 역사적으로 있는가?

2) 본질물음은 **본질 전체**로 앞서 도약함으로써 그것의 전체 이음구조(Gefüge)에서 **본질의 뼈대와 이음매(Fugen)**를 동시에 **추출하고 이끌어낸다**는 두 번째 의미에서 다음과 같은 **선행−물음**이다. 무엇이 언어에 **속하는가**? 어떻게 그것이 **내적으로** 가능한가? 어떤 것이 그 가능성의 **근거**인가? 우리에게 주어진 이러한 **근거**(Grund)가 어디에서 심

연(Abgrund)이 되는가?

3) 본질물음은 앞을 향해(nach vorne)—묻는 것, 즉 안에서 밖으로 (hervor)—묻는 것일 뿐만 아니라 동시에 특정한 영역과 관점에 대한 모든 개별화된 물음이 — 명시적이든 비명시적이든, 의도적이든 의도적이지 않든 — 본질물음을 통과해야 하며, 본질물음에 대한 대답에서 알려진다는 의미에서 선행—물음(Vor-frage)이다. 본질에 대한 선행물음에 관해서는 59쪽을 참조할 것.

예를 들어 모든 문헌학에는 각기 그 형태에 따라 고유하게 전유된 또는 단순히 어딘가에서 전수받은 거의 암묵적인 언어의 본질에 대한 물음의 대답이 놓여있다. 그것은 모든 언어학과 문법으로서의 언어이론에서도, 시와 관계되는 모든 것에서도, 이야기와 수사학 등에 대한 모든 고려에서도 마찬가지이다. 심지어 모든 세계이해와 존재자에 대한 모든 태도에서도 그렇다.

본질물음은 앞을 향해 물으며, 안에서 밖으로 묻고, 항상 앞서 이러저러하게 물어진다.

그러나 본질물음은 선행물음으로서 결코 '해결되지' 않는 바로 그런 물음이다. 반면에 우리는 통상적으로 선행물음을 즉시 지나쳐버릴 수 있는 것으로 이해한다. 반대로 본질물음이 해결된 것으로서 여겨진다면, 바로 몰락이 시작되며, 사물의 본질에 대한 끝없는 오해가 시작된다.

철학함은 대학에서 통상적으로 배우는 철학적 견해들에 대한 연구와 엄밀히 구별된다. 철학함은 선행물음의 앞선-영역 속에서 끊임없이 길을 가고 있는 것 이외에 다른 것이 아니다.

43

우리가 이렇게 철학이 무엇인지, 예술이 무엇인지, 민족이 무엇인지, 법이 무엇인지, 언어가 무엇인지를 묻으려고 한다면, 우리는 언제나 개별적인 인간을 항상 치켜세우는 동시에 혼란스럽게 만드는 위대한 것과 접촉한다. 왜냐하면 인간 현존재의 영역에 들어서는 모든 위대한 것은 항상 작기도 하기 때문이다. 다시 말해 그것은 왜소하고 애매한 것이다. 평균적인 인간 현존재의 일상은 이러한 왜소화를 필요로 한다. 그렇지 않으면 인간 현존재는 심지어 실존할 수 없다. 평균화된 일상성과 평범함은 모든 개별적인 인간과 모든 민족의 현존재에서 필수적인 것이며 위험스러운 것이 아니다. 그로 인해 그렇지 않아도 작은 것을 더욱 왜소하게 만들려는 욕구가 위험할 뿐이다. 그리고 거기에서는 우리가 위대한 것을 지속적으로 크게 만들 때에만 위대한 것을 **간직할 수 있다**는 사실, 다시 말해 다시금 경외감과 엄밀함을 배울 수 있다는 사실이 망각되고 있다. 지금 우리 독일대학 곳곳에 자리를 잡고 있는 매우 편협한 사람들이 위험할 뿐이다. 그 사람들은 원래 아주 작은 것을 한층 더 작게 만드는 동시에 그러는 과정에 학문이 '**민족과의 결합**'이 이루어진다고 하는 견해를 퍼뜨리는 자들이다.

우리 민족의 지식교육은 대학 내에서 무능함과 신분적 권력욕을 위해 그렇지 않아도 작은 것을 더 왜소화시킨다고 성공하는 것이 아니라 오히려 경외감으로부터 그리고 엄밀함 속에서 우리가 위대한 것을 추구하고 그것을 더욱 크게 만듦으로써만 성공할 수 있다. 우리 중 누구도 당장 다른 사람보다 자신을 더 낫다고 평가할 권리를 가지고 있지 않다. 나는 우리 모두에게 주어지는 과제라고 생각한다.

1부 | 모든 논리학의 근거물음이자 주도적인 물음으로서 언어의 본질에 대한 물음

1장

언어의 본질에 대한 물음

.

.

.

우리는 지금 언어의 본질에 대한 선행물음을 묻고 있다.
언어, 그것은 어디에 속하는가?
그것은 도대체 **어딘가에** 있기는 한 것인가?

7절. 사전에 수록된 언어

우리는 앞서 간명하게 언어는 사전 속에 수록되고 보존되어 있다고 생각했다. 물론, 거기에는 언어에 관한 것, 즉 무수한 낱개의 조각들과 파편들이 있다. 그런 점에서 우리가 낱말책(**Wörterbuch**)이라고 말하는 것은 옳다. 거기에는 결코 말, 다시 말해 말해진 것은 없고 낱말들(Wörter)이 있다. 그리고 이 낱말들은 모두 따로 떨어져 있을 뿐만 아니라 알파벳의 순서에 따라 정렬되어 있다. 낱말의 배열은 말해진 어순과는 전혀 다른 것이다. 그리고 낱말의 총합이 언어의 잔고에 이미 **어떤 방식으로든** 속한다면, 그 총합은 얼마나 **큰가**? 언어의 모든 낱말들이 사전 속에 **있는가**? 언어는 실제로 사전에 **제한되어 있거나 제한되어 있을 수 있는가**? 아니면 언어는 **지속적으로 새롭게 형성되는 동시에 다시금 낱말들을 밀쳐내는가**? 그 이후에 그것들은 돌연 더 이상 말해지지 않는가? 그렇다면 언어의 **어떤 상태**가 사전 속에 **기록되어야 하는가**? 우리는 거기에서 **도대체** 언어를 **어떤 상태**에서 발견하는가? 아니면 사전은 차라리 오래전에 죽은 사람들의 **뼈대와 뼈** 조각을 질서정연하게 쌓아올린 오래된 공동묘지의 **납골당** 같은 것이 아닌가? 그렇다면 당장 이러한 질서와 층은 **완전히 붕괴될** 가능성을 남겨두고 있다.

47

8절. 대화로서 언어

하나의 언어를 우리는 아마도 사전에서 **찾을 수 없을 것이다**. 오히려 언어는 그것이 말해지는 그곳에서만 '존재한다'. 그렇다면 이런 일이 행해지는 곳은 어디인가? 사람들 사이에서 일어나고 있는 것을 제시하는 것만으로도 충분하다. 그렇다면 그곳을 좀 더 살펴보자!

한 사람이 거기에서 다른 사람과 말하고 있다. 그들이 헤어지고 나면, 그들은 **더 이상** 말하지 않는다. 지금 언어는 **존재하기를** 중단하는가? 그러나 **아마도** 그러는 사이에 어딘가에서 어떤 일로 **다른 사람들**이 서로 말하며 대화하고 있을 것이다. 언어는 바로 지금 언어를 넘어 빠르게 퍼져나가며 지속적으로 변화하고 있다. **실제로** 다른 사람들이 말한다고 해서 아무 때나 동시에 이 집단과 저 집단이 해당되는 그 언어를 말하지는 않을 것이다. 그렇다면 이제 그 언어는 본래 언제 어디에 **존재하는가**? 언어공동체에 속하는 사람들이 **동시에 모두** 말하는 그곳에서만 존재하는가? 아니면 바로 이때 언어는 전혀 실제적이지 않고, 오히려 그때마다 **부분적으로만** 실제적인가? 그렇다면 하나의 언어가 **본래** 존재한다는 것은 결코 성립

될 수 없다.

그러나 하나의 언어공동체에 속하는 모든 인간이 해당되는 언어를 동시에 말하는 — 사실상 일어날 수 없는 — 경우를 가정한다면, **모든 사람들이** 말하는 것을 통해 그때 **그 모든** 언어가 완전하게 언어가 된다는 것이 확실하게 증명될 수 있을 것이다. **추측컨대** 거기에도 언어에 대한 많은 것이 **말해지지 않고** 있다는 것은 확실하다. 아마도 거기에서 **해당되는 언어는 일상어로만** 말해질 것이다. 이때 **가령 시짓기(Dichtung)로서의** 언어는 결코 말해지지 않을 것이다. 다시 말해 그러한 언어는 존재하지 않을 것이다.

그러나 하나의 언어가 동시에 **그것의 모든 방향과 가능성**에 따라 **실제로** 말해지는 그때 갑자기 강력한 지진의 충격으로 모든 사람이 공포에 질려 **말문이 막혔다고** 가정한다면, 이때 언어는 존재하기를 중단하는가? 언어가 **말해지지 않을 때,** 즉 **침묵**할 때에도 언어는 존재하는가?

아니면 그때마다 언어는 항상 다시 말하는 순간에 **생겨나는 것**이다. 그때 언어는 지속적으로 생겨나고 사라지는 상태, 즉 **되어감(Werden)** 속에 있을 것이다. 그렇다면 언어는 결코 **존재**를 가지지 않고 되어감만을 가질 것이며, 따라서 우리는 언어의 존재방식에 대한 성가신 물음에서 해방될 수 있을 것이다! 분명히 이러한 되어감의 상태는 결코 '있지' 않다. 되어감이 일어나는 곳에서는 아무것도 존재하지 않는다. 아니면 단순히[?] 되어감이 **무(Nichts)**로 [존재]하지 않는다고 한다면, 되어감은 **결국 어떤 존재의 형태가 아닌가?** ―

49

1932년[1]과 1933년[2] 여름학기 강의, 참조.

그렇다면 어떻게, 어디에, 언제 언어는 **존재하는가?** 우리는 언어가 말해지는 그때, 그곳에 언어가 존재한다고 말했다. 우리는 이러한 설명이 **아주 다의적이고 나아가 의심스럽다**는 것을 지금 금방 알 수 있다. 그리고 우리가 방향을 돌려 '어떻게 언어와 같은 것이 실제로 존재하는가'라는 물음을 다양한 '언어철학들'을 통해 그 해명을 듣고자 한다면, 우리는 그 대답을 얻을 수 없을 것이다. 분명 우리는 거기에서 한 번도 그 물음이 제기되지 않았다는 것을 확인할 수 있다. 따라서 우리는 바로 이러한 방심할 수 없는 물음을 등한시 한 것이 언어에 관한 사변이 근거 없이 떠돌고 공허한 상태에 빠져 매우 혼란스러운 문제를 야기한 ─ 오래전부터 지속되어온 ─ 사태의 원인이라고 주장한다.

1 [Martin Heidegger, Vom Anfang der abendländischen Philosophie. Auslegung des Anaximander und Parmenides. GA35. Hrsg. von Peter Trawny. Frankfurt am Main 2012.
2 [Heidegger, Sein und Wahrheit. GA36/37. 같은 책.]

9절. 언어와 인간의 관계에서의 순환운동

　그렇지만 이에 대해 날카로운 **반박**이 제기된다. 사람들은 언어의 **존재방식**이 아주 오래전에 **확립되었다**고 이의를 제기한다. 그리고 우리 자신은 분명 방금 제시한 숙고를 통해서 그것에 대해 이미 결론을 내렸다. 언어는 **어떤 경우에서든 인간적인 활동**이다. 이 활동(언어)의 존재방식을 우리는 인간의 존재방식으로부터 규정한다. 왜냐하면 돌, 식물, 동물은 분명 말하지 않기 때문이다. **인간의 존재**는 자신 안에서 언어의 존재를 파악하고 있다. 그렇다. 그렇다면 이제 **어떤 것**이 인간의 존재방식인가?

　어떤 것이 '존재하는' 형태와 방식은 근원적으로 관련된 **무엇인가**로부터 규정된다. 그에 따라서 인간존재를 우리는 인간이란 **무엇인**가로부터 경험한다. 그렇다면 인간이란 무엇인가?

　사람들은 우리 자신에 대해 오래전부터 알고 있었다. 인간은 로고스를 가진 생명체이다(ἄνθρωπος — ζῷον λόγον ἔχον). 이것은 라틴어에서 인간은 이성적 동물(homo : animal rationale)로, 독일어에서 인간은 이성을 가진 생명체(der Mensch ist ein Vernünftiges Lebewesen)로 번역된다. 인간은 — 이렇게 직접적으로 확정될 수 있다면 — 어떤 경우에서든 **생명을 가지지 않은 물질과 달리 생명을 가**진 어떤 것이다. 그리고 식물과 동물처럼 생명을 가지고 있는 것과 달리 인간은 어떤 것을 통해 탁월한 것으로 제시된다. 무엇을 통해? 오래된 정의는 다음과 같이 말하고 있다. **로곤 에콘**(λόγον ἔχον), 즉 인간은 언어를 소유하고 구사한다. 오래전부터 익히 알려져 있고 너무나 친숙한 인간의 본질에 대한 규정은 **언어와의 연관**에서 생겨났다. 이 규정이 인간의 **존재**를 특징 짓고 **탁월하게 제시하는가**?

그렇다면 **어떻게**? 우리는 방금 그것에 대해 다음과 같이 말했다. 완전히 수수께끼 같고 애매하게 제시된 **언어의 존재**는 **인간의 존재**로**부터** 그 해명을 얻는다. 그리고 지금 우리는 유감스럽게도 오래전부터 인간의 존재가 즉시 **언어**의 도움에 의해 규정되고 있다는 것을 인정해야 한다.

그렇다면 우리는 이미 다시금 **아주 운명적인** 상황, 즉 언어의 존재가 인간의 존재로부터 규정되고, 인간의 존재가 언어의 존재로부터 규정된다는 **순환 속**에 놓여 있게 된다. 그리고 우리가 이 순환운동을 피할 수 없다면 — 간단히 말해 우리가 이러한 인간의 상황과 물음을 진지하게 받아들인다면 — 그때 우리는 즉시 순환의 **기류** 속에 빨려 들어간다. 이 순환은 소용돌이가 되고, 이 **소용돌이**는 의문스러운 인간의 **심연**으로 우리를 끌어들인다.

그것은 심지어 우리가 이 순환운동을 피하지 **않을** 때에만 그렇다. 물론 우리는 그것을 **피할 수 있다**. 여전히 우리는 **선택권**을 가지고 있다. 우리는 '인간이란 무엇인가'라는 물음에 **거리낌 없이 직면할 수 있**다. 우리는 우리의 학문에 몰두하여 가능한 빠르게 그리고 가능한 쉽게 우리의 시험에 합격하도록 노력할 수 있다. 나아가 그밖에 우리의 의무와 봉사를 지침에 따라 완수할 수 있고, 민족공동체의 유능한 일원이 될 수 있다. 그때 우리는 심지어 인간에 대한 이러한 물음이 건전하지 않다고 생각할 수 있다. 봉사하는 민족의 일원이고자 하는 것으로도 충분하다. 그렇다면 무엇 때문에 '그것, 즉 인간이란 무엇인가'라고 묻는가? 그것은 **병적인 것**이다. 그것은 **반성하는 것**이다. 반성에서 벗어나 행동에 돌입할 때이다.[3] 그러한 물음은 **최고의 장애**이다. 그것은 아마도 수면을 방해하며, 건강한 수면을 위해 어떤 도움도 주지 않는다.

왜 우리는 '인간이란 무엇인가'에 대해서 알 필요가 있는가? 단지 '인간이란 무엇인가'에 대해서 묻기만 하는 것인가? 인간은 이미 그렇게 하지 않아도 자신에 대한 지식을 충분히 가지고 **있다**. 인간은 분명 동물과 다르다. 인간은 그것을 **아는** 자이다. 그러나 인간은 인간이란 무엇인가를 **지식으로 알고 있지만 그 자신이 무엇인지는 알지 못한다**.

우리는 이것을 하나의 단순한 확정으로서 **받아들일 수 있다**. 그래서 그것을 지나쳐 일상적인 일과로 돌아갈 수 있다. 아무도 우리를 방해하지 않는다. **그러나** 우리는 또한 그러한 확정 — 인간은 인간이란 무엇인가를 지식으로 알고 있지만 그 자신이 무엇인지는 알지

---

3 〔이 부분은 원문에 다음과 같이 쓰여 있다. "weg von der Reflexion — hinein in die Tat" 생략된 부분을 명확히 하기 위해 이 책의 이전 판본인 1998년에 출판된 GA38을 참조하였다. 이전 판본에는 다음과 같이 쓰여 있다. "es sei jetzt vielmehr an der Zeit, der Reflexion sich zu entschlagen und zum Handeln zu kommen." GA38, 27. — 옮긴이〕

못한다 — 으로부터 인간에 대한 섬뜩한 판단을 엿들을 수 있다. 인간은 즐겁고 명랑하게 존재한다고 믿는 사람들이 그것에 대해 아무것도 예감하지 못한다고 해서 그들 자신의 섬뜩함이 상실되는 것이 결코 아니다.

우리는 인간이란 무엇인가라는 물음을 중단할 수 있다. 그러나 우리는 이 물음을 물을 수도 있다. 그것은 우리에게 달려 있다. 그리고 결단이 이렇게 또는 저렇게 내려진다. 다시 말해 우리가 무엇인지를 우리가 진지하게 받아들이는지 아닌지에 따라 결단이 내려진다.

그러나 우리가 '인간이란 무엇인가'라는 물음을 물을 때, 그리고 이 물음에서 벗어날 출구를 더 이상 찾지 못할 때, 우리는 즉각 언어의 본질에 대해 묻게 된다. 그러면서 우리는 지금 어떤 경우에서든 한 가지를 명백히 알게 된다. 즉, 언어의 본질에 대한 물음은 문헌학의 관심사도 아니고 언어철학의 관심사도 아니다. 오히려 이 물음은 인간이 인간을 진지하게 받아들인다고 가정한다면 인간의 절박함(Not)을 나타낸다.

그러나 우리가 '인간이란 무엇인가'라는 물음을 결단함으로써 우리는 스스로 순환 속에 빠져 있다는 당혹스러움에서 벗어나지 못하고 있지 않은가? 언어 — 인간, 인간 — 언어.

하지만 거기에는 어떤 하나의 출구가 주어져야만 한다. 그렇지만 우리는 그때 '인간이란 무엇인가'라는 물음을 결정하기 위하여 우선 그 자체로 분리된 '언어란 무엇인가'라는 물음을 먼저 해결하고자 해서는 안 된다. 정반대도 아니다. 오히려 우리는 두 가지를 연결하여 말하는 자로서의 인간과 이제 그것이 어떤 본질인지를 지금 더 자세하게

연구할 수 있다. 그때 인간존재의 '무엇'에서부터 인간존재의 '어떻게'
와 그로부터 언어의 존재방식, 즉 우리가 논리학에 대한 고찰에서 찾
고 있는 것을 연구할 수 있다. 이렇게 하는 것이 훨씬 더 본래적인
사실의 내용에 부합한다.

2장

인간의 본질에 대한 물음

·
·
·

우리는 '언어란 무엇인가'라는 물음을 '인간이란 무엇인가'라는 물음으로 확장시켜 인간이 언어를 사용한다는 사실과 연관시켜 물어야 한다. 그러나 지금 동일한 어려움, 나아가 한층 더 큰 어려움이 시작되고 있다! 인간은 어디에 속하는가? 존재자 전체에서 인간이 서 있는 곳은 어디인가?

10절. 잘못된 물음으로서 '무엇'을 묻는 선행물음

그러나 우리는 여기에서 다시 물음을 유보하고 간단히 다음과 같은 설명을 제시할 수 있다. 그것은 이 물음이 구약성서와 신약성서, 즉 그리스도교의 믿음을 통해 영원히 결정된 것으로 우리가 믿고 있다는 사실에 대한 것이다. 물론 우리는 이때 그 설명을 진지하게 다루어야 한다. 다시 말해 그 설명이 그리스도교의 믿음에 속하는 것이라는 사실을 확정해야 한다. 그리고 그때 우리는 **실제로** 믿어야 한다. 또한 우리는 믿음에서 말해야 하며, 우리가 **의문을 가질 때** 하는 것처럼 **바깥에서**, **주변에서**, **뒤에서** 말하는 것이 아님을 명백히 해야 한다.

그러나 인간의 본질은 **실제로** 의문스러운 것일 수 있다. 우리가 아무것도 결정할 수 없는 상이한 대답을 마주하고 있을 때에는 더욱 그렇다.

가령 **인간**은 생명의 진화과정에서 고도로 진화한 포유동물이자 영장류이고 지구역사에서 진행되어 온 생명의 자연적인 계통에서 가장 최근이자 최후의 지점에 있다.

또는 인간은 "자기 자신으로 자연을 창조하며 돌아보는 자"이다.[1]

또는 슈펭글러에 따르면 인간은 "육식동물"이다.[2]

또는 니체에 따르면 인간은 "극복되어야 할 그 무엇"이다.[3]

또는 인간은 병든 동물 — 미로 그리고 생명의 흐름이 차단된 막다른 골목 — 이다.

그렇다면 인간이란 무엇인가? 어디에서 우리는 이 대답을 얻어야만 하는가?

이 물음은 **명백히** 인간 자체에 대한 **공허하고 일반적인** 개념을 논하는 것으로 대답될 수 **없다.** 왜냐하면 이 개념도 인간에 대한 특정한 경험에서 **이끌어 온** 것이기 때문이다! 우리는 다양한 **인종**과 **계통**에 따라, **다양한 문화, 세계관, 시대**에 따라 주어지는 **인간의** 다양한 **삶의 형식과 외적 형식, 욕구형태**에서 우리 자신을 **둘러보아야만** 한다. 그렇게 한다면 우리는 인간이 무엇인지를 **아는가?** 우리는 그것을 통해 인류의 외형적 변화에서 나타난 다양성만을 알 뿐이다. 우리는 이것을 아마도 인간유형에 관해 **풍부하게 세분화된 표본으로 분류하고 구별한** 후에 인간 또는 인간–유형[?]이 이러저러한 형태에 속해있다고 말할 수 있다. '인간이란 무엇인가'라는 물음에 '인간은 이러저러한 인간의 **형태와 유형** 속에 **속해있다**'고 대답할 수 있는가? 이것이 대답

---

1 [Athenaeum. Eine Zeitschrift von August Wilhelm Schlegel und Friedrich Schlegel. Dritten Bandes Erstes Stück. Heinrich Frölich: Berlin 1800, S. 8.]
2 [Oswald Spengler: Der Mensch und die Technik. Beitrag zu einer Philosophie des Lebens. C. H. Beck: München 1931, S. 3.]
3 [Friedrich Nietzsche: Also sprach Zarathustra. Ein Buch für Alle und Keinen. Werke. Bd. VI. C. G. Naumann: Leipzig 1904, S. 13.]

인가? 아니다. 그것으로 우리는 인간의 **본질**을 아는가? 결코 그렇지 않다.

이전 시간에 본질물음은 **선행물음**의 성격을 가진다고 말했다. 이것은 특히 중요한 의미를 가진다. 여기에서 본질물음은 **어떤 방향**에서 물음이 **시작**되고 있는지, **어떤 관점**에서 대답이 파악되는지와 같은 물음만큼 대수롭게 넘겨 버릴 것이 아니다. 그것은 아주 **결정적으로 중요한** 것이다. 물음제기를 확실하게 것은 물음제기에서 감행된 [?] 과제와 연결되어 있다. 처음부터 문제제기를 잘못 해서는 안 된다. 다시 말해 전적으로 미규정 상태에 내버려 두어서는 안 된다. 그렇지 않을 경우 물음은 불투명해지고 **사실상 물을 힘을 상실하게 된다.**[4]

어떻게 하면 우리의 경우에, 즉 여기 인간에 대한 물음에서 **잘못 묻지 않을** 수 있는가? 그래서 우리는 아주 일반적으로 선입견 없이 묻는다. '인간이란 무엇인가?'

그러나 방금 이러한 물음으로 우리는 이미 잘못 묻고 있다. 다시 말해 **충분히 규정하지 않은 채** 묻고 있다. 우리는 '인간이란 **무엇인가**'라고 물음으로써 인간을 **앞서부터** 사물 및 사태처럼 우리가 어딘가에서 만나고 있는 것, 많은 다른 **눈앞에 있는 것들** 중의 어떤 것으로서 앞서 발견하는 것, 표본과 사례에 따라 기술하고, 형태와 유형에 따라 배열하고 동시에 유형의 집합에서 드러나는 것으로서 가정한다.

---

4 1. 물음방향을 설정함. 2. 내적으로 유지함. 3. 풍부하게 **연관시킴.** 물어지고 있는 것을 불투명하게 남겨두지 **않음.** 이것들이 **전체적으로 물음을 물을 만한 힘을 가진 것**으로 만든다.

그러나 **어떻게** 우리는 인간에 대한 물음의 앞선 관점을 **다르게** 획득할 수 있는가? 우리가 일반적으로 인간의 본질에 대해 묻는 한에 있어서 그것이 가능하다. **왜냐하면** 본질, 그것은 **일반적으로** '어떤 것은 무엇인가'라는 물음에서 제시되는 **무엇임(Wassein)**을 의미하기 때문이다. 물론, 모든 존재자는 자신의 본질을 가지고 있다. 공간이란 무엇인가? 그것은 수, 땅, 빛 등으로 대답된다. **그러나 그럼에도 불구하고** 모든 본질은 항상 **무엇임**으로서 규정되어질 수는 **없다**. 왜냐하면 '관련된 존재자가 **무엇인가**'라는 물음이 우리를 그 존재자에 가깝게 다가가도록 하는 대신에 **그것으로부터 밀쳐내고** 우리의 물음을 계속해서 스쳐지나가는 물음으로 만들 수 있기 때문이다!

• 반복(43-55쪽에 대해, 1934년 6월 5일)

물음에 대한 우리의 태도를 그 위치와 방향에 따라 재론하기 위해 나는 지금까지의 과정을 간단히 반복할 것이다.

'논리학'은 **우리에게 있어서도 '로고스**'를 다루는 것이다. 그러나 우리는 서양 역사의 과정에서 오래전부터 이해된 것으로 알려진 특정한 방향의 '로고스'에 관한 하나의 해석 ― '진술, 대상들을 진술하는 규정함, 짧게 말하자면 사물에 대한 **사고**' ― 을 단순히 맹목적으로 받아들이지 않는다.

논리학은 우리에게 사고의 형식과 규칙을 **모아놓은 것이 아니다.** 로고스는 우리에게 물음으로 남아있다. 우리는 그런 까닭에 로고스를 자의적으로 앞서 결정하지 않고 아주 넓고 고유한 의미에서 말과 언어로서 받아들여야 한다. **논리학은 우리에게 언어의 본질에 대한 물음이다.**

그렇지만 언어는 언어를 특수한 영역으로 평가절하하는 '언어철학'의 대상이 아니다. 또한 우리는 언어 자체를 — 가령 언어를 **의사소통 수단**과 같은 것으로 파악하는 — **편협한 오해**로부터 해방시켜야 한다. 우리는 '문법'에서도 언어에 대한 파악의 근원적이고 진정한 형태를 거의 발견하지 못한다.

논리학은 우리에게 있어서 언어와 관련된 본질물음을 묻는 것이다. 논리학은 우리에게 있어서 무미건조하고 진부한 교과목도, 의미없는 시험을 위한 연습자료도 아니다.

논리학은 우리에게 있어서 — 다시금 진정 알기를 원하고 앎을 가질 수 있는 — 한 세대를 준비시키는 **임무(Auftrag)**에 대한 명칭이다. 이러한 앎을 위해서 학문은 반드시 필요하지 않다. 그 앎은 모든 학문 **이전**에 놓여 있는 동시에 모든 학문을 **넘어서** 있다. 그런 까닭에 학문에 관한 결단 — 학문에 관한 결단도 우리가 학문을 일상적인 일로서 오해하지 않을 때 가능하다 — 은 학문 자체에 있지 **않고** 교과목과 학과전공에도 있지 **않다.** 오히려 학문에 관한 결단은 철학 속에, 즉 우리가 근원적이고 지속적인 본질적 앎의 세밀한 힘을 펼칠 수 있는지에 놓여있다.

본질물음은 항상 선행–물음이다. 즉 앞을 향해, 안에서 밖으로, **앞서** 묻는다는 삼중의 의미에서 선행–물음이다.

우리는 언어의 본질에 대한 물음을 첫 번째 의미에서 묻는 것으

로 시작하였다. 언어와 같은 것은 어디에 속하며, 그것의 존재방식
은 어떤 것인가?

언어는 사전과 문법 속에 기록되어 있고 그 안에 존재한다. 이것
은 죽은 유골을 쌓아놓는 것이다. 살아있는 언어는 실제로 **말함** 속
에 존재한다. 이때 말함은 어디에 그리고 어떻게 존재하는가?

11절. 선행물음의 본래적인 파악.
무엇물음에서 누구물음으로

우리가 '인간이란 무엇인가?'라는 **형식으로** 인간의 본질을 추적하며 묻는다면, 우리는 아마도 완전히 **시원을 상실한 채** 잘못된 물음 속에서 움직이고 있는 것이다. 그렇다면 도대체 **아직 다른 물음의 형식**이 남아있는가? 확실히 있다! 우리는 '인간이란 **무엇인가**'라는 물음 대신에 '인간이란 **어떻게 있는가**'라고 물을 수 있다. 이것은 다음과 같은 것을 의미할 수 있다. a) 인간은 어떤 상태로 있는가? b) 그에게 고유한 존재방식은 어떤 것인가? 그러나 지금 '어떻게'가 '무엇'으로부터 **규정된다**는 것을 쉽게 볼 수 있다. 산이란 무엇인가? 빛이란 무엇인가? 바다란 무엇인가? 수란 무엇인가? **이러한 '무엇'이 '어떻게'를 규정한다.** '인간이란 **어떻게 있는가**'라는 물음은 우리를 '인간이란 무엇인가'라는 물음에서 **해방시켜주지 않는다.** 그러나 이 물음 — 인간이란 무엇인가? — 은 우리를 대신할 수 없다.

그러므로 무엇—물음의 형식 이외에 다르게 본질물음을 파악할 수 있는 **그 밖의 가능성은 없다.** 인간의 본질과 연관된 이러한 본질물음의 형식이 얼마나 잘못된 것인지를 우리가 **제대로 통찰하지 못하는 한**에서는 그렇다.

모든 물음이 그런 것처럼 특별한 의미를 가진 본질물음도 **우리를 낯선 것에 직면하게** 만들면서 부각된다. 우리는 물음을 통해서 낯선 것을 제거하는 것이 아니라 물음 속에서 낯선 것이 먼저 **우리를 덮치도록** 해야 한다. 물론 우리가 물음에 완전히 빠져서 그 속에 함몰되어야 한다는 말은 아니다. 물음 속에서 우리는 자신을 낯선 것에 **대면시킬** 수 있다. 우리는 낯선 것을 때때로 **불러낼** 것이다.

　　우리가 지금 **낯설고 친숙하지 않은** 어떤 인간을 만난다면, 그때 우리는 상대에게 어떻게 묻는가? 그때 우리는 대략 불투명하게 '여기 이것은 무엇인가'라고 묻지 않고 '너는 **누구인가**'라고 묻는다. 누구세요? 이 물음에서처럼 우리는 인간을 앞서 '이것저것', 즉 '**무엇**'의 영역에서 경험하는 것이 아니라, '아무개, 모씨', 즉 '**누구?**'의 영역에서 경험한다. 우리가 들었던 것처럼 본질물음은 선행–물음이다. 인간의 본질에 대해 **선취하는** 물음의 **참되고 적합한** 방식은 **누구–물음이다.** 이 물음을 통해 본질을 명명해야 하는 **대답**에는 이미 아주 **특정한 방향**이 지시된다. 이 방향을 따라갈 때 우리에게 인간의 본질이 **첫 번째** '**나타남(Schein)**' 속에서 밝혀진다. 누구(wer)?, 세요(ist es)?라는 물음에 대해서 물음을 건네받은 사람은 '**나**'라고 대답하거나 다수일 때 '**우리**'(또는 고유명사)라고 대답한다. 그러므로 **완성된** 형태에서 누구물음(Werfrage)은 항상 다음과 같다. 너는 누구인가? 너희는 누구인가?

12절. 자기 자신으로서의 인간

누구물음(Werfrage)의 영역에는 '우리', '너희', '너', '나', '이 사람들은 우리(ein Wir)이다' 등이 있다. 그렇다! 그렇다면 이들 모두는 무엇인가? 그것을 우리는 '인칭들(Personen)', 인칭의 묶음이라고 대답할 수 있을 것이다. 그러나 우리는 이 명칭을 어떻게 이해해야 하는가? 그 표현이 뚜렷하지 않고, 그 근원에 있어서 분명하지 않다는 것은 제쳐두더라도 우리는 분명 지금 — 우리가 나, 너, 우리, 너희, 그, 그녀에 대해 물음으로써 — 이미 무엇물음으로 되돌아가고 있다. 그것들은 '무엇'이다. 우리는 누구—물음의 길에 머물면서 누구—물음의 방향에서부터 그때마다 우리에게 다가오는 방금 말한 '무엇'을 파악하려고 해야 한다. 그 '무엇'은 누구인가? 우리, 다시 말해 우리 자신이다. 너는 누구인가? 너, 즉 너 자신이다. 나는 나 자신으로 있다. 그는 그 자신으로 있다. 누구물음은 그때마다 자기 자신인 그러한 존재자의 영역을 향하고 있다. 그리고 우리는 지금 인간에 대해 적합하게 제기된 '인간이란 누구인가'라는 본질물음에 대한 대답을 다음과 같이 표현할 수 있다. '인간은 자기 자신이다.' [첫 번째 나타남!]

하지만 우리는 그것, 즉 자기 자신(ein Selbst)을 지금 이해하는 방식으로만 알고 있을 뿐이다. 여기에서 개념은 우리에게 **빠져** 있다. 심지어 우리는 **자기 자신**, 우리-자신, 너-자신, 나 자신이라는 단어를 들을 때 아주 불분명하고 대략적으로 거기에 어떤 의미가 있다는 것을 어렴풋이 알고 있다. **그렇지만 본질규정은 개념을 요구한다.** 그러므로 '인간은 자기 자신이다'라는 대답은 **임시적인 것일 뿐이다. 낯선 것은 사라지지 않았다.** 오히려 그 반대이다. 그러나 낯선 것은 **자기 자신** 그리고 그것과 연관되어 있는 것 자체에 대한 개념적 본질을 우리가 여기에서 즉각 명료하게 드러내지 못했기 때문에 생겨난 것이 결코 아니다. 오히려 낯선 것은 우리가 우리의 물음에서 **이미 다시금 비껴나가 방향을 잃었기 때문에** 생겨난 것이다. 그럼에 불구하고 우리는 물음을 **누구물음**의 의미에서 고수하고 있다. 인간이란 누구인가? 그 대답은 자기 자신이다. 우리가 방금 밝혀진 것을 진술하는 한, 그 대답은 **올바르다.** 그렇지만 **이러한 올바른 대답은 그 깊이**에서는 참되지 않다. 왜냐하면 그 대답은 그 속에 담겨있는 것을 우리에게 **숨기고** 있기 때문이다. [철학에는 일반적으로 많은 올바른 것이 있지만 참된 것은 드물다. 올바름은 아직 진리가 아니다. 학문은 올바른 것의 권역 안에 머물러 있지만 **참되지는 않다.** 이것을 보다 정확히 이해하는 방식이 곧 제시될 것이다.]

그렇다면 '인간은 자기 자신이다'라는 올바른 대답이 어떤 점에서 참이 아닌가? 물음이 지시하는 방향에서 우리가 대답하지 않았기 때문에 참이 아니다. 다시 말해 그 물음을 고수하지 않았기 때문이다. 인간이란 누구인가? 자기 자신이다. **자기 자신은 누구인가? 우리이다. 우리는 누구인가?** 우리는 물음을 묻고 있는 **자**이다. 누구-물음은 자기 자신으로서의 인간에 직면하도록 만든다. 이 대답은 묻고 있는 자를 그 자신으로 향하도록 지시한다. 묻는 자, 즉 우리 자신은 물음이 걸려있는 자(Angefragten), 즉 우리 자신이다. 우리 자신은 누구인가? 올바른 대답은 다음과 같다. 인간은 자기 자신이다. 이 대답 속에 이미 놓여있는 물음을 계속해서 물을 때, 우리는 올바른 대답을 비로소 참인 대답으로 바꿀 수 있다. 그러므로 우리는 '인간은 자기 자신이다'라는 진술을 또다시 무엇에 대한 규정으로 오해하지 않고, 오히려 이 진술을 자기 자신, 즉 우리 자신, 우리가 누구인가라고 묻는 자에 걸려있는 물음(Anfrage)으로서 받아들인다.

그러므로 이러한 누구—물음, 즉 인간의 본질에 대한 물음은 독특한 어려움을 가지고 있으며 결코 쉽게 풀 수 없다는 사실이 점점 더 명확해지고 있다. 이 물음이 물음으로서 전개되지 못했다는 사실은 놀랄만한 일이 아니다. 그리고 인간의 본질에 대한 물음이 매우 혼란스러우며 게다가 그 대답이 목적도 없고 우발적인 것처럼 보인다는 사실은 놀랄만한 일이 아니다.

이러한 누구—물음의 길에는 다른 길로 인도하는 잘못된 통로가 숨어 있다. 이것은 우리가 명백한 올바름으로 인해 대답의 진리를 즉각 망각하게 된다는 것뿐만 아니라 계속 반복해서 참되게 묻고 대답하는 과정에서 우리가 물음의 참된 순서와 단계를 착각한다는 것을 의미한다. 그러므로 우리가 '인간은 자기 자신이다'라는 첫 번째 대답에 이어서 자기 자신의 개념에 이르기 위해 '자기 자신은 무엇인가'라는 다음의 물음을 제기했을 때, 우리는 매우 엄밀하게 계속해서 물음을 제기하는 것처럼 보였을 것이다. 하지만 우리는 '자기 자신은 무엇인가'라는 물음의 형식에서 누구─물음을 이미 다시 포기했었다는 사실을 지금 알았다. 심지어 결국에는 자기 자신의 개념에 대한 물음이 필요하게 되었다. 충분한 자기 자신의 **개념**을 위한 시도가 언제, 즉 **물음의 순서**에서 **어떤 지점**에 들어가야 하는지만 묻고 있다.

그렇다면 지금 우리에게는 자기 자신에 대한 개념이 **없어도 지장이 없는가?** 우선은 확실히 그렇다고 말할 수 있다. '**누가** 자기 자신인가'라는 물음이 우리를 **자기 자신에게** 향하도록 지시하고 있다는 사실을 우리가 이해함으로써 그에 대한 논거는 이미 제공되었다. 그러므로 우리는 앞서 '자기 자신'이 의미하는 것을 알고 있다. 우리는 그것에 대한 **선이해**를, 물론 **비개념적인 선이해**를 가지고 있다. 우리가 이러한 선이해를 그것의 개념과 연결시키려고 하는 **한** 그것은 **선─개념적인 이해**이다. 우리가 누구물음이 묻고 있는 **물음의 방향**을 내적으로 유지하는 것이 무엇보다 중요하다는 사실에 주의하기만 **한다면** 우리는 그로써 당분간 만족할 수 있다.

대답은 **물음**으로서 드러나고, 이 물음은 우리 자신으로 방향을 취한다. 이것은 우리가 '인간'에 대한 물음의 이행에서 계속 이 물음(누구물음)에 머물러 있으며, 그것이 진행되는 방향에 내어놓여 있다(aus-gesetzt)는 것을 의미한다. 우리가 이 물음을 더욱더 참되게 **계속 물으면 물을수록** 모든 대답은 더욱더 집요하게 새로운 물음을 동반한다. 근본적으로 우리는 추가적인 물음으로 **나아가는** 것이 **결코 아니다.** 바로 하나의 누구물음이 선취하는 첫 번째 대답에서부터 줄기차게 전개되고 있다. 이 물음, 즉 **누구물음을 묻고 있는 자,** 바로 우리는 점점 더 그 물음 속에 빠져들어 더욱더 의문스럽게 된다. 그러므로 이 물음에 대한 물음은 점점 더 참된 것이 된다. 그러므로 우리는 묻는다.

a) 나와 너 — 자기 자신을 통해서 규정되며 그 반대는 아님

우리 자신은 누구인가? 우리 모두, 즉 우리 각자는 그 자신이다. 그 자체로 그는 '나'-자신이다. 그리고 우리-자신은 수많은 나-자신, 즉 분리된 '나들'의 집합이자 다수로 제시된다. 그러므로 자기 자신은 나로 소급된다. 우리 각자는 자기 자신이다. 왜냐하면 그는 나이기 때문이다. 자기 자신의 본질은 나의 본질에 근거한다. 즉, 자기성(**Selbstheit**)은 나임(**Ichheit**)에 근거한다.

그래서 사람들은 이러한 나, 자아(ego), 생각하는 사물(res cog-itans)을 데카르트에서 근대철학이 시작된 이래 특정한 근거에서 — 객체와 객체성에 대립하는 — **주체**와 **주체성**으로 파악한다. 나, 의식, 주체성, 인간의 본질은 칸트에서 **이성**으로 파악되고, 독일 관념론의 철학에서는 정신으로 파악된다. 이 과정에서 우리는 처음 도달했던 자기 자신으로서의 인간에 대한 본질규정으로부터 자아를 거쳐 오늘날에도 여전히 인간의 본질에 대한 물음을 결정적으로 지배하는 파악에 이르렀다. 이것은 사람들이 바로 영혼에 비해 정신의 우월성을 부인하는 것에서도 확인된다.[5]

---

5 [Ludwig Klages, Der Geist als Widersacher der Seele. 4 Bde. Johann Ambrosius Barth: Leipzig 1929 ff. 참조.]

그러나 방금 살펴본 고찰을 통해 우리는 이제 다시 아주 빠르게 우리의 물음으로부터 멀어졌다. 심지어 새로운 물음을 시작하자마자 이미 그렇게 되었다. 우리는 우리 각자는 그 자신이고, 그 자신은 그 자체로 나-자신이라고 말했다. 이 진술은 자기 자신이 나-자신으로, 결국 나로 소급되는 한, 다시 참이 아닐 뿐만 아니라 올바르지도 않다. 확실히 우리 각자는 **그 자체로 나-자신**이다. 그러나 **그는 너-자신**이기도 하다. 이것은 우선 다른 나에 대해서뿐만 아니라 어떤 방식에서는 자신에게 '이것을 너는 잘못했다'라고 말할 경우에 자기 자신에게도 해당된다. 그러나 마찬가지로 모든 너는 모든 나에 대해 있고, 나는 너에 대해 있으며 각각의 너와 함께 우리-자신이 된다. 그리고 모든 우리-자신은 다른 우리-자신, 너희-자신이 된다. 그리고 이들 모두는 항상 그들 자신이다. 이것은 우리에게 무엇을 말하는 것인가? 다음과 같이 많은 것을 말하고 있다. **자기 자신은 나에 대한 두드러진 규정이 아니다.** 자기 자신의 성격이 우선 본래적으로 나에게 속해있는 것처럼 보일 수 있다. 그렇다고 해서 자기 자신이 주로 너에게 속해있는 것도 아니며 마찬가지로 우리와 너희에게 속해있는 것도 아니다.

각기 그-자신(Er-selbst)으로서 인간은 나이고 너이며, 우리이고 너희이며, 그이고 그녀이기 때문에 **동일근원적이다.** 그런데 **전통적으로 익히 알려진 이론들을 고려할 때** 특별히 다음과 같은 것이 강조되어야 한다. 인간은 나이기 때문에 그-자신이 **아니다.** 오히려 인간은 본질상 **그-자신이기 때문에 나일 수 있다. 그-자신은 나로 제한되지도 나로 결코 환원될 수도 없다.** 그러므로 자기 자신으로부터는 인간의 본질적 근거로서의 나 그리고 그와 함께 **주체성**으로 되돌아갈 어떤 길도 없다. '나', 자아(**ego**), '나는 생각한다', '나는 행동한다'에 의해 인간이 규정될 수 있었다는 것은 자기 자신에 대한 물음이 충분히 제기되지 않는 한 사람들이 **자기 자신의 본질에 대해 어떤 개념도 가지지 않았으며**, 오늘날에도 여전히 가질 수 없다는 것만을 증명한다.

인간이 그-자신으로서 존재한다는 사실에는 너, 우리, 너희로서 서로 **뒤섞여** 함께 있음을 내포한 인간의 **다양한 귀속성**이 놓여있다. 그러므로 '우리'도 다수의 개별화된 '나들(Iche)'을 추가하여 합한 것이 아니며, 마찬가지로 너희도 **개별화된 너들**(Dus)의 합이 아니다. 우리는 분명 개별화된 나로서 많은 '나들'을 더한 것일 수 없다. 우리들(wirs)이 '나 그리고 나 그리고 나'로 여겨진다면, 이때 모든 나는 의미 없는 것이 된다. 우리는 나의 단수로부터 당장 풀려나지 못하고 동일한 것만을 반복할 뿐이다. 우리는 기껏해야 '나 그리고 너 그리고 너 그리고 너 …'를 말할 수 있을 뿐이다.

• 반복(63-71쪽에 대해)

우리가 이해하려고 하는 논리학의 주도적인 물음은 '**언어란 무엇인가?**'이다.

이 물음은 우리를 '**인간이란 무엇인가?**'라는 물음으로 되돌아가게 했다.

본질물음으로서 이 물음은 **선행물음**이다. 그리고 그 자체로 이 물음은 결정적인 **단초**에 있어서 **물음의 방향**을 지시하고 있으며, 물어진 것, 즉 인간이 **적확하고 투명하게 규정되는 것**에 집중되어야 한다. 우리가 '인간이란 **무엇인가**'라고 묻는 한, 우리는 앞서 물어지고 있는 것을 **눈앞에 있는 사물**로 만든다.

이 물음은 무엇물음으로부터 누구물음으로 **전환되어야** 한다.

인간이란 누구인가? 나, 우리, 너, 너희이다. [인칭] 묻고 있는 자 (F.)!⁶

너는 누구인가? 자기 자신이다. **자기 자신**은 [자기 자신은 무엇인가]라는 물음에서 묻고 있는 자이다.

자기 자신은 그때마다 불리고 있는 것, 즉 물어진 것 자체와 관계한다.

대답은 '인간은 **그 자신**이다'이다. 그렇다면 '**그 자신**은 누구인가?' 묻고 있는 자, 묻고 있는 자들, 우리이다.

우리 자신은 누구인가? 이러한 **본질물음**은 묻고 있는 **자를 물음 속에 가져다 놓는다.** 그로 인해 당장 다음과 같은 사실과 연결된다. 즉, 우리는 물음을 항상 다시금 **잘못** 묻는다. 특히 물음의 과정에서 계속해서 **무엇물음**(**Wasfrage**)으로 되돌아간다. 그리고 섣부르게 **통상적이고 익숙한 형식**의 본질규정에 우리를 관여시킨다.

그 결과로 인해 우리가 물어지고 있는 자, 즉 우리 자신을 지나치며 묻게 된다. **노력해야 할 것** — 방향을 우리에게 향하도록 유지하는 것

---

6 [아마도 약어, 'F.'의 의미는 묻고 있는 자를 의미할 것이다.]

거기에서 우리는 **우리 자신**에게 가장 가까이 있는 것처럼 보인다. → 잃어버릴 수 없는 것

우리 자신은 누구인가? 그때마다 나 자신이다. 우리 — 수많은 나의 집합. 인간은 자기 자신이다. 그것이 '나' 그리고 '나'이기 때문인가? → 자아(ego)

b) 우리와 너희는 단순한 수가 아니라 자기 자신을 통해서 규정됨

그러나 우리는 근본적으로 **단순한 수가 결코** 아니다. 이것을 짧고 명료하게 설명해보자. 예를 들어 나는 우리를 '나 그리고 너 그리고 너 그리고 너'라고 말한다. 이것은 '내가 **너희**에 속해 있다는 것'을 의미할 수 있다. 그리고 이러한 의미를 다르게 표현하면 '너 그리고 너 그리고 너 그리고 나'이다. **우리**는 이러한 과제 앞에 있고, 이러한 상황에서 우리를 만난다.[7]

'나 그리고 너 그리고 너 그리고 너'는 너희**와** 마주 서있는 나, 다시 말해 교사와 학생 — 더 정확하게 말하면 학생들 중에서 앞자리에 있는 학생 — 의 마주 서있음의 관계에서 나와 마주 서있는 **너희를** 의미한다. 또는 학생들의 관점에서 본다면 열심히 참여하는 자와 — 그냥 마주 앉아 있다고 하는 것이 더 좋을 수 있는 — 참여하지 않는 자의 마주 앉아 있음의 관계이다. '너희와 나', '나와 너희'라는 상

---

7 너 그리고 너 그리고 너 ... 그리고 나 / 나 그리고 — 너 그리고 너 그리고 너 ...

1부 | 모든 논리학의 근거물음이자 주도적인 물음으로서 언어의 본질에 대한 물음

호관계 속에 고유한 우리가 놓여있다.

그러나 이제 너희는 '4+1=5'처럼 너의 수가 너희를 구성하지 않듯이 결코 개별적인 너의 합이 아니다.

오히려 그 반대이다. 강의에 속해 있음이 본질적인 것이다. 강의에 속해 있음은 함께 들음에, 다시 말해서 청강자에 소속함에 근거하고 있다. 너희, 즉 청강자는 개별화되어 그 자체로 이러한 관계로부터 말을 걸 수 있는 너로 나누어진다.

물론, 사람들은 이때 이의제기할 수 있을 것이다. 예를 들어 한 명의 유일한 청강생만이 거기에 있다면 너희가 어떻게 가능한가? 거기에는 한 명의 너만 있는 것이다. 학기 중 어느 날 두 번째 청강생이 들어온다면 그때 '너'에서 '너희'로 변한다. 즉, 당장 수에 근거하여 둘이 되면서 너희로 변한 것이다. 이것은 올바르지만 참되지는 않다. 왜냐하면 나는 지금 즉시 '너 그리고 너', 즉 너희라고 쉽게 말하지 않고, 오히려 '너 그리고 거기에 있는 당신'이라고 말하게 될 것이기 때문이다. 그러나 '너'와 '거기에 있는 당신'이 청강자라는 의미에서 너희를 부여하지 않는다.

두 번째 사람이 청강할 때, 다시 말해 함께 들으며 수강인원에 포함될 때, 비로소 이것, 즉 너희는 성립된다. 청강자 자체는 한 명 혹은 10명 혹은 300명인지 아닌지를 통해서 규정되지 않고, 오히려 이들 모두가 그들이 떨어져 함께 들으면서 청강자의 너희에 속한다는 사실을 통하여 청강생으로서 규정된다. 그렇지 않다면 그때 청강자로서의 너희는 두 번째 너에도 불구하고 하나의 너로만 남아 있다.

그러나 '너희' 속에 너에 대립하는 많은 수가 속해 있다는 사실은 그야말로 부정할 수 없다. 사람들은 이것을 인정할 수 있지만 다음의 것도 같이 강조해야 한다. 즉, **수적인 것**은 너로부터 너희로의 이행을 위한 **필요조건**이지만, 충분조건은 아니다. 수적인 것은 **너희의** 본질을 결코 형성하지 않는다. 너와 너희를 구별하기 위해서 **수적인 것**의 제한된 의미를 받아들이는 것조차 필수적인 것은 아니며 사태를 적중시키지도 **않는다.** 살아있는 언어와 더욱이 질서 속에 뿌리를 내리고 있는 **역사적인 공동체**가 그것과 직결되어 있으며 — 더 **좋게 말하면** — 거기에서 완전히 다른 방식으로 참된 관계를 만들어낸다. 오늘날에도 우리가 볼 수 있는 농장의 한 젊은 농부는 그의 할아버지에게 '할아버지, 너는 피곤해 보인다'라고 말하지 않고, '할아버지, **너희는** 피곤해 보인다'고 말한다. 이 너희에는 **유일하게 한 사람**만이 있다. 이 사람 자신은 너희로 언급되기 위하여 **그 자체로** 두 번째 또는 다수를 필요로 하지 않는 **유일한 한 사람**이다. 여기에서 이 너희가 **친밀한 너**보다 덜 가까운 관계를 표현한다고 생각하는 것은 **아주 잘못된** 것일 수 있다. 친밀한 너도 당장 관계에 **대한 오해의 소지**를 가진다. 왜냐하면 가까움은 신뢰성과 일치하지 않기 때문이다. (반대로 너희는 나의 민족 공동체의 일원이며, 너이기도 하고, 나의 민족이기도 하다. 언어, 즉 문법적인 범주와 개념과 연관해서 본다면 이것은 **단수**이고 **다수**이다. 이것은 여러 면에서 의문스러운 특징묘사이다.)

'너희'는 근본적으로 수를 통해서가 아니라 **너희-자신** 속에 있는 그때마다 **자기 자신**의 성격을 통해서 규정된다. 그리고 가령 내가 인간 다수를 언급한다는 의미에서 '너희'라는 말을 사용한다면 이것은 이미 언급된 사람들이 **단순한 수로 전락된다는** 것을 말한다. 이러한 평가절하는 '거기 너희'를 본래적으로 그들 자신으로서 더 이상 파악하지 않고, 오히려 임의적으로 교환할 수 있는 임의적인 무리에 속해 있는 개인으로 파악한다. 그러나 무리에 속해 있는 이 너희가 바로 자기 자신에 대한 평가절하가 되는 한 주의해야 한다. 왜냐하면 너희는 항상 자기 자신과 연관되어 있으며, 자기 자신에 기초하기 때문이다. 예를 들어 도로에서 일어난 자동차 사고현장에 모여든 군중들도 단순한 인간의 합이 결코 아니다. 심지어 뚜렷이 구별되지 않는 무리조차도 여전히 그들의 방식에서는 자기 자신으로 남아 있다.

경리과에서 청강생을 장부에 적힌 수에 따라 헤아린다고 해도 그때 청강생은 직원에게는 그가 '누구'라고 여전히 말을 걸 수 있는 그런 자이다. 그 청강생은 다만 '어떤 누구'+'어떤 누구' 등등으로 교수 X의 수강명부에 있는 번호가 아니다.[8]

이것은 다음 문장에 대한 첫 번째 해명으로 충분하다. 즉, 우리는 나의 합이 아니듯이 너희는 너의 총합이 아니다. 분명 우리는 다음과 같이 말해야 한다. 예를 들어 많은 나가 함께 모여 있고, 각각의 나가 저절로 나로 여겨지는 그것을 '나'라고 부른다면, 그때 이러한 '나', '나', '나'의 다수로부터 본래적 우리의 정반대가 생겨난다. 그러나 이러한 깨어지고 분열된 우리조차도 단순한 '나들'의 합이 아니다. 오히려 우리 자신, 즉 자기중심적인 우리의 한 방식이다.

우리와 너희에서 — 나와 너에서 — 그때마다 자기 자신의 존재가 결정적으로 중요한 것이다.

---

8 [문장이 끊어짐.]

c) 나, 너, 우리, 너희의 유개념으로서의 자기 자신

자기 자신과 그것의 성격은 이제 우선적인 의미에서는 나에게도 너에게도 우리에게도 너희에게도 적절하지 않다. 자기 자신의 성격은 **어떤 방식에서는** 이 모든 것을 '넘어', 이 모든 것에 **앞서** 놓여있다. **어떤 방식에서** 그런지가 **물음으로** 남아 있다. 사람들은 자기 자신이 나 자체(나-자신) 너 자체(너-자신), 우리 자체(우리-자신), 너희 자체(너희-자신)에 **귀속한다고 말하는** 경향이 있다. 그래서 자기 자신은 언급된 모든 것에 **공통적**이다. 즉, 자기 자신과 관련하여 **모두에게-공통적(All-gemein)**이다. 그리고 우리는 이것을 보다 더 직관적인 예를 통해 쉽게 보여줄 수 있다. 전나무, 너도밤나무, 떡갈나무, 자작나무는 '나무'의 공통적인 특성을 가지고 있다. 나무는 언급된 **종들의** 보편, 즉 유개념이다. 그리고 이러한 개별적인 종들 아래 그때마다 다시금 개별적인 **사례들, 경우들**, 즉 전나무, 너도밤나무 등이 속한다. 마찬가지로 '자기 자신'은 **일반적인 것**이고 그 아래 나, 너, 우리, 너희라는 **종들이 놓여있으며** 이 종들 아래 다시 **이러저러한 나, 이러저러한 너** 등이 속한다. 내가 지금 나를 생각하며 '나'라고 말하는 그 나는 '나' **일반**의 한 **사례**이고, 그것은 자기 자신의 한 종이다. 그러한 이유에서 나는 자기 자신이다. 그러나 '나'는 심지어 분명히 **나를 의미할** 뿐만 아니라 바로 나 **자신**을 의미할 수 있다. 그러나 나는 '나'라고 말할 필요가 없다. 오히려 경우에 따라서는 아마도 나를 '우리' — 나, 즉 본질적인 귀속성에서 나를 받아들이고 있는 나 — 라고 말해야 한다. 그와 같이 나를 너라고도 말해야 한다. 그러므로 나는 **도식적인** 의미에서 우리라는 종과 너라는 종과 **마찬가지로** 나라는 종 아래에 **속한다**. 이에 상응하여 하나의 개별적이고 특정한 전나무는 똑같이 너도밤나무, 떡갈나무, 자작나무이다. 그러나 이것은 불가능하다. 우리는 이러한 상응함이 이루어질 수 없다는 것을 쉽게 알아차린다. 자기 자신은 유와 같은 것이 아니고 '나', '너'는 종이 아니며 개별자는 **사례**가 아니다.

심지어 우리는 사물들을 말에서 규정할 수 있다. 우리가 '자기 자신', '나', '너', '우리', '너희'라는 제목을 **가능한** 한 대수롭지 않은 것으로 여기고, 그리고 그것을 가능한 한 **규정되지 않은 것**으로 생각하려고 결정하는 한에서 그렇게 규정할 수 있다. 개념적 질서는 나무, 식물, 동물, 생명체에서 적용할 수 있다. **인간도 하나의 생명체**(ζῷον) 이다. 그러나 그것은 실책이다. 그것은 올바르지만 참되지는 않다! [그때마다 개념적 질서를 관철하는 것이] 자기 자신으로서의 인간에게 적용되기는 어렵다. 그 어려움은 예를 들어 나무에서처럼 우리가 여전히 그에 상응하는 분명한 **개념**을 가지고 있지 않다는 사실에서 간단하게 알 수 있다.

'나무'는 여기에서 필요에 따라 식물, 즉 뿌리, 줄기, 가지들, 꽃, 열매로 구성된 생명체라고 진술할 수 있다. 그리고 전나무, 너도밤나무는 **그때마다 이러한 관점들에 따라 어떤 성질이 다르게 부여된다.** 그렇다면 **자기 자신**은 무엇인가?

드디어 망설임 없이 **정의를** 내려보자! 왜 주저하는가? 그 이유는 단순하다. 왜냐하면 우리가 이미 자기 자신을 '**정의하려는**' 시도를 통해 그것을 그것과 아주 낯선 **논리학**과 개념성 속에 강제로 집어넣고 있기 때문이다. 그러므로 **분명 중요한** 것은 논리학이 식물, 집, 식탁에게는 맞지만 인간에게는 **맞지 않으며** 인간의 본질과 존재에 적중하지 못한다는 것을 당장 아는 것이다. 이러한 논리학에 따르면 **자기 자신으로서의 '나'는** 즉각 하나의 유에 해당되는 서로 다른 종들의 한 사례임에 틀림없다. 그뿐만이 아니라 유, 종, 사례로 **개념을 분절하는 이러한 통상적인 논리학은** 우리에게 그 자체로 절대적이고 무시간적인 것으로 **타당하게 여겨지며,** 그리스 철학에서 **관철된 존재자에 대한 아주 특정한 파악으로부터** 생겨났다.[9] 거기에서 우리는 나무들을 종과 유에 따라 분류하고 배열하는 것 자체가 가령 그 나무들이 바로 실제 잡목숲의 통일성 속에 어떻게 [있는]가에 대해서는 아무것도 말하고 있지 않다는 것을 숙고해야 한다.

그러나 우리가 결국 자기 자신의 본질을 나무의 개념처럼 개념적으로 파악할 수 있다고 **인정한다면** — 또한 우리가 **보다 일반적인 것으로서의** 자기 자신을 위해 나, 너, … 에 대한 **어떤 규칙을** 이끌어낼 수 있다고 가정한다면 — **자칭 엄밀하다고 하는** 이 모든 개념적 구별과 분할을 통해 우리는 **누구물음을 묻는 것에서 벗어날** 것이며, 오래전에 **이미 벗어나 있었을** 것이다. 이럴 때 우리는 이미 다시금 '우리 자신은 누구인가'라는 누구물음이 **우리로 소급되고** 있다는 것을 **망각한** 것이다. 우리는 나 자신, 너 자신, 우리 자신, 너희 자신으로서 우리 자신을 **단순한 눈앞에 있는 대상** — 마치 우리에서 벗어나 어딘가에서 우리에게 맞서있고 이제 아무런 거리낌 없이 충분히 개념적 특징에

---

9 [나무들과 **잡목숲** 속에 있는 그것의 존재!]

1부 | 모든 논리학의 근거물음이자 주도적인 물음으로서 언어의 본질에 대한 물음

따라 질서를 부여하려고 했던 것 — 으로 위조함으로써 **이 물음의 진행**
방향에서 계속해서 벗어났다.

d) 물음으로서 자기 자신: 우리 자신은 누구인가?

그러나 우리가 인간의 본질에 대한 **객관적**이고 타당한 대답을 다른 방법으로 얻고자 한다면, 결국 그러한 **대상화는 필연적이지 않은**
가?

우리는 이 물음이 ‘**나**’와 주체성으로 향하는 것을 거부했다. 그 방향은 근대철학의 물음을 특징 짓고 있는 것이다. 그러나 **우리가** 인간의 본질에 대한 물음을 ‘**우리 자신은 누구인가?**’라는 형식으로 이끌어가려고 한다면, 그때 그것은 일면적인 **자아—강조**에 대한 **극복**인
가?

오히려 이것은 나에게로 향한 방향을 **거칠게 고양시킬** 뿐인 것은 아닐까? 지금까지 사람들은 ‘나’에 대한 물음에서 즉각 개별적이고 **현실적인 나**와 주체를 제쳐두고 나 일반, 의식 일반에 대해 물으며 현실적인 인간으로부터 벗어나려고 노력했다. 그에 반해 **우리는** 나 그 자체에 대해 물어야 할 뿐만 아니라 더욱이 **우리 자신**에 대해, 즉 우리의 **고유한 본질**에 대해 물어야 한다. 이것은 **이기심**과 **자기애**를 **극단화**하는 것은 아닌가?

우리는 거기에서 — ‘인간이란 무엇인가’라는 물음을 위해 척도를 부여하는 물음 형식으로서 — ‘**우리 자신은 누구인가**’라는 물음을

통해 말하자면 현실적이고 가능적인 전체 인류의 중심으로 나아가고 있다.

하지만 사람들은 여기에서 앞서 **경솔하게** '인간이란 무엇인가'라는 물음에 대한 대답이 **가장 일면적인 것**으로 드러나고 있다는 사실을 이미 예상할 수 있다. 그 결과는 일반적으로 **타당한 것일 수 없고** 따라서 **학문적으로도 무가치한 것**으로 남아 있다.

이것은 사실상 **그럴듯한 숙고**이다. 이 숙고는 더욱이 인간의 본질에 대한 물음에 대해 **학문적인 대답**을 찾고자 하는 **참된 노력**이라는 전제하에서는 옳다. 그러나 이러한 전제에 대해서는 **분명 어떤 것도 결정되어 있지 않다.** 이 전제는 **자의적인 것**이며 어쩌면 **오류**이다.

↑

인간의 본질에 대한 물음이 처음으로 한번 물음으로서 **참되게** 제기되고, 이 물음제기가 지루한 과제가 되어버린 이 시대에 우리는 결국 들어서 있다. 마침내 인간은 지금 지구에서 '인간이란 **누구인가**'라는 물음을 **중요한 것**으로 제기하고 현실적으로, 다시 말해 **능동적으로** 답변하는 자와 무관하지 않은 위치에 돌입해 있다.

이 물음의 형태는 가령 **영리한 착상**처럼 어떤 개인의 통찰력에서 생겨나는 것이 아니라 그 물음의 배후에, 그 물음에 앞에, 그 물음을 위해 강력한 필연성이 주어져 있는 그런 것이다. 그리고 이 물음 자체는 즉각 작동하지 않는다. 결국 **끔찍한 세계대전의 사건 자체**는 인간에 대한 물음을 아주 잠재워버렸다. 승리자와 패배자는 그 이전의 상태로 돌아갔다. 세계대전은 미래의 역사적인 힘으로서 미래를 위해 일어난 것도 아니며 미래의 건설과도 연결되어 있지 않다. 이 전쟁의 결정, 다시 말해 전쟁을 위한 결단 — 즉, 전쟁이 민족들에게 부과한 시험에 대한 결단 — 은 **아직도 내려지지 않았다**. 그러나 그 결단은 우리가 '우리는 누구인가'라는 물음에 대해 내놓는 대답, 즉 **우리의 존재**를 통해서 내려진다. 그러나 이 대답의 진리는 물음의 진리에 달려있다.

그러므로 '우리 자신은 누구인가?'라는 물음의 형식은 자기중심적인 것처럼 보일 수도 있지만 바로 이 물음은 **모든 이기심을 억누르고** 모든 **무관심**을 일깨울 수 있다. 그 때문에 우리는 물음을 중지하지 않고 계속해서 우리가 제기하는 물음의 형태를 숙고하고 있다. 눈에 띄는 것은 우리가 벗어난다는 것이다.

13절. 자기와 자기상실

a) 자기상실의 자기존재에서 물음의 방향을 상실함

우리는 부지중에 지속적으로 누구물음의 길에서 벗어나고 있다. [간단히 반복해보자]. 이것은 우연인가? 이것은 또한 — 잘못된 점을 생각하고 그 점을 알기 위한 — 숙고의 과정을 위한 인위적인 절차일 뿐인가? 아니면 그 뒤에는 — 누구물음에서 벗어나려는 항상 반복되는 모종의 경향성으로서 — 하나의 필연성이 있는가? 사실상 그에 대한 증명은 다음에서 보다 분명해진다. 우리는 '우리 자신은 누구인가'라는 물음을 있는 그대로 유지하지 **못한다**. 왜냐하면 우리는 근본적으로 이 물음의 방향 안에 들어서려고도 하지 않고, 거기에 머무르려고도 하지 않기 때문이다. 그러나 이러한 감추어진 저항은 우리가 우선 대개 우리 자신으로 존재하지 **않고** 자기상실과 자기망각 속에서 헤매고 있다는 사실에 근거하고 있다. 자기상실은 자기에 대한 물음이 **물음으로서** 우리에게 **친숙하지도 않고**, 따라서 우리를 곤란하게 만들며 심지어 아주 섬뜩한 것으로 여겨지게 만든다.

우리가 인간에 대해 묻고 그 물음에 우리를 맞서 세우는 형태와 방식은 이미 '우리는 어떻게 존재하는가', 다시 말해 '우리 자신은 누구인가'라는 물음과 연결되어 있다. 우리가 의문문만을 반복하는 것이 아니라 실제로 묻고 있다고 한다면, 이 물음에는 반대로 묻는다는 것이 포함된다. '우리는 누구인가'라는 물음을 묻는다는 것은 지금까지의 우리 존재에 **이미 어떤 변화**를 가져다준다.

정확히 말하자면 그것은 우리가 지금까지 알려진 물음들에 **더 추가된 물음을 알게 되었다는** 것이 아니라 **우리 자신이 우리 자신을 의문시하고 있다는** 것을 말한다. **아니면** 우리는 이 물음에 직면해서도 우리가 그것에 의해 어떤 **방해도 받지 않고 있다**는 사실을 **고집하고 있**는 것이다. 우리가 지금 '우리는 누구인가'라는 물음을 묻지 **않으려고** 방향을 고의로 돌리는 한, 이것도 — 이미 우리를 변화시킨 — 하나의 **입장표명**이다.

우리는 이 물음을 **지나칠 수 없다**. 오히려 우리는 즉각 **이 물음을 통과하여** 그로부터 변화되는 모습을 필연적으로 보여야 한다. 우리는 자신을 의문시하거나 **아니면** 우리는 '우리는 누구인가'라는 물음 밖에 머물러 있게 된다. **아니면** 우리는 우리 자신을 의문시하는 것에 대해서도, 그것을 묻지 않는 것에 대해서도 **관심을 가지지 않을 수 있다**. 우리는 그 물음을 통과하면서 그 물음에서 압박을 느끼기도 하고, 그 물음을 우리 자신에게서 **닫아버리기도** 한다.

우리는 우리가 자기상실 속에서 움직이고 있다고 방금 말했다. 앞서 우리는 인간의 본질규정으로서 '그는 **자기이다**', 즉 그는 자기를 '가진다'라는 사실을 확인했다. 자기망각과 자기상실에서도 우리는 **인간으로** 남아 있다. 그러므로 인간의 본질은 자기존재 속에, 자기를 **가짐** 속에 있지 않을 수 있다. 우리는 바로 자기상실에서도 자기와의 관계를 가지고 있음에 틀림없다. **아주 독특하고 불운한 것**임에도 불구하고 이것은 분명 사실이다. 재산이 없고 유산을 받지 못한 자도 재산과 주어진 유산과 **전혀** 관계가 **없는** 것은 아니다. 오히려 그들이 재산을 폭력적으로 **빼앗거나** 파괴하려고 한다면 **더욱** 생생하고 분명한 관계를 가지고 있는 것이다. **이와 마찬가지로** 전적으로 아주 다른 것이긴 하지만 자기상실 속에서도 **자기와의 관계**는 놓여있다. 가령 우리가 자기를 회피하고 자기를 억누르며 갖은 방법으로 그것을 덮으려고 할지라도 그렇다.

• 첨부(83-85쪽에 대해)

우리 각자는 예외 없이 이러한 위험 속에 놓여있다. 예를 들어 어떤 사람은 자신이 시작한 대학공부를 정식으로 끝낼 의욕도 내적인 힘도 가지고 있지 않다. 다른 한편으로 그는 대학교에서의 현존재를 아주 안락하고 견딜 만한 것으로 느낀다. 어떤 일이 일어날 **수 있는가?** 그는 학생회에서 어떤 지위를 가지게 된다. 그 남자는 학과 대표나 조직의 대표가 된다. 그리고 그 일은 소위 대학이 정치에 개입하는 시대에 그를 유명하게 만든다. 그것은 '정치적인 참여'이다. 사실상 그것은 자기 앞에서의 도피이자 비겁함이다. 이러한 일이 **있을 수 있다.** 물론, **그래야 한다**는 것은 아니다.

그리고 반대방향에서 **두 번째 예**를 들 수 있다.

평범하지만 아주 게으르고 고집이 센 한 남자가 있다. 그는 나치스 돌격대에 가입해야 했고 그것을 받아들였다. 그러나 그 집단에서의 삶은 그를 불편하게 만들고 방해하였다. 그때 그는 자신의 연구에서 어떤 주제를 다루는 세미나 과제를 맡아야 했다. 그 주제를 그가 다루지 **않아도** 그 학문은 계속 존속한다. 그러나 그는 그 작업을 매우 중요하게 여기고 **매우 광범위하게** 준비하였다. 심지어 그는 나치스 돌격대로부터 휴학을 권고받을 정도로 학문에 깊은 관심을 가진 것처럼 보였다. 그의 태도는 학문과 자신의 정신교육을 위해 유익한 열정을 가진 것처럼 보일 수 있지만 근본적으로는 그 자신이 받아들인 요구 앞에서 도망가는 것일 뿐이다.

두 경우 모두 '객관적인' 행위에로의 자기도피와 상실이 일어나고 있다. 그렇지만 두 경우 모두 고유한 자기 자신의 보호에 **매우 몰두**하고 있는 것이다.

b) '우리 자신은 누구인가'라는 물음에서 '우리'의 의문스러운 우위에 대하여

자기상실은 하나의 **고유한 자기존재**이다. 앞서 언급했던 것처럼 그것은 자기 자신에 대한 우리의 물음이 우선 바람에 **나부끼듯 방향을 잃고 힘을 상실한 상태**에 있다는 사실에 대한 **근거**이다. 끊임없이 되돌아감에도 불구하고 누구물음을 지속적으로 다시 쫓으려는 노력이 그만큼 줄기차게 지속되어야 한다.

마지막에 다음과 같은 사실이 밝혀졌다. 자기 자신은 '나'에게 **유일한 것**이거나 혹은 **단지 우세한 것으로** 서열이 부가된 것이 아니다.

[그렇다면 '우리'가 우위를 가지는가?] 자기 자신은 '너', '우리', '너희'에 동일근원적인 특성이다. 그러나 **동시에** 거기에 **어려움이** 생겨난다. 그렇다면 자기 자신은 그 자체로 이 모든 것을 '넘어' 있는 것인가? 분명히 그것도 아니다! 그렇다면 자기 자신은 어떤 상태에 있는가? 그때 자기 자신은 무엇인가? 그러나 이러한 형식으로는 우리는 분명 잘못 묻고 있다! 묻고자 하는 것은 이것이다. 우리 자신은 **누구인** 가? 이러한 방식으로만 우리는 자기 자신에 대해 진지하게 생각할 수 있다. 그러나 그 외에도 우리가 '우리 자신은 누구인가?'라고 묻는 한, 우리는 자기 자신과 나를 **동일시하는 것을 피하는** 것이다. 그렇게 되면 결국 '**우리**'가 적어도 **우위**를 가지게 된다. 우리의 물음은 **시기적절한** 장점을 가지고 있다. 심지어 사람들은 오늘날 **실제로** 우리의 시대를 '**우리-시대**'[10]라고 말한다. 현시대에 대한 이러한 표현은 올바를 수 있지만 **다의적이고 피상적이기** 때문에 **특별히** 말하고 있는 것이 **없다.**

왜냐하면 어떤 하나의 동기로부터 그리고 어떤 하나의 명시적인 의도와 비명시적인 의도를 가지고 우연히 만난 다수의 인간이 자신에 대해 '우리'를 말할 수 있기 때문이다. 어떤 익명의 **무리도** '우리!' 라고 말한다. 간절한 소망을 가지고 저항하는 대중이 '우리!'라고 소리 지른다. 볼링클럽 또는 합창단이 '우리!'를 과시한다. 범죄자 집

---

10 [이 개념은 당시 논란이 되었다. 다음을 예로 들 수 있다. B. Konrad Studentkowski: Zeitenwende! Zwischen Ich-Zeit und Wir-Zeit. In: Die deutsche Zukunft 1/1931. Heft 7, S.11-13.]

1부 | 모든 논리학의 근거물음이자 주도적인 물음으로서 언어의 본질에 대한 물음

단도 '우리!'라고 말하며 협상한다. 우리는 항상 우리−자신(Wir−selbst)을 말하지만 이러한 우리에 속하는 자기존재는 그때마다 근본적으로 다르다. 우리는 '함께(Zusammen)'를 의미하지만 반드시 공동체일 필요는 없다. 그리고 하나의 공동체가 있다면, 그때 그것은 그 존재에서 아주 다르게 형성될 수 있다. '나'가 자기존재를 — 주관이 너무 강해서 성과를 얻지 못한 상태와 사적으로 편협한 상태에 이르기까지 — **단편적인 것으로 만들어** 축소시켜 닫아버릴 수 있는 것과 마찬가지로 확실히 '우리'도 자기존재를 흩어지게 할 수 있고 조각내어 파멸시킬 수 있다.

우리는 '우리'라는 **외침**으로 인해 자기존재를 나를 **찬미**할 때와 마찬가지로 잃어버릴 수 있다. 그러나 반대로 우리는 그 본질에서 우리의 자기존재를 — 우리를 넘어가는 과정에서 나의 자기존재를 획득하는 것과 마찬가지로 — 나를 넘어서는 과정에서 진정으로 획득할 수 있다. 왜냐하면 이 모든 것에서 자기존재와 자기 자신의 '규정'은 중요하기 때문이다.

· 첨부(88-93쪽에 대해)

이것이 말하고자 하는 것은 **진정한 공동체**라는 의미를 가진 '우리'도 단적으로 **모든 관점에서 무조건 우위**를 가지지 않는다는 사실이다. 공동체[예를 들어, 합숙소]를 위해 본질적이고 **결정적으로 중요한 것들**이 있다. 그러나 **바로 이것들**은 공동체에서 그리고 공동체로부터 생겨나지 **않으며**, 오히려 개별자를 지배하는 힘과 고독 속에서 생겨난다.

사람들은 지금 일련의 학생들의 훈련 합숙소를 조직하고 있다. (나는 운동을 위한 합숙소에 관해 말하는 것이 아니다.) 사람들은 합숙소를 통해 공동체를 만들었다고 생각한다. 사람들은 준비되어 있**지도 않고** 지식도 없으며 교육도 받지 **않은** 10명 또는 20명 또는 30명의 인원이 수일 동안 공동생활을 하면서 떠들다보면 마침내 각오, 지식이 생기고 교육이 이루어질 것으로 생각한다. 사람들은 이러한 합숙소에 대한 무비판적이며 무분별한 망상이 고립된 채 외우기만 하는 꽉 막힌 학생들의 사생활을 막기 위한 **현상일 뿐**이라는 사실을 알아차리지 못한다.

전자의 합숙 공동체와 후자의 고립화는 과제가 무엇인지를 모르는 똑같은 차원에 머물러 있는 것이다.

그렇다고 해서 합숙소에 **대해** 반대하는 것이 아니다. 마찬가지로 지금까지 말한 의미에서의 고립된 개인에 대해 찬성하지 않는다. 오히려 말하고자 하는 것은 이 경우에 정신적인 과제가 이해되어 있지 않고, 성숙한 인간들이 책임을 지려고 행동하지 않는 한, '우리'가 나에 대해 우위를 가져서도 안 되며 '나'에 대해 우리가 우위를 가져서도 안 된다는 점이다. 합숙소의 미래적 형태를 위해 즉각 그것의 진정하고 내적인 한계를 깨닫기를 우리는 한 번 더 요구한다.

c) 자기 자신에 대한 낯섦

그러므로 우리가 바로 **이러한 앞선 숙고를 위한** 과제와 **연관하여 누구물음으로서** 인간본질에 대한 물음을 '우리 자신은 누구인가'라는 **우리-형식으로** 전환시킨다면, **자기존재의 규정**에 대해서는 아직 아무것도 결정되어 있지 않다.

우리는 다시금 '우리 자신은 누구인가'라고 **묻고 있다.** 보다 정확히 말해서 우리는 이 물음이 지금까지 우리를 이끌고 왔던 **그 방향에 대**해서 숙고하고 있다. 거기에서 우리는 이중적인 것을 만난다. 1) 이 물음의 방향이 정해지면서 **피할 수 없는** 참여의 방향이 경험된다. 왜냐하면 우리가 자신을 이 물음에 마주 세우고, 이 물음을 함께 물을 것인지, 또는 우리가 이 물음에 대해 자신을 차단할 **것인지,** 또는 최종적으로 자신의 안락함을 방해받지 않으려는 감춰진 불안 속에서 **무관심하게** 이 물음을 지나칠 것인지는 모두 **항상** 우리 자신에 대한 **결단**에 달려있기 때문이다. 이 물음을 지나치면서도 우리는 여전히 그것에 사로잡혀 있다. 다시 말해 이 물음에 압박감을 느끼고 있는 사람도, 그것과 무관하게 잘 지내는 사람도 계속해서 이 물음에 의해 **각인되어** 있다. 이 물음은 **결코 우리를** 편안하게 놓아주지 않는다. 반대로 이 물음은 우리를 무겁게 짓누르고 있다. 그런 까닭에 현존재는 어쩌면 더 무거워지고, 더 깊은 곳으로 들어가게 되며, 더 큰 저항으로 인해 더디게 나아가며 더 많은 **힘**을 필요로 한다. 게다가 우리는 그러한 증가된 힘의 요구와 힘의 사용을 통해 더 약해지지 않고 더 강해진다. 항상 그런 것처럼 우리는 이 물음에 마주해 있으며 이 물음 속에 들어서 있다. 이 물음은 우리에게 이러저러하게 다가온다.

2) 우리 자신이 누구인가에 따라 이 물음은 보다 **의문시되거나** 보다 덜 의문시된다. 물음에 대한 의문스러움이 **증가**한다는 것, 즉 진정한 냉정함과 냉혹함 속에서 이 물음에 관여한다는 것은 당연히 이 물음이 보다 **익숙**해진다는 의미에서 가벼워진다는 것을 의미하지 않는다. 이 물음은 **의문스러워질수록** 더 어려워지고, 익숙해질수록 더 오해될 수 있다.

그러므로 먼저 이 물음을 우리 자신으로, 즉 자기존재로 향하도록 하는 것이 성공했다고 해도 물음 안에는 여전히 구속하는 물음의 힘이 있으며 우리는 그것을 결코 벗어날 수 없다. 심지어 우리가 '자기 자신'이라는 낱말 속에 놓여있는 지시를 따른다면 우리는 거기에서 '우리 자신이 문제가 되고 있다'라는 사실을 이해하게 된다. 그러나 이러한 우리 자신은 — 우리가 분명 자기 자신과 마주친다고 생각하면 — **분명** 자기상실 속에서 헤맬 수도 있다. 우리가 우리 자신으로 확실히 존재한다는 것, 즉 우리가 우리 자신임을 의심하지 않는다는 것,[11] 이것은 전혀 중요하지 않다. 왜냐하면 결국 **우리 자신은 끊임없이** 일어날지도 모르는 자기상실의 위협을 받고 있으며, 대개 그것에 의해 지배당하고 있기 때문이다.

우리는 분명 우리 자신이며, 우리 자신 곁에 존재하는가? 따라서 우리는 분명하게 우리 자신이 **누구인가**를 더욱 강하게 물을 필요가

---

11 나는 생각한다. 고로 존재한다(cogito ergo sum) — **의심**할 수 없는 것 — 그러나 소위 자기 자신으로 가는 길로서 거기에는 치명적인 오류가 있다.

있다. 우리는 우리 자신 곁에 존재하는가? 아니면 우리는 빗나가 있는가? 다시 말해 우리 '규정'의 중심과 궤도로부터 이탈해 있는가? 우리는 매일 우리 주변에서 일어나는 것에 취해 공허함 속에 빠져 있지 않은가? 우리는 여전히 진정으로 압박을 받고 있는가? 아니면 우리 자신을 휘감고 있는 큰 권태를 모면하기 위해 많은 것에 오로지 몰두하고 있는가?

우리는 우리 자신인가? 아니면 우리가 우리 자신에게 낯설게 되어 고유한 자기 자신이 우리에게 소원하고 생소한 것이 되었는가? 오래 전부터 이미 우리에게 익숙한 '자기 자신'이라는 개념에 우리는 도대체 어떻게 도달할 수 있었는가? 그 개념에 따르면 자기 자신은 우리가 반성, 즉 방향전환과 되돌림에서 얻게 되는 것이었다. 이미 이러한 — 반성에서 도달하게 된 것이라는 의미에서 — 자기 자신에 대한 익숙한 표상은 우리가 처음부터 물러서야 할 그러한 자기 자신에 대한 거부로부터 일반적으로 자기 자신을 지식으로 알게 된다는 것 (wissen)을 우리에게 말할 수 있고 말해야 한다!

자기 자신에 대한 이러한 언급이 도대체 본질적인 것을 제시하는가? 그렇다. 이러한 언급 자체만으로도 충분하다. 아마도 자기 자신과 그것을 위한 반–성에 대한 모든 익숙한 입장은 자기 자신에 대한 비본래적인 앎(Wissen)에 기인한다. 그러한 입장은 반성, '반성되어 있음', 자기연관성으로부터 무반성적이고 직접적인 행위에로의 진입이 일어난다고 말한다. 그러나 자기 자신이라는 것이 우리가 근원적으로 나에 대해 반성하고 멍하니 바라보고 분석하는 것을 통해 획득되는 그런 것인가? 우리는 '우리 자신은 누구인가'라는 물음 속에 담겨 있는 물음의 힘을 감지하고 있다.

물음의 힘은 1) 우리가 실로 즉시 — 아주 명백한 자기 확실성에도 불구하고 — 우리 자신으로 있는지를 다시 묻게 만든다. 물음의 힘은 2) 반성에서 도달할 수 있는 자기 자신에 대한 표상, 즉 익숙한 개념 이전의 표상이 실제로 본래적인 자기존재로부터 나온 것인지, 또는 진부하여 물을 필요도 없는 자명한 자기 자신에 대한 표상이 우리가 자기상실 — 우리는 이것을 지식으로 알지 못한다 — 속에서 자기존재를 이해한다는 사실을 증명할 수 있는지를 다시 묻게 만든다. 3) 계속해서 물음의 힘은 어떤 방향에서, 동시에 어디에서 우리는 누구 물음에 대한 대답을 얻어야 하며, 그 대답은 어떤 특징을 가질 수 있고 가져야 하는지를 묻게 만든다.

우리는 그 자체로 물음이 되고 있는 이러한 물음을 통해서는 더 이상 물음을 제기할 수 없을 것처럼 보인다. 적어도 상대적으로 물을 만한 것이 없다고 한다면 우리는 어디에서 시작해야만 하는가? 그러나 한편으로 우리는 '우리 자신은 누구인가'라는 물음에서 우리가 무엇인지, 더 정확하게 말하자면 우리가 방금 '우리'라고 생각하는 것이 무엇인지를 여전히 숙고하지 못하고 있다. 나아가 우리는 우리에 대한 일반적인 개념을 고려하며 말하고 있다. 우리의 개념은 '나들'(Iche)의 합이 아니라 그때마다의 자기존재로부터 규정된다.

d) 함께 말함 속에 있는 자기 자신의 규정:
우리는 교육사건에 관여하면서 '거기에 있다'

그러나 이러한 개념설명과 **구별된** 논의를 우리는 전개하고 있다. 우리의 물음 속에는 우리가 말을—걸고 있는 것(an-sprechen), 더 좋게 말해서 거기에서 **자신을 밖으로—말하는** 것(aus-sprechen), 즉 '지금 여기 우리'에 대한 보다 근접한 특징이 제시되고 있다. 이 '우리'에 대해 우리는 확고한 경계선을 그을 수 있다.

개별적인 인간에 대해 지금—여기에서 확정할 수 있는 서로 곁에 있음은 지구상의 지리적 **장소**에 따라 분명하게 확정될 수 있고, 마찬가지로 **시점** — 날짜와 시간을 포함한 일반적인 시간계산에 따른 년도의 지점 — 으로도 제시될 수 있다. 그밖에도 우주공간 안에 있는 지구의 궤도에서 지구 자체의 위치가 결정될 수 있다. 이를 통해 우리는 일회적인 것, 즉 더 이상 반복할 수 없는 것으로서 '우리의 지금 여기—있음'에서 명백하게 규정된다. 그러나 그렇게 한다고 해서 '우리'가 규정되는가? 방금 제시한 것은 **동일하며** 변경이 불가능한 규정가능성을 포함한다. 다시 말해 그것은 우리가 인간 **대신**에 똑같이 개와 고양이 또는 나무 아니면 돌을 끌어들일 때에도 해당되는 것이다. 우리는 그러한 제시를 통해서 결코 규정되지 않는다. 비록 그러한 제시가 우리와 관련하여 올바르고, 우리를 가장 **포괄적인 연관체계** 안으로 옮겨 놓는다고 할지라도 그렇다. 사람들은 그것을 '**외적**' 특징이라고 말할 것이다. 우리는 '**내적 특징**'으로부터 출발해야 한다. 그때 우리는 가령 개개인의 **이력**을 종합할 것이다. 이를 위해서는 정신분석적 판단과 성격학적 소견을 구비한 이력이 분명 기본이 될 것이다. 그러나 그럴 경우 그 이력들은 **모든 내적인 것과 심적인 것임에도 불구하고** 지리적, 역사적, 천문학적 제시와 마찬가지로 지금 여기 존재하는 우리를 빠뜨릴 것이다. 두뇌를 측정하여 얻은 것, 그밖에 신체적인 특징을 열거하는 것도 아무런 도움이 되지 않는다. 그리고 우리가 **이 모든 것에** 관해 **표와 그래프 그리고 카드색인을** 만들고 전체적으로 과학적인 색깔을 칠하기 위해 비용을 들인다 해도 그런 방식으로 — 우리로 존재하는 — 우리 자신을 파악하는 것은 **공허하고** 아주 **우스꽝스러운** 노력이 될 것이다. 우리가 아주 특이해서 좀처럼 포착하기 어렵다고 말하는 것이 아니다. **정반대로 순수한 열정으로** 가능한 한 포괄적이고 '**정확하게**' 기술하려는 것이 문제이다. 그로 인해 **우리는 일을 그르치고** 있다. 왜냐하면 우리는 여기에서 **기술될 수 있는** 것이 결코 아니기 때문이다. 다시 말해 우리는 우리 자신을 **대상 또는 옮겨서 확인할 수 있는 사물처럼** 언급해서는 안 된다. 오히려 우리는 우리 자신을 밖으로 말해야 한다. 우리 자신은 이 강의에서 바로 지금 여기에 있는 자이다. 우리는 **지금 여기에 있는 현존재를** 단도직입적으로 **밖으로 말함으로써** 지금 여기에 있는 자들을 파악한다. 우리는 — 지식교육을 위해 대학이라고 하는 — 학교의 **교육사건에 관여하며** '**거기에 있다**'. 우리는 이 교육의 요구를 **따른다.** 우리는 우리 자신에게 부여할 소명을 준비하고 있다. 그것의 수행과 계획은 그때마다 각자의 앎에 근거하고 있다. 우리는 우리의 의지를 앞서 그 자체로 민족존재의 본질적 개념들을 따르는 교육, 즉 민족의 강화, 보존, 질서에 기여하는 소명 속에 두고 있다. 우리는 대학의 교육사건에 속하는 요구, 제도, 수행에 순응하며(einfügen) 국가의지를 원한다. 이것은 그 자체로 다시금 자기 자신을 넘어 민족의지에 속하는 지배형식으로 존재하는 것이다. 우리는 '여기 지금 있는' 자들로서 **민족에의 귀속성이라는 고유한 방식에 순응한다. 우리는 민족존재 안에 들어서 있다. 우리는 민족 자체이다.**

• 반복(93-96쪽에 대해)

우리 자신은 누구인가?
'우리'를 그것에 맞게 파악하는 것! 그리고 규정하는 것!
기술하는 것! 분석하는 것!
순간으로부터 그것에 우리 자신을 순응하게 함.
우리는 거기에 있다. 우리는 민족이다.
결단의 결과!
개별화 ─ (유행하는 주제?)
자아에 속한 것이 아니라 존재역운이다.
조화

우리의 물음은
1) 우리의 자기존재에 따른 방식에 근거한다.
2) **가능한 것** ─ 자기상실, 비본질로 몰락함
3) 물음 앞에서의 **도피**

4) **특히** 물음은 다만 그렇게 관철되어야 한다.

5) **자기상실** — **본질**에 속하는 것. (**반–성**에서 그리고 **반–성**을 통해서 도달 가능한 것) 자기 자신에 대한 지배적인 개념, 참조.

6) **우리? 우리는** 도대체 우리 자신인가? 우리–물음, **이 물음의 우위** '우리', 모든 것을 스스로 그렇게 명명할 수 있는 것! **공동체!**

7) '우리' — 조금이라도 더 분명하게 규정할 수 있는가? 외적으로 — 내적으로.

14절. "우리의 자기존재는 민족'이다'"라는 말은 결단 속에 있다

　우리가 우리 자신을 그렇게 **밖으로** 말함으로써, 다시 말해 동시에 그렇게 서로 함께 말함으로써 우리는 '우리'에 대한 **아주 다른** 규정을 획득했다. 이것만이 아니다. 우리는 분명히 아주 **뜻밖에** 이미 '우리 자신은 누구인가?'라는 물음에도 대답했다. 우리는 민족존재 속에 들어서 있다. 우리는 민족 자체이다. 우리의 자기존재는 민족'이다'. '**뜻밖에**' — 내가 말했듯이 — 우리는 우주의 공간과 시간에 나가 떠돌지 않고, 심적인 영역 안으로 파고들지 않고 우리의 물음에 대한 대답에 이르렀다. 어떤 일이 일어났는가? 교육사건에 관여하면서 '우리는 거기에 있다'는 말을 이해하기 시작함과 동시에 우리는 순간에 순응하였다. 어법에 따라서 그리고 그 말의 **문장표현**에서 본다면 우리는 여기에서 **다른 시선**의 방향에서만 **기술**을 완수하고자 했던 것처럼 보인다. 하지만 그렇지 않다. 우리는 함께 말함 속에서 최종적으로 우리에 대해 밖으로 말해진 것을 말할 수 있었다. 우리는 이것을 **확인할 수** 있다. '예', 나는 그것을 원한다. 나는 그 요구를 따를 것이다. 나는 준비하고 그것을 행할 것이다. 나는 **의지의 힘** 속에서 그 의지를 함께 의지하며 순응할 것이다. 또는 아니오라고 말할 것이다. 아니면 지금까지 '예'도 '아니오'도 본래적으로 수행하지 않고, 수행할 준비도 하지 않았으며 오히려 다만 그렇게 이곳저곳에 빠져 우리 자신을 휩쓸리게 내버려두었다는 사실을 우리는 인정해야 할 것이다. 우리는 어떤 기술도 함께 수행하지 않았다. '우리는 거기에 있다'라는 말은 다수(복수)의 인간이 눈앞에 있다는 것을 의미하지 않고, '우리가 준비하며 거기에 있다'는 것을 즉, '그것이 일어나고 있다'는 것을 의미한다. 우리는 — 이렇게 또는 저렇게 — **결단의 한 과정**을 통과하고 있다. 우리는 결단하거나 결단하지 않는다. 어떤 하나의 결단성(Entschiedenheit)이 우리의 '자기 자신으로-거기에-있음'을 형성한다. 그리고 이 강의의 순간 속에 있는 **작고 제한적인** 우리가 **단번에 민족의 우리로 옮겨졌다. 더 좋게 말하자면** 우리가 거기에서 **민족으로 옮겨졌다는 사실이 우리에게 명백해졌다.** 상세한 기술과 상황을 확인하는 대신에 다만 순간에 순응하기 위하여 **우리의 순간을 포착하는 것**이 중요하다. 그와 함께 우리는 **우리 자신을 순간 속에서 발견한다.**

이 시점에서 우리는 **이미** 이 모든 것이 '**학문**'과 무관하다는 사실을 **보다 분명히** 알 수 있다. 그 까닭은 다음과 같다. 1) 우리는 어떤 사실도 보고하지 않는다. 우리는 어떤 것을 눈앞에 있음 속에서 확정하지 않는다. 우리는 기껏해야 결단되어야 할 것을 **위한** 결단 속에서 자기 자신을 확인한다. 그리고 2) '우리는 교육사건에 관여하며 거기에 있다'는 **말**을 시작하면서 우리가 그 순간부터 함께 말하고 결단을 했는지와 그 정도에 대해서는 통상적인 의미에서 '객관적으로' 제시될 수도 **없고** 증명될 수도 **없다.** 그 말은 '경작지는 비가 오지 않으면 마른다'라는 말과 유사하게 하나의 확인처럼 들린다. 물론 그 말은 숙고도 생각도 의지도 없이 함께 이야기하는 단순한 말의 형태일 수 있다. 그러나 우리는 '우리는 관여한다'라는 말에서 그 '우리'를 우리 자신에서부터 그리고 우리 자신을 포함하여 실제로 말한다. 다시 말해 우리는 **이 순간 속에 우리를 관여시키고 있다.**

개인들이 결단에 부합하여 말했는지 또는 보고만 했는지 또는 이야기만 했는지에 대해 여러분들 중에 어느 개인도 각각의 다른 사람에 관해 증명할 수 없다. 마찬가지로 여러분들 중에 어느 개인도 나 자신과 연관하여 그것을 증명할 수 없다. 우리도 마찬가지이다. '우리'는 ― 그 '우리'가 항상 동일한 어법에서 사용될지라도 ― 그때마다 그 '우리'이다. 우리는 결단 속에서만 본래적인 우리이다. 정확히 말하자면 각자는 결단 속에서 **개별화된다.** 이때 앞서 개별화된 자들이 비로소 나중에 합쳐져 복수가 되는 것처럼 보인다. 그렇지 않다. 개인의 결단은 그 개인을 '나'로 되돌리는 것이 아니라, 그 개인을 교육사건 속에 있는 자기 자신으로―거기에―있음으로 해방시킨다. 그가 그렇게 그 자신이고자 원함으로써 그는 **바로 자기 자신을 넘어서** ― 그가 결단 속에 순응하고 있는 ― 귀속성 속으로 보내진다.

결단 속에서 각자는 그가 분리되어 있을 수밖에 없는 것처럼 각자로 분리되어 있다. 그리고 결단에 부합하여 분리되는 이러한 개별화에도 **불구하고 바로 그** 개별화에서 분명 '우리'라는 **은폐된 조화가 일**어난다. 이 은폐성은 우연적인 것, 경우에 따라 제거될 수 있는 것이 **아니라 본질적인 것이다.** 그럼에도 불구하고 우리는 ― 전적으로 [지식적] 앎의 고유한 방식에만 국한될지라도 ― 그 '우리'에 관해 [지식으로) 알 수 있다.

우리는 지금 우리의 물음을 통해 어떤 지점에 도달해 있는가? 우리는 이 물음 자체가 아주 의문스럽다는 것을 알았다. 그 '우리'는 겉보기에 확실한 것처럼 보였다. 우리는 그 '우리'를 '결단에서만 우리는 우리이다'라는 기술을 통해 확정하고 경험하려고 시도하고 있다. 지금 우리는 부정적인 것, 즉 그 '우리'가 다수를 합하여 모은 것이 아니라는 사실만을 이해하는 것이 아니라 우리가 그 '우리'로 존재한다고 가정한다면, 우리는 어떤 방식으로든 우리가 이러한 '우리' 속에 존재하고 있다는 것도 이해한다. 이러한 '~가정한다면'이라는 추가부분은 여기에서 본질적인 것을 의미한다. 왜냐하면 '우리가 우리로 존재하는지 아닌지 그리고 어떻게 존재하는지'는 분명 결단의 형태와 항상 연결되기 때문이다.

그러나 우리가 이 '우리'를 결단에 부합하는 것으로 이해했던 순간에 우리의 자기존재에 대한 결단이 내려졌다. 그 이상이다. '우리는 누구인가?'라는 물음에 대해 '민족이다'라는 대답이 내려졌다.

그러나 더 예민해지고 더 주의를 기울일수록 우리는 지금까지 우리가 물었던 물음의 모든 결과에도 불구하고 이미 다시 길을 벗어날 수 있다는 것을 의심하게 된다. 우리가 그 대답을 하나의 결과라는 형태로 포장하기 때문에 마침내 바로 그런 일이 일어나는 것이다. 앞으로 나는 물음의 방향과 물음의 태도에서 어쩔 수 없이 벗어나는 것에 매번 언급하지 않고 의도적으로 이에 대한 확인을 여러분들 자신의 고유한 이해와 참여에 맡길 것이다.

우리 자신은 누구인가? 그 대답은 민족이다. 우리는 이 대답에 대해 분명하게 일련의 숙고와 의심을 표명해야 한다. 그것에 관해서 다음의 세 가지만을 언급할 것이다.

1) 이 대답은 앞서 언급한 '순간적인' 숙고로부터 **아주 빠르게** 일시적으로 획득되었다. 여기에 보다 상세한 근거를 제시할 필요가 있다.

2) 이 대답은 **일반적으로 올바르지 않는** 것처럼 보인다. 왜냐하면 우리 — 여기 **'소수의 사람들'** — 는 여기에서 단순히 민족과 동일시될 수 없기 때문이다. 과장하지 않으려면 최소한의 구별이 필요하다.

3) 그리고 우리가 분명 민족과 같은 것과 합쳐져야 한다면 "우리는 '그' 민족이다"가 아니라 '하나의' 민족이라고 말해야 할 것이다.

그러나 이러한 숙고는 분명 — 여기에서 도대체 '민족'이 무엇을 의미하는지가 아직도 충분하고 명백하게 규정되어 있지 않은 — 어려움 속에서 **진행되고 있다.** 그러므로 다음의 물음이 부각된다. 그것, 즉 민족이란 무엇인가?

그러나 **여전히 다른 것이** 우리의 대답에 대한 이해를 **방해하고 있다.** 우리는 '**우리,** 즉 우리존재(Wirsein)는 하나의 **결단이다**'라고 말했다. 그러나 이제 우리가 민족에 속하는지 그렇지 않은지는 **우리의 임의에 놓여있지 않다.** 그것은 판결을 통해 결정되는 것이 **아니다.** 오히려 그것은 이미 우리의 의지와 **무관하게** 우리의 — **우리가 결코 스스로 되돌릴 수 없는** — 기원을 근거로 결단되는 것이다. 국적은 국가 및 국가형태에 의해 선택될 수 있지만, **민족에의 귀속성은 결코 선택될 수 없다.** 그렇다면 '**결단**'은 무엇을 의미하는가? 이에 따라 우리는 '우리 자신은 누구인가?'라는 우리의 물음에서 두 가지 **중간물음을**

논의해야 한다. 1) **민족이란 무엇인가**? 2) **결단이란 무엇을 의미하는가**? (뒤 113-115쪽, 참조) **추측할 수 있듯이 두 논의는** 서로 연관되어 있다. 우리는 지금 우리의 본래적인 물음을 계속 진척시켜 나갈 것이다.

15절. 첫 번째 중간물음: 민족이란 무엇인가?

'민족이란 무엇인가?'라는 물음은 다양한 방법으로 물어질 수 있다. 우리는 **의도적으로** '민족'이라는 낱말에서 **외적인 단초를 파악할** 것이다. 우리는 짧게 이 낱말이 '의미'의 다양성 속에서 서로 갈라지고 **있는 정황을 추적할 것이다.** 이러한 탐색에서 우리는 다음과 같은 사실을 의식하게 된다. 우리는 낱말의 다양한 의미를 **합산하여 평균적**인 의미를 **이끌어낼 수 없으며,** 게다가 거기에서 민족의 **본질**을 파악해서도 안 된다. 우리는 '민족'이라는 낱말의 다양한 의미를 언급하면서 우리가 지금까지 수행해온 과제와 연관된 하나의 **목적**을 추구하고자 한다. 우리는 우선 익숙한 낱말의 용례를 수집할 것이다.

우리는 '민요(Volkslieder)'를 듣고, '민속춤(Volkstänze)'을 보고, '민속축제(Volksfest)'에 참석한다. 우리는 '인구조사(**Volkszählung**)'[12]를 목적으로 하는 호구조사 실시에 협력한다. 이와 같은 조치는 **국민건강**(**Volksgesundheit**)을 개선하고 보호하기 위해서 행해진다. 민족운동(**völkische Bewegung**)은 '민족'을 혈통의 순수성으로 되돌리

---

12 [독일제국은 1933년 6월 16일에 인구조사를 실시하였다.]

고자 한다. **프리드리히 대왕**은 민족을 "말을 많이 하고 적은 통찰력을 가진 동물"이라고 불렀다.[13] 1933년 11월 12일에 '국민'(Volk)은 '국가연맹'에서 독일이 탈퇴하는 것에 대해 자신의 입장을 묻는 국민투표를 했다. 경찰간부는 이렇게 명령한다. "민중(Volk)을 몽둥이로 쫓아버려라." 1914년 8월 1일에 '국민(Volk)'은 무장했다.[14] 독일 민족 중 18만이 국경선 밖에서 독일인으로 거주한다.[15] 칼 마르크스는 '인민(Volk)'을 — 게으른 시민, 착취하는 시민과 구별하여 — '노동자 집단'이라고 부른다. "민족정신(Volksgeist)"[16]은 독일 관념론과 낭만주의의 신념에 따르면 믿음, 시 짓기, 예술, 철학을 위한 근본바탕이다. 공산주의의 사고방식에서 종교는 "인민을 위한 아편(Opium fürs Volk)"이다.[17]

이 모든 어법에서 '민족(Volk)'이 의미하는 것은 무엇인가? '민족'은 가령 국민투표(Volksbefragung)라는 말과 경찰이 '거기에 있는 민중

---

13 [Die Werke Friedrichs des Großen. Vierter Band. Geschichte des Siebenjährigen Krieges. Zweiter Teil. Hrsg. von Gustav Berthold Volz. Verlag von Reimar Hobbing: Berlin 1913. S. 83.]

14 [분명히 하이데거는 영어 'League of Nations'의 의미를 국제연맹(Völkerbund)으로 생각하고 있다.]

15 [하이데거는 소위 '국경에 있는 독일인' 또는 외국에 있는 독일인을 특히 폴란드 또는 당시 체코슬로바키아에 있는 독일인으로 생각하고 있다.]

16 [Georg Wilhelm Friedrich Hegel: Phänomenologie des Geistes. Hrsg. von Georg Lasson. Felix Meiner: Leipzig 1927. S. 502 ff.]

17 [Karl Marx: Zur Kritik der Hegelschen Rechtsphilosophie. In: Ders.: DerHistorische Materialismus. Die Frühschriften. Hrsg. von Siegfried Landshut und Jakob Peter Mayer. Erster Band. Alfred Kröner Verlag: Leipzig 1932. S. 264: "종교는 억압받는 자의 한숨이며, 세계가 정신없는 상태의 정신이듯이 종교는 무자비한 세계의 심정이다. 종교는 인민의 아편이다."]

(Volk)을 쫓아버려라'라고 하는 말에서 **동일한 것을** 의미하는가? 여기에서는 **하층민**, 즉 **천민**으로서의 '인민'을 생각해 볼 수 있다. (천민은 싸우고 화해한다.) 그러므로 특정한 **하위층**은 국민의 밑바닥에 있는 '**민족**'이다. 이에 반해 국민투표에서 민족은 '**전체**' 국민이다! 당연히 실제 투표권자에게만 물어야 한다. 그때 **법적** 선거자격의 연령보다 어린 자들은 민족에 속하지 않는가? 거기에서 우리는 선거권자의 투표수만을 생각하는가? '인구조사'에서 ─ 그들의 민요를 우리가 듣고 있는 ─'민족'이 헤아려지는가? 아니면 민족은 이러한 이해에서 결코 헤아려질 수 없는가? **인구(Bevölkerung)**만이 헤아려진다. 인구가 실제로 정신을 가질 수 있다고 가정한다면, 낭만주의의 '민족정신'은 '인구의 정신'인가? 국민건강(Volksgesundheit)의 관리는 마르크스적 의미에서 인민, 즉 '노동자의 건강함'에 대한 것인가? 아니면 시민도 건강을 유지하고자 하는 인민에 속하는가? 1914년에 "무장한 민중"[18]은 프리드리히 대왕이 말한 '민족'인가?

우리는 여기에서 의미의 분명한 차이들을 즉각 구별하고 있지만 그 차이를 충분하고 분명하게 제시할 수 없다. 그 의미들은 넓게 분산되어 있다. 그렇지만 우리는 어떤 불분명하고 은밀한 통일성을 확실히 감지하고 있다. 전통논리학의 규칙에 따라 상이한 개념들을 나란히 배열하고 그 모든 개념들에 공통적인 것을 끄집어내는 것은 가능하다. 그러나 우리는 이러한 방법으로 어떤 **결과**에도 이르지 못한다. 그렇지 않

---

18 [이 표현은 아마도 스벤 헤딘(Sven Hedin)의 것으로 여겨진다. *Ein Volk in Waffen*. Brockhaus Verlag: Leipzig 1915.]

을 경우 우리는 이러한 방법으로 '인간들의 무리'라는 민족에 관한 공허한 표상이나 이에 상응하여 생명체, 즉 '유기체'라는 민족에 관한 무규정적인 표상에 이를 뿐이다. 다음으로 사람들은 임시방편으로 앞서 말한 공허한 표상과 방금 말한 무규정적인 표상을 서로 연결시켜, 그로부터 나온 의심스러운 기형적 결과물에 대한 많은 사상 또는 말을 만들 수 있다.

하지만 왜 우리는 민족에게 다의성을 허용하지 않는가? 왜 모든 것을 적합하게 분할된 개념의 강제적 틀 속에 가두려고 하는가? 우리가 그때마다 이야기의 맥락 속에서 사용된 '민족'이라는 낱말을 이해한다면, 충분할 것이다. 확실히 그렇다. 이해함에 대한 요구가 신문을 신속하게 읽는 영역에 제한되어야 하고, 이러한 이해의 방식이 '우리 자신은 누구인가'라는 물음과 이 물음에 대한 대답에 대해 충분하고 심지어 척도가 된다면 그것으로 충분하다.

그러나 이러한 이해의 형태가 충분하지 않고 기껏해야 그러한 낱말로 이루어진 민족의 언어가 뚜렷이 분산과 분열 속에 있다는 사실에 대한 증거일 뿐이라면 어떻게 해야 하는가? 우리는 결코 언어 및 낱말의미의 '표준화'를 제안하려는 것이 아니다. 오히려 우리는 앞서 보여준 '민족'이라는 낱말의 다의성 속에 — 우리가 그 낱말에서 존재하는 자로서 말을 건네고, 밖으로 말하고 있는 — 내적인 다면성 (Vielfalt)이 나타나는지, 그리고 어느 정도 그러한지를 명백히 보여줄 것이다. 민족이라고 불리는 하나의 낱말은 아주 다양한 관점에 따라 경험하고 말하도록 만든다. 낱말의미들의 갈라짐은 본질과 그것의 비본질 속에 감추어진 충만함을 드러내는 표시이다. 더욱 더 엄밀하게

1부 | 모든 논리학의 근거물음이자 주도적인 물음으로서 언어의 본질에 대한 물음

우리는 이러한 본질의 충만함 속에 **각인된 통일성**을 이해하는 것에 주목해야 한다. 그것을 위한 발걸음은 우리가 지금 **열거한 낱말의 용례**에 나타난 다양함으로부터 '민족'이라는 낱말로 언급된 것에서 **지배하고 있는 사고방향들**을 이끌어내어 **하나의 통일성**을 볼 때 가능하다.

a) 신체와 인종으로서의 민족

인구조사에서 '인구'가 헤아려진다. 그것은 민족의 신체(**Volkskörper**)를 형성하는 자들의 합이다. 그러나 국가에 의해 행해지는 헤아림은 **국경 안에** 있는 민족의 신체만을 대상으로 하고 있다는 점을 고려해야 한다. 예를 들어 **외국에** 있는 모든 독일인은 그때 인구라는 의미에서 국가의 인구조사에서 말하는 민족에 속하지 **않는다**. 다른 한편으로 인구 중에는 그 자체로 혈통이 다른, 민족에 속하지 않는 자들이 속해있다. 인구조사는 **거주민을** 헤아리는 것이다. 그러나 인구정책에서는 **거주민만을** 말하는 것이 아니라 가족 및 혈족과 연관된 **삶**과 그들의 건강도 언급된다. **국민건강의 관리와 인구정책**에서 이러한 민족의 신체는 보호, 즉 **양육, 연마, 단련, 신체적 생명의 저항력**의 관점에서 고려된다. 우리가 **인종(Rasse)**이라고 부르는 것은 민족의 구성원, 민족의 가계, 민족의 혈통에 대한 **신체적이고 혈연적인 종족연관**을 가진다. **인종**이라는 낱말의 개념은 물론 '민족' **못지않게** 다의적이다. 이것은 우연이 아니다. 두 낱말의 다의성은 서로 연관되어 있다. 그러므로 인종은 **인종적인 것(das Rassische)**, 혈통적이고

108

유전적으로 물려받은 **생의 충동(Lebensdrang)**을 의미할 뿐만 아니라 동시에 **우등한 것(das Rassige)**도 의미한다. 후자는 신체적인 특성에 제한되어 있지 **않다**. 예를 들어 젊은이들은 오늘날 우등한 자동차를 말한다. 우등한 것은 **특정한 서열**로 현실화되며, 동시에 **표준적인 법칙**이다. 그것은 개인, 가족 또는 종족의 신체성에만 관련되어 있는 것도 **아니며**, 일차적인 것도 **아니다**. 인종적으로 아주 순수하다고 해서 그것이 오랫동안 **우등한 것**으로 있는 것은 아니다. 반대로 그것은 **매우 열등**할 수 있다. 반면에 우등한 것은 다른 한편으로 정해진 인종적 조건에 기인한다. 인구, 혈통, 가계의 이음구조로서 민족은 **육체와 신체로서의 민족**이라는 의미에서 이해된다.

b) 영혼으로서의 민족

그러나 우리가 말했듯이 민요, 민속축제, 관습에서는 민족의 **감정적 삶(Gefühlsleben)**, 즉 전면적인 [?] 현존재의 **근본기분과 태도**에 대한 비유적이고 형상적인 특징이 드러난다. 여기에서 민족은 **임의적인 인구**와 **전체 거주민**이 아니라 오히려 **자라온 정착지**에 순응해 있는 것으로 드러난다. 정착지는 지역을 차지할 뿐만 아니라 **동시에 농업, 임업, 그리고 수력의 이용, 채석장**에 있는 **암석의 이용**을 통해 땅에 특색을 부여한다. 그리고 거기에서는 **동물과 식물의 세계**도 함께 형성되고 **종종 소멸되기도 한다**. 풍경은 다른 한편으로 **사회적 현존재**의 **일상적 인내와 극복**에서 그리고 출생, 결혼, 죽음, 그리고 계절변

화, 날씨라는 **원초적인** 사건의 변화 속에서 부각된다. 여기에서 민족
은 그의 **심적인** 태도에서, 즉 **영혼으로서** 이해된다.

c) 정신으로서의 민족

여기에서 민족은 — 그 범위에 따라 — 인구조사에서 거주민[으
로서] 파악되는 **전체 인구**에 비해 이미 **제한된** 영역이다. 인구에는
대도시의 임대주택과 골목에 사는 많은 사람들이 속해 있다. 거기에
는 풍경은 물론, **날씨**와 같은 것은 없다. 인구조사에서는 민족으로
헤아려질 수 없는 아주 불필요한 것도 파악된다. 거기에서 '민족'과
민속은 **여름 휴양지에서 즐길 만한 요소로서** 대도시가 주는 권태로움
과 과도한 자극을 해소하는 데 필요하다. 민속(Volksbräuche)이라는
낱말에 담긴 민족은 이미 특정한 층, 즉 하위층으로 여겨지는 민족
이다. 하위층은 지배층과 지배계급에 의해 교양이 없는 집단으로 치
부된다. 하위층은 종종 **스스로 충동적이고 자제심이 부족한 대중 속에**
머물고자 하는 집단이기도 하다.(프리드리히 대왕)

여기에서 민족은 미천한 형태의 신체적이고 심적인 충동 안에 본
능적으로 머물러 있는 층 또는 특정한 사회계층을 통해서 의식적으
로 유지되고 있으며 소유물과 재물에서 배제된 층으로 파악된다. 이
때 민족은 **사회적** 개념이다. 정확히 말하자면 '민족'과 '사회'는 게르
만－라틴계 '민족', 인간사회, '인류'와 같은 포괄적인 의미에서 사용
될 수 있다. 다른 한편으로 이미 언급했듯이 계층과 계급이라는 좁

은 의미에서 하나의 민족 내부에서 **이루어지는** 민족으로의 계층화, 즉 하층민과 상류사회(더 나은 층), 즉 상층민이 확정될 수 있다. 거기에서 **상층과 하층**은 뚜렷이 구별된다. 전체는 각기 계급적인 층으로 이루어져 있다. 이 전체는 '사회'로서 주로 경제적 의미의 사회 또는 **직업과 연관된 신분**의 질서 속에 있다. **어떤 경우에서든** 여기에서 전체 민족으로서 민족은 그 속에 담겨 있는 지배적인 신념과 **의지 및 지배에 따른** 형태와 관련하여 파악된다. 이러한 형태 자체는 어딘가 다른 곳, 즉 초국가적인 것으로서 국가적 힘들 사이에서 형성되는 소위 세계문화로부터 온 것일 수 있다. 그것은 하나의 민족에 부가될 수 있다. 그러나 한 민족의 의지와 **결단력**은 각성을 통해 **역사적으로** 자신의 운명을 떠맡을 수 있다. 이 모든 것에서 민족은 **정신적이고 의지적이며** 인식적인 측면에 따라 파악된다. 이때 **민족**은 정신으로서의 **민족**이다. 이것은 민족정신(Volksgeist)이 아니다.

d) '민족이란 무엇인가?'라는 물음의 좌초

우리는 지금 — 여기에서 '민족'이라는 낱말로 지정된 것이 속해 있는 — 앞서 강조한 **관점들**을 종합적으로 정리해 볼 것이다. 민족은 앞에서 언급한 다양한 언어사용에서 몸, 신체, 영혼, 정신으로 **소개되었다**. 그리고 다시금 **민족**이라는 이 낱말은 다소 분명한 **상호연관성과 통일성** 속에 놓여 있다.

그러나 **신체, 영혼, 정신**은 인간의 **구성요소**이다. 분명 인간은 각기 지배적인 정의에서 바로 그것들을 통해서 규정된다. 그러므로 민족은 말하자면 큰 틀에서 이해된 인간이다. 민족—신체, 민족—영혼, 민족—정신은 〔큰 틀에서 인간을 의미하는〕 그 민족이다.

지금 우리는 어느 지점에 서 있는가? 우리는 마지막에 '우리 자신은 누구인가?'라는 물음에 대해 '우리 자신은 민족이다!'라고 대답했다. 그렇지만 우리가 이러한 대답으로 응답해야 하는 물음 자체는 '인간이란 무엇인가?'라는 물음을 변경한 형식이다. 지금 이 물음에 대해 '인간은 민족이다', 다시 말해 '인간은 큰 틀에서 〔민족을 의미하는〕 인간이다'라고 대답했다. 분명 이것은 모두 다른 대답들〔신체, 영혼, 정신으로서 민족〕로 이루어져 있다. 단지 하나의 대답이 아니다.

그 이유는 다음과 같다.

1) 우리는 앞에서 당장 우리가 분명 묻고 있는 것에 대해서만 대답하였다. 2) 우리가 민족에 대해 신체, 영혼, 정신의 관점에서 대답한 것은 인간의 본질을 그것의 도움으로 일반적으로 규정하는 구성요소만을 수용한 것이 분명 아니다. 오히려 이처럼 더 큰 틀로 옮겨 대답하는 이행을 통해 그렇지 않아도 다의적이고 의문스러운 규정요소들, 즉 신체, 영혼, 정신은 더 무규정적이고 더 불명료하며 더 의심스러운 것이 되었다. 3) 이성과 정신을 가진 동물이라는 인간의 본질규정은 어떤 방식으로든 출현하는 것, 즉 기술될 수 있는 것으로 인간을 파악한다. 우리는 이 방법으로는 자기존재로서의 인간존재를 놓칠 수 있다는 사실을 알게 되었다. 그런 까닭에 우리는 무엇물음을 누구물음으로 전환하였다. 이렇게 물음의 방향을 바꿈으로써 우리는 의식적으로 — 신체, 영혼, 정신이라는 명칭에 의해 어떤 하나의 결합 속

에서 제시된 — 표상영역으로부터 등을 돌리고자 한다. 따라서 우리는 이러한 표상영역으로 다시 되돌아감을 통해서는 방향을 바꾼 누구물음에 대해 결코 대답할 수 없다. 그러나 우리가 누구물음에 대해 **민족**이라고 대답할 때 그런 일이 일어나고 있다. 그렇다면 우리는 이러한 대답을 포기해야 하는가? 그래서는 안 된다. 그 대답은 올바르지 않음에도 불구하고 참일 수 있다.

그러므로 우리는 우선 '민족'이라는 개념을 보다 분명하게 파악하고 근거를 제시하려고 시도할 것이다. 우리는 이러한 의도에서 **사회학**, 즉 **사회형태와 공동체의 형태**에 관한 이론으로 방향을 돌릴 수도 있을 것이다.

그리고 거기에서 사람들이 민족개념을 무엇보다도 '나라', '국가', '제국'이라는 개념과 구별하려고 한다는 점이 확인될 수 있다. 다만 남아있는 물음은 이것이다. 어느 정도로 이 개념들이 엄밀하고 명백하게 한정될 수 있는지는 완전히 제쳐두더라도, 이 개념들은 어디에서 왔는가? 도대체 어디에서 이 개념들은 형성되었으며, 어디에서 척도를 부여하는 규정력을 얻는가? 아마도 사람들은 민족, 나라, 국가 그 자체가 무엇인지를 말할 수도 없고 물을 수도 없을 것이다. 그리고 사람들이 그것을 말하고자 할 때, 그들은 아마도 **아무것도** 말하고 있지 **않은** 공허하고 근거 없는 정의에 도달하게 될 것이다. 거기에서 우리 자신이 누구인지에 대한 경험과 이해를 위한 것은 아무것도 없다. 다른 한편으로 '우리는 민족이다'라는 대답이 참이어야 한다고 가정한다면, **우리는 민족을 이해하는 방식을 묻고 지식적으로 아는 것을 포기할 수 없다.** 우리는 민족에 대한 **물음**에서도 '우리 자신은 누구인가'라는 주도적인 물음의 맥락을 벗어나지 않을 것이다. 그것은 우리가 **어떻게** 묻는지에 달려있다. 왜 우리는 도대체 — **민족은 큰 틀에서 인간**이라는 **생명체**로 **파악된다고** 우리가 확정해야 했던 — 익숙한 표상영역으로 되돌아갔는가? 그 이유는 단순하다. 우리가 '우리 자신인 민족은 누구인가'라고 묻는 대신에 '민족은 **무엇인가**'라고 물었기 때문이다.

e) '민족이란 누구인가?'라는 물음에 대해

그러나 **누구물음**은 분명 **결단**의 물음이다. 다시 말해 누구물음은 물음이 되고 있는 우리 자신을 지금 **즉시** '우리는 **우리 자신인 민족인가**'라는 물음 앞에 직면하게 한다. 다음의 물음은 주목할 만한 것이다. **이러저러하게 존재하는 존재자는 왜 바로 무엇으로 존재하는바 그것이어서는 안 되는가?** 분명 그 존재자는 그의 본질에 속한다! 그러나 아마도 이것은 존재자의 **어떤 영역**에서만 타당할 뿐 **모든 영역**에서 그렇지는 **않다**. 아마도 식물과 관련하여 '식물은 무엇으로 존재하는바 그것인가'라고 묻는 것은 **무의미하다**. **왜냐하면** 식물은 본질상 그것의 본질로부터 **벗어날 수 없기** 때문이다. 그러나 **우리에게서** 물어지고 있는 **그 존재자**, 즉 우리 인간은 어떤가? 우리는 우리의 본질에서 **벗어나** 그것에 **충실하지** 않을 수 있고, 우리 자신을 상실할 수 있으며 우리라는 본질의 비본질 안에 빠질 수 있는 **유일무이한 특징**을 가지고 있지 않은가? 그때 '우리는 우리 자신인 **민족인가**'라는 물음은 결코 무의미하지 않고 오히려 매우 절박하고 불가피한 것이다.

그러나 우리의 자기존재가 그렇다고 한다면, 이러한 존재는 전적으로 유일무이한 존재이다. 우리는 존재하지 않기도 하고 존재하기도 하면서 존재하는 자이다. 그때 여기에서 '〔우리는〕 존재한다(sind)'와 그 존재는 무엇을 의미하는가? 우리는 지금까지 '우리 자신은 누구인가?'라는 물음을 물으면서 무엇물음에서 누구물음으로 전환이 이루어졌다고 생각했다. '우리는 우리 자신으로 존재한다'라는 형식에서 '존재한다'는 것은 당연히 물을 필요가 없는 것이라고 생각했었다. '존재한다(sind)'와 '있다(ist)'가 의미하는 것을 누가 모르겠는가! → 버찌가 익었다(Kirschen 'sind' rief). 날씨는 무덥다(Das Wetter 'ist' schwül). 그러나 오랫동안 우리는 어쩌면 우리가 아닌 방식 속에서 지금 우리로 존재하고 있다. 어쩌면 그럴 수도 있고 어쩌면 그렇지 않을 수 있다. 이때 '어쩌면'은 이 존재에 속하는가? 그러나 어떻게? 그것은 나중에 보다 분명해질 것이다. '인간이란 무엇인가?'라는 일반적인 물음은 '우리는 우리 자신으로 존재한다'로 향하도록, '존재한다'는 '우리는 존재한다'로 향하도록 우리를 재촉하고 있다.

16절. 두 번째 중간물음: 결단이란 무엇을 의미하는가?

그러므로 지금 여러 이유들로 인해 '결단이란 무엇을 의미하는 가?'라는 **두 번째 중간물음**을 자세하게 다룰 필요가 있다.(앞 114-115쪽, 참조) 이 물음을 보다 분명하게 해야 한다. 왜냐하면 **그렇지 않을 경우** '우리는 민족이다'라는 대답이 하나의 결단이라는 **우리의** 주장은 분명 이해할 수 없는 것으로 남겨지기 때문이다. 그와 동시에 우리는 민족에의 귀속성이 어떤 국가형태에 소속되는 국적처럼 선택될 수 없다고 강조했기 때문이다. 그렇지만 선택될 수 없는 것은 모두 **결단** 밖에 **놓여있다**. 동시에 우리는 우리의 존재가 비본질로 몰락하여 비존재가 될 수 있다는 것에도 주목할 것이다. 이것은 우리의 존재가 사라지지 않고 여전히 존재하면서도 **존재하지 않는** 상태를 의미한다. 마지막으로 우리는 그 외에도 [?] 우리의 존재가 본질 속에서 또는 비본질 속에서 또는 무관심 속에서 그때마다 어떻게 존재할지를 결단하고 있다는 것에 주목할 것이다. 그렇다면 결단이란 무엇을 의미하는가? **우리는** '민족이란 무엇인가'라는 **첫 번째 중간물음에 대답하지 않은 채** 이 물음을 다루고 있다. 여기에서 우리는 우리가 '민족이란 누구인가'에 대해 **물어야 하며**, 그때에만 이 물음과 그에 대한 대답이 결단에 부합한다는 것을 경험할 수 있다.

시합의 진행규정에서 상품수여와 관련하여 **실력이 동일할 때 제비뽑기로 '결단하는'** 사례를 들어보자. 동전을 가지고 제비뽑기를 하는 방식은 문장(紋章) 또는 인물초상이 위로 나오는 것에 따라 누군가에게 상이 수여될지가 결정된다. 제비뽑기는 한 사람을 다른 사람과 **분리**(abscheiden)하거나 **배제**(ausscheiden)한다. 두 사람에게 주어진 수상 가능성은 **그것이 현실화되는 순간 한 사람에게 주어진다.** 그러나 엄밀히 말하자면 이러한 추첨과정에서 **결단**(entscheiden)이란 없다. 왜냐하면 우리가 **결단할 때 가능성들 중 하나의 선택을 항상 함께 이해하고 있다고 가정한다면,** 분명 제비뽑기는 결코 결단하는 것일 수 없다.

제비뽑기의 경우에 한 사람을 다른 사람에게서 분리 및 배제하는 것은 우연히 일어난다. 그것은 둘 사이를 **나누기는** 하지만 그것에 대해 **결단하는** 것은 아니다. 가령 그 규정 속에 동일한 수행능력을 가졌을 경우, 시합의 **심판이 결단한다는** 내용이 담겨 있다면 상황은 달라질 것이다. **여기에는 결단이 놓여있다.** 정확히 말하자면 결단은 심판이 **자신 앞에** 두 사람을 두고 분명 제비뽑기와 무관한 이들의 업적을 잘 **알고** 지금 한 사람과 다른 사람에 '**대해**' 이렇게 또는 저렇게 결정하는 것이 아니다. 심판이 스스로 결단함으로써 그때 분리와 배제가 일어날 수 있기 때문에 결단은 이루어진다. 이것은 한 사람을 **옹호**하고 다른 한 사람을 **반대한다는** 것을 의미한다. 제비뽑기는 '결정하지' 만 결단하지는 않는다. 제비뽑기는 단순히 **행해진다.** 이 경우에는 결단을 피하기 위하여 그냥 **선택한** 것이다. 그럼으로 하나의 결단 앞에서 도망치는 것 뒤에는 또 하나의 결단, 즉 결단하지 않으려는 결단이 놓여있다. 다른 경우에는 심판이 결단한다. 즉, 그는 '스스로' 상을 수여하는 자로서 결단한다. 분명 그는 비로소 이러한 결단 속에서 그리고 결단을 통해서 자기 자신이 된다. 결단에서 그는 그 자신으로 존재해야 한다. 이러한 결단 이전에 그는 아직도 자기 자신이 아닌 자로 '존재한다'. 우리는 이미 다음과 같은 것을 짐작할 수 있다. 그는 자기 자신에 대해 깊이 숙고함을 통해서, 즉 자아의 반-성(Re-flexion) 속에서 자기 자신이 되지 않는다. 오히려 그 반대이다. 그는 가능한 한 경향성, 기분, 선입견을 가진 자신으로부터 눈을 돌리고, 가능한 한 전적으로 여기에서 결단해야 할 것에서부터 결단함으로써 자기 자신이 된다. 결단의 두 번째 경우는 자기결단이다. 오랜 습관에 따라 우리는 — 이러한 시선방향에서는 관련된 행위의 사실내용이 상실됨에도 불구하고 — 반성, 즉 소급된 자아와 연관된 것을 기꺼이 듣고 싶어한다.

a) 결단과 결단성

그러나 이제 우리가 관여된 그런 경우는 어떠한가? '우리는 대학의 교육사건에 관여하며 거기에 있다'라는 말에서 '우리는 있다(우리의 존재)', 그 '우리'가 결단에 부합한다고 주장하였다. 분명 여기에서 자기결단은 각자 개인의 결단을 의미한다. 그러나 자기결단은 이 사람 또는 저 사람을 위해서 아니면 이 사람 또는 저 사람에 반대해서가 아니라 오히려 **스스로**에 대해서, 즉 자기 자신에 반대해서 또는 자기 자신을 위해서 스스로 결단함이다. 그러나 이것은 무엇을 의미하는 것인가? '자기 자신'이란 무엇인가? 가령 그때마다 개별화된 '나'인가? 결코 아니다. 결단은 순간적인 사건 속에 관여함을 위한 것이거나 반대하는 것으로 내려진다. 그리고 이것은 다시금 우리가 여기 지금 **강의실**에 앉아 있는지 그렇지 않은지가 판단된다는 의미가 아니다. 이것은 앞서 말한 의미에서의 결단이 아니다. 그것은 확인될 수 있는 것이다. 결단은 이러한 교육사건에서 **함께** 행동할 것인지 아니면 반대할 것인지에 대한 행위의 의지와 연관되어 있다.

상을 수여하는 경우에는 결정의 수행과 함께 **상황**이 종료된다. X는 상을 받고, 그 상을 책장 안에 넣어 둘 것이다. 신문의 스포츠 기사는 결정이 그를 위해 내려졌다고 설명할 것이다. 이로써 결정은 끝난다. 그러나 우리가 내리는 결단은 **결정의 수행**으로 끝나지 않는다. 결단은 결단성(Entschiedenheit)이 된다. 그렇다면 이 결단성은 어디에 놓여있는가? 그것에 관해서 우리는 보다 분명히 해야 한다. 우리는 분명 무규정적인 것을 위해 결단할 수 없기 때문이다. 그리고 결단은 그러한 일반적인 의미에서의 결정이 아니다. 하나의 개념을 제시하고 연결시키기[?] 위해 **결단**에 관해 말하는 것이 아니다. [결단]은 당장 이러한 [수행]으로 시작한다. 정확히 말하자면 결단은 꾸준히 진행되어야 하고 진행할 수 있는 과정이 아니다. 가령 우리가 앞에서 했던 말(우리는 대학의 교육사건에 관여하며 거기에 있다)을 계속 반복함으로써 이루어지는 것이 아니다. 오히려 결단은 장차 교육사건에 관여하기를 원할 때 결단성이 된다. 결단성은 나의 존재를 선취한다. 나의 존재는 내가 존재하게 될 방식이다. 우리는 그러한 존재가 되기 위해 스스로 결단한다. 그러므로 이미 한 가지가 분명해졌다. 이러한 결단의 수행에서 나는 결코 눈앞에 있는 주체로서 그것을 긍정하거나 부정하기 위하여 나의 '자아'로 돌아가지 않는다. 왜냐하면 이 '나'는 분명히 **자기 자신**으로서 결코 존재하지 않기 때문이다. 나의 자기 자신은 비로소 **되어간다.** 이 되어감(**Werden**)은 결단성으로서의 **결단**에서 시작한다.

b) 1933년 이후 대학에서의 교육사건

그렇다면 결단성은 어디에 있는가? 가령 내가 **지금** 정신을 **차려** 이를 악물고 **굳은 표정**으로 강의실을 떠나 **결심하는** 일회적인 행동 속에 있을 수 있다. 지금 나는 스스로 결단했다. 그때 — 덧붙여서 말하자면 — **모든 것은 이전의 상태로 남아있는가?** 분명히 그렇지 않다!

'나는 스스로 결단했다'고 방금 했던 말은 분명 과거형식으로 표현된다. 그러나 그것은 본질상 이후에 일어나는 것을 향하고 있다. 다시 말해 오늘날에 이르는 교육사건이 연속됨을 나타낸다. 예를 들어 나는 빈둥거리지 않고 정해진 시기에 정규 시험을 치를 것이다. 그전에 나는 꼼꼼하게 모든 성적을 얻어야 할 것이다. 이후 나는 실무적인 직업교육을 성실하게 수행하고 나의 일을 완수하여 민족 공동체의 쓸모 있는 구성원 — 존경할만한 결단성을 가진 용감한 남자

— 이 될 것이다. 당사자는 이후 그가 — 1933년에 독일학생회가 '헛되이 보내는 대학시절이 지나갔다'고 선포한 — 구호를 실행했다고 회고할 수도 있을 것이다. 그렇지만 그것은 그렇게 용감하고 착실하게 결단했던 그 사람이 **교육사건에 자신을 닫아놓고 있다는 사실**을 증명했던 가능성으로 남아 있다.

그러나 그는 분명 오늘날 더 이상 그렇게 **할 수 없을 것이다. 왜냐하면 그는 새로운 것, 나치스—돌격대, 학생정신교육, 전공공부와 같은 학생의 과제를 완수하고 승인할 것이기 때문이다. 그렇게 함으로써 그는 '그가 사건에 관여했다'는 사실을 증명할 수 있는가? 조금도 그렇지 않다. 그 이유는 다음과 같다. 1) 이러한 새로운 의무와 조직 자체가 그 모든 내적** 필연성에도 불구하고 이 학교의 교육사건을 현실적으로 함께 규정할 수 있는가[?] 그것들은 **일시적이고 부차적인** 교육의 영역일 수는 있다. 그리고 그것들은 **학교 자체의 교육사건이 새로운 현실에서 나온 고유한 법칙에 맞게 변화되지 않는** 한, 그러한 상태에 머물러 있게 **될 것이며 그렇게 머물러 있을 수밖에 없다.** 그러나 사람들은 지금 대학을 '고립'에서 벗어나게 하려고 그 지역, 예를 들어 알레만 지방에 정착시키려고 한다. 이것은 주목할 만한 시도이다. 그곳에 있는 2%의 교사와 학생은 지역언어를 말하지도 못하고 알아듣지도 못한다. 모두가 지역언어를 말한다고 해도 대학이 지금 행동에 의해 — 여기에서는 노동을 통해 — 변화를 모색하지 않는다면, 지역에 관해 아무리 이야기한다고 해도 대학은 변화하지 않을 것이다. 심지어 사람들은 지금 5시간 내지 6시간의 강의를 3시간의 강의로 줄이고 있다. 이것은 경우에 따라서 필요할 수도 있다. 그렇

121

다고 해서 문제가 되고 있듯이 분명 강의 자체가 **변화**된다는 보장은 없다. 마찬가지로 세미나가 교실에서 행해지지 않고 풀밭에서 행해진다고 해서 세미나는 달라지지 않는다. 대학총장은 지금 예로부터 착용해온 가운 대신에 나치스 돌격대(SA)의 유니폼을 입을 수 있다. 그러나 그렇다고 해서 **그의** 대학이 **결단함**에서 **변화**되었다는 사실을 증명하는 것은 아직 아니다. 그것은 근본적으로는 모든 것이 이전의 상태에 머물러 있다는 사실, 다시 말해 우리가 볼 때에는 끊임없이 **후퇴하고 있다**는 사실을 ― 전혀 모르고 있다고 할지라도 ― 숨기고 있는 것에 불과하다. 이런 방식으로 사람들은 문제를 본질적으로 다루지 않고 처리할 수 있다. 2) [...]¹⁹는 분명 완성되지 않았다. 그러므로 우리는 실제로 힘에의 진정한 의지를 가지고 새로운 의무를 다할 수도 있지만 그와 동시에 **본래적인 사건(교육사건)에 대해 자신을 닫아버릴** 수도 있다. 근본적으로 이것은 아주 명백한 것이기도 하다. 왜냐하면 분명 **독일대학**의 사건이 문제가 되기 때문이다. 대학은 '배우는' 것뿐만 아니라 '연구'하는 곳이며, **배울 만한 가치가 있는 것**, 즉 직업을 위한 **시험준비**와 빠른 훈련을 넘어서서 '학문'의 진흥에 기여하는 것에 관심을 기울이는 곳이다. 좋은 학생들이 불행한 사강사로 육성되는 시절이 곧 다시 돌아올 것이라고 생각하는 사람들이 많다. 그러한 사강사도 자신의 결단을 통해서 대학에 대한 **이러한 '깊은'** 이해에 동의할 수 있다. 그러나 그때에도 그는 여전히 **교육사건에 자신을 닫아버릴** 수 있다. 심지어 사람들은 다음과 같이 말한다. 여기에

---

19 [이 부분은 굵은 펜으로 삭제되었다.]

서 선생은 동시에 연구자이다. 그의 강의는 살아있는 연구에 기초를 두고 있다. 바로 이 점이 다른 대학과 구별되는 **독일대학의 장점**이다. 문제는 그곳에서 그런 일이 일어나고 있지 않다는 것이다. 왜냐하면 모든 것이 **요사스러운 경영**에 빠져 흐지부지되고 있기 때문이다.

지나가는 말: 나는 현실적인 연구 작업을 잘 모르면서 심지어 깎아내리기만 하는 그런 사람은 아니다. 나는 여기에서 어떤 인물을 말하는 것이 아니다. 따라서 교수들에 대한 통상적인 악담으로 혼동하지 않기를 바란다. 다른 것이 중요하다.

독일대학의 과제가 가진 일반적인 특징은 연구와 가르침의 관점에서 볼 때 **연구에 우선성을 두는 근본적인 오류**에 매여 있다. 사람들은 연구가 중단되는 순간 가르침도 끝난다고 생각한다. 사람들은 다른 가능성이 주어져 있다는 사실, 즉 학문영역 전체의 본질에 대한 통찰력과 성취, 그로부터 나오는 지속적인 물음과 담론을 생각하지 않는다. 어떤 사람은 좋은 연구자가 될 수 있다. 그렇지만 전체를 보지 못할 수도 있다. 그리고 어떤 사람은 소위 좋은 선생이 될 수 있다. 그렇지만 그는 근본적으로 — 본질적인 것을 건들지 않고 **전체를 말하지 않는** — 숙련된 교사에 그칠 수 있다. 바로 **이것이 문제이다.** 그러므로 사람들이 항상 반복해서 연구가 가르침을 **지원해야 하며 그렇지 않을 경우 망한다**고 외칠 때, 그때 사람들은 **표면적인 양자택일** 속에서 움직이고 있는 것이다. 그리고 사람들은 결국 독일대학의 현 상황을 그러한 목적으로 끝까지 밀고 나갔다. 그 목적은 기본적으로는 이미 이루어졌다. 대학을 **전문대학**으로 분산하려는 목적이 수십 년 전부터 진행되었다. 그러나 그 목적은 **통일적이며 교육적이고 정신**

적인 힘을 상실시켰다. 그로 인해 지금 독일대학은 창조적인 자기주장을 할 능력이 없고 지금까지의 것을 고수하고 있을 뿐이다. 비판할 여유와 의향이 있다면 우리가 비판해야 할 것은 이러한 목적이 아니라 사람들이 이 목적을 은폐하고 여러 시도를 통해 이러한 은폐를 촉진하고 있다는 점이다. 심지어 명목상으로 대학을 혁명적으로 변화시키려는 사람들의 편에서도 이것은 마찬가지이다. 반면에 이들은 시체와 외양만을 '보존하고' 있다.

c) 미래적 사건으로의 옮김으로서 결의성

정규시험 공부를 결단한다는 것, 새로운 학생의무의 이행과 학문적 연구를 결단한다는 관점에서 지금까지 말한 것은 모두 무엇을 의미하는가?

그것은 이 모든 결단성에서 우리가 교육사건에 자신을 열고 드러내는 대신에 자신을 닫아놓고 있다는 사실을 의미한다. 이 결단성은 지금까지의 것과 오늘날의 것에 대한 긍정일 뿐이다. 이 결단성은 자신을 개방시키는 것이 아니다. 다시 말해 지배적인 폐쇄성을 부수는 개방적 결단성이 아니다. 그 결단성은 맹목적 고수이지 결의성(Entschlossenheit)이 아니다.

그리고 오늘날 우리의 대학을 전반적으로 특징 짓고 있는 주목할 만한 상황이 일어나고 있다. 한편에는 건축되어야 할 집이 어떤 번개도 맞지 않으려면 우선 가능한 한 많은 피뢰침을 가진 가능한 한 큰 지붕이 있어야 한다고 여기며 그것에 신경을 쓰는 사람들이 있다. 이들은 우리가 나중에 확고하게 설 수 있는 기초에 대해서 말한다. 다른 한편에는 오늘날의 것은 긍정하고, 지금까지의 것은 허용하지 않는 사람들이 있다. 이들은 그때마다 두 걸음 뒤로 가기 위해서 앞으로 한 걸음을 내딛는다. 양쪽 모두에게서 결단은 일어나지 않는다.

독일대학에는 어떤 반응도 없다. 왜냐하면 아직 **어떤 혁명**도 없기 때문이다. 그리고 이 혁명은 여전히 일어나지 않고 있다. 왜냐하면 사람들이 어디에서 **현실적인 변혁**이 일어나야 하는지를 **아직도** 파악하지 **못하고 있기 때문이다.** 심지어 어떤 사람들은 이 혁명을 결코 원하지 않는다. 왜냐하면 그들이 아주 불필요하다는 사실이 밝혀질 수 있기 때문이다.

'**결단**'과 함께 **독특한 상황**이 전개된다. 우리가 결단에서 다가올 것에 주의하고 그것을 긍정하는 것만으로는 충분하지 않다. 우리가 그냥 말로만 반복하지 않고 교육사건에 실제로 관여하고 있더라도 그것은 마찬가지이다. 오히려 **그것은** 일상에서 우리가 접하는 **관행을** 묵묵히 수행함으로써 본래적 사건을 놓치고 있다는 것을 의미한다. 왜 그런가? 우리가 결단도 이해하지 못하고 〔그것이 일어나는〕 '순간'도 파악하지 못하기 때문이다. 다시 말해 그러한 말과 행동 속에 **뿌리를 내리고 있는 섬뜩한 이중성**을 우리가 전혀 예감하지 못하고 있기 때문이다. 하지만 어떻게 해야 우리는 오늘날의 것과 지금의 것을 직접 대하는 것과 다르게 결단을 이해하고 수행할 수 있는가? 바로 여기에서 앞서 포괄적인 의미에서 앞에서 말했던 것이 타당한 것으로 확인된다. 그것은 바로 **우리가 이미 직면했던 것**, 즉 우리가 **존재하면서** 그 존재를 제시할 수 있지만 방금 말한 의미에서 그 존재가 **우리 자신이 아니라**는 사실이다. 우리는 거기에 **존재하긴 하지만 존재 속에 들어서 있지 않다.** 왜냐하면 **존재에 대한 깊은 몰이해가 우리를 지배하고 있기** 때문이다. 그러한 몰이해를 우리는 인종개량을 통해서도 **기술의 진보를 통해서도 제거할 수 없고** 오히려 **뿌리 깊은 재교육을** 통해서 극복해야 한다. 우리가 믿는 만큼 그것은 극복될 것이다.

우리의 결단을 우리는 '우리는 교육사건에 관여하고 있다'는 말로 표명하였다. 그리고 우리는 그 '우리(wir)'가 결단에 부합하는 것이라고 말했다. '(우리의) 있음(sind)'도 마찬가지이다. 그래서 **우리는 결단이 의미하는** 것에 대한 **하나의 해명**을 통해 결단을 파악하는 동시에 '우리는 누구인가?'라는 물음에 대한 대답으로 '우리는 민족이다'라고 말한 것을 이해할 것으로 **기대했다.**

그때 밝혀진 것은 우리가 생각하면서 어쩌면 수행했던 결단이 **본래적인 결단이 아니었다**는 사실이다. 그것은 우리가 **결의성**이라고 명명했던 것이 아니다. 그러므로 우리가 그것을 어떻게 생각하고 있는지를 지금 말하는 것이 **중요하다.** 더 좋게 말해서 저 **결단을 결의성의** 의미에서 수행하는 것, 또는 보다 조심스럽게 그것을 위한 가능성을 준비하는 것이 **중요하다.**

우리의 결단은 **오늘날의 것** 그리고 그와 연결된 **지금까지의 것**에 대해 긍정하거나 부정하는 **선택의 수행**이었다. 우리는 이러한 결단, 즉 자기결단이 사건을 드러내는 것이 아니라 바로 오늘날의 것, 지금까지의 것을 긍정하기 때문에 사건 앞에서 **자신을 닫아놓고 있다고** 주장했다. 이러한 개방하는 ─ 그 속에서 사건이 드러나고 개시되는 ─ 자기결단을 우리는 **결의성**이라고 명명한다. 이때 사람들은 결단성과 결의성이 동일한 사태에 대한 두 개의 다른 낱말일 뿐이라고 말할 것이다. 그렇게 보인다. 그렇지만 그것은 다른 것이다. 특히 우리는 ─ **자의적인 것**이 아니라 현실적인 것에 대한 **새로운 시선**으로부터 ─ '결의성'이라는 낱말에 보다 **충실한 의미**를 부여하고자 한다. 우리는 어떤 것을 **위해** 결단한다. 즉, 어떤 것을 위해 결단이 내려진다. 그럼에도 불구하고 우리는 ─ 선택에서 주어지는 ─ 실행과 의무를 미루고 기회가 있을 때마다 되돌아가기 위해 **끝까지** 계속해서 그 사태에 책임을 지지 않을 수도 있다. 그것은 담배를 끊고자 스스로 결단했던 사람이 다음 주에 나는 다시 담배를 피울 것이라고 자신에게 말하는 것과 같다.

우리는 ~향해 결의한다. 거기에는 그것을 향해 우리가 결의하는 것이 놓여있다. 그것은 지속적으로 우리 앞에 있으며 우리의 존재를 규정하는 것이다. 그것은 우리를 생각에만 몰두하게 하지 않는다. 오히려 결의성은 우리의 존재에 아주 분명한 특징을 부여한다. 그것은 가령 우리가 어떤 사람에 대해 그는 결단력 있는 사람이라고 말할 때처럼 내가 지니고 있으며 때때로 바꿀 수 있는 성격을 의미하지 않는다. 결의성에서 **우리는 미래적 사건 안으로 옮겨진다** (**entrückt**). 결의성 자체는 미래적 사건 안으로 직접 앞서 파고들어 그 사건을 함께 규정하는 사건(Geschehnis)이다. 그리고 결의성은 가령 **돌발사건(Vorkommnis)**이라는 낱말을 적용할 수 있는 익숙한 의미에서의 사건이 아니다. 그것은 어떤 시점에 어떤 **인간주체에서 돌**

127

발적 일어났다가 다시 사라지는 **하나의 행위**와 같은 것이 아니다. 결의성은 내가 결심을 **끊임없이 반복하는 것** 속에 자신의 **지속성**을 가지고 있지 않다. 왜냐하면 그때 나는 분명 결의한 것이 아닐 수 있기 때문이다. 오히려 〔결의성의〕 사건은 탁월한 의미에서 역사적이다. 그러므로 우리는 지금 물음을 제기해야 한다. 거기에서 사건과 역사는 무엇을 의미하는가?

1부 | 모든 논리학의 근거물음이자 주도적인 물음으로서 언어의 본질에 대한 물음

3장

역사의 본질에 대한 물음

이 물음은 우리의 결단이 '우리는 ~에 관여하고 있다'라는 사건과 관계되어 있다는 것을 돌아보는 동시에 방금 말했던 것 — 결단은 결의성의 의미에서 **그 자체로** 역사적인 성격을 가지며, 사건 자체이고 단순히 지나가는 돌발사건이 아니다 — 의 관점에서 논의되어야 한다.

우리는 이제 여기에서 **어쭙잖게 아주 특별한 물음의 범위에서 역사의 본질에 대한 물음**을 전개하려는 것도 아니며 또한 그것에 **답하려는 것도** 아니다. 그와 달리 이 물음 자체가 동시에 '인간은 누구인가?'라는 **우리의 주도적인 물음과 다르지 않다**는 사실을 언급하려고 한다. 인간만이 역사를 가질 수 있다. 왜냐하면 인간이 그때마다 역사에 따라 **존재하는** 한 인간만이 역사일 수 있기 때문이다.

우리가 지금 역사의 본질에 대한 물음에 우리를 관여시킨다면 우리는 **다시금 우리의 주제에서 벗어나는 것처럼** 보인다. 우리는 언어의 본질에 대한 물음으로 시작했다. 그것은 인간의 본질에 대한 물음으로 이어졌다. 이 물음은 '우리 자신은 누구인가?'라는 물음으로 변경되었다. 그리고 그것은 '민족이란 무엇인가?'라는 물음으로 밝혀졌고, 덧붙여 '결단이란 무엇인가?'라는 물음과 연결되었다. 그리고 지금 우리는 마침내 '역사란 무엇인가?'라는 물음에 도달해 있다. 그것은 어디로 향하고 있는가? 언제 우리는 언어의 본질에 대한 물음으로서의 논리학이라는 주제에 이르게 될 것인가? 지금이다. 우리는 언어의 본질을 지금 충분히 검토하지는 않았지만 이미 그것에 대해 계속해서 다루고 있다.

역사의 본질에 대한 물음은 우리의 주도적인 물음을 전개하면서 계속해서 싸워야 했던 것과 아주 동일한 **어려움**을 이미 문제제기에서부터 가지고 있다. 그러므로 현재의 논의**과정**에서 전체적으로 펼쳐서 보여주어야 할 것은 주어진 것, 즉 역사의 본질이다. 이것도 다루어야 한다.

그럼에도 불구하고 물음에 관해 **거칠게나마 광범위한 개관을 제공**할 필요가 있다. 그렇게 할 때만 여기에서 우리에게 관건이 되고 있는 것이 아주 명백하게 드러날 수 있다. 이때 우리는 **지금까지 타당하게 여겨진 역사이해에 관한** 보고와 그러한 이론에 대한 비판적 논의를 포기할 것이다.

17절. 역사의 본질에 대한 규정은 시대에 속한 그때마다의 역사적 성격에 근거한다. 역사적 현존재에서 드러나는 진리의 본질

우리는 다음의 문장으로 우리의 논의를 시작할 것이다. **역사의 본질에 대한 규정은 시대에 속한 — 이러한 규정이 생겨나는 — 그때마다의 역사적 성격에 근거한다.** 역사의 본질 자체에 대한 유일하고도 **구속력 있는 정의란 없다.** 그런 까닭에 중세의 역사이해를 우리 시대에 전수하는 것은 의미가 없다. 그러나 그러한 역사이해가 잘못되었다고 말하는 것도 의미가 없다. 그렇다면 우리에게 분명 **절대적인 진리란 없다.** 물론 그렇다. 사람들이 신에게서 절대적 본질을 이해하고, 그 이해가 그 자체로 절대적인 구속력을 가졌다고 하는 한 그러한 낯선 이해로부터 우리가 거리를 두어야 할 때가 왔다. 다시 말해 우리가 우선 인간이지 신이 아니라는 사실을 근본적으로 진지하게 고려해야 할 시점이다. 우리에게 절대적 진리가 없다고 해서 **우리에게 진리, 다시 말해 우리를 구속하는 존재자의 개방성(Offenbarkeit)이 결코 없다는 결론은 나오지 않는다.** 다만 남아있는 과제는 우리가 진리의 본질에 대한 해명을 충분하게 제시하는 것이다. 그렇게 할 때 우리는 바로 우리에게 참된 것이 진리로서 충분하다는 사실과 명목상 그 자체로 참이라고 하는 것이 반대로 세계 전체를 무관심 속에

방치할 수 있다는 사실을 통찰할 수 있다. 우리는 진리를 우리 자신을 존재자의 존재에 순응하도록 구속하는 존재자의 개방성으로 이해한다. 그 존재는 그때마다 존재자의 존재방식에 따라 개방성에 개입한다.

• 절대적 진리에 대해 (1934년 여름학기 강의, 131-134쪽에 대해)

우리에게 참된 것은 이러한 의미에서 아주 **충분하다**. 따라서 **명목상** 누구에게나 타당하지만 누구도 구속하지 않는 것으로 여겨지는 만고불변의 진리는 필요 없다.

하나의 진리가 **모든 사람에게 맞을 수 없고** 맞지 않다고 해서 덜 진리일수는 없다. 다른 한편으로 전 세계가 하나의 의견에 **찬성할 수** 있지만 그 의견이 그러한 보편타당성을 근거로 참일 필요는 없다. 반대로 한 개인이 하나의 진리 안에 있을 수 있고, 다른 사람에 의해 배제될 수 있다. 그로 인해 그 진리가 거짓이 되지는 않는다.

• 이의제기

그러나 그때 누군가 다음과 같이 반박할 수 있다. 우리에게 분명 절대적 진리가 없다면, 바로 '우리에게 절대적 진리란 없다'라는 문장은 '절대적으로' 참이어야 한다. 그렇다면 적어도 우리에게 '하나의' 절대적인 진리가 있다와 그와 함께 '그와 같은 것은 없다'는 문장은 당장 서로 모순된다. 그렇지만 진리의 본질에 관한 [물음]이 그러한 형식적이고 공허한 술책을 통해서 결정될 수 있는지는 차치하고서라도 '우리에게 절대적인 진리란 없다'라는 문장으로부터 **그 문장이 절대적으로 참일 것이라**

는 사실은 분명 도출되지 않는다. 그 문장은 우리에게 참이다. 그리고 우선 그 문장을 한번 진지하게 생각해보는 것이 중요하다. 그 문장은 우리가 어떤 방식으로든 진리 속에 존재하지만 바로 그와 동시에 비진리 속에 존재한다는 것, 그리고 존재자가 우리에게 개방되어 있으면서 동시에 존재자가 은폐되고 위장되어 있다는 것을 깨달아야 한다고 말한다. 유혹처럼 비진리는 단순히 다른 옷장 속에 있는 것처럼 그렇게 소박하게 진리 곁에 놓여있는 것이 아니라 진리를 함께 지배하고 있다.

진리에 관한 진리도 우리에게만 참이다. 엄밀히 말하자면 '우리에게'라는 부가어는 어떤 의미도 가지고 있지 않다. 왜냐하면 '우리와'의 연관이 진리의 본질에 속하기 때문이다. 그러므로 우리 물음의 진리도 그것에 속한다.

철학의 진리는 관점의 자유이다. 더 좋게 말하면 관점의 자유보다는 선택, 즉 관점을 위한 투쟁이다. 그것은 관점의 자유가 아니라 관점의 결단이다. 그러므로 철학의 진리는 개별적인 철학자, 즉 어떤 독자적인 사상가에 의한 '철학 그 자체'의 사태가 아니라 인간의 본질, 즉 역사적 현존재라는 규정의 사태, 다시 말해 '인간이란 누구인가?'라는 물음에 대한 대답의 사태이다.

우리는 진리의 본질에 대한 물음을 여기에서 특별히 부수적으로만 다룰 것이다. 왜냐하면 역사가 인간존재를 탁월한 의미에서 규정하는 한, 그 취급방식과 관련하여 두 가지 물음은 밀접하게 연관되어 있기 때문이다.

그리고 이것을 마무리했을 때, 우리는 절대적 진리의 물음으로

— 여전히 그것에 대한 필요가 있다고 한다면 — 돌아갈 수 있다. 하지만 우리는 진리의 본질에 대한 물음만을 다룰 것이다. 왜냐하면 역사가 인간의 존재를 형성하고, 그와 함께 인간의 진리-내-존재와 비진리-내-존재도 형성하는 한 그 물음은 동시에 역사의 본질에 대한 물음과 연관되어 있기 때문이다.

18절. '역사'라는 낱말의 다의성

　우리가 지금 역사의 본질에 대한 물음에 더욱 가깝게 다가가려고 할 때, 사람들은 의구심을 가질 수 있다. 이에 따르면 우리가 '역사는 인간존재의 탁월한 성격이다'라고 말할 때 우리가 처음부터 분명 **자의적으로 논의를 진행한다는 것**이다. 왜냐하면 1) 어떤 역사도 가지지 않는, 즉 '역사의식이 없는' 인간, 가령 원시림에 있는 흑인 마을과 같은 인간집단이 있기 때문이다. 2) 또한 다른 한편으로 식물과 동물의 생명도 **수천 년의 오랜 역사**를 가지고 있으며, 나아가 수많은 변화를 겪어왔기 때문이다. 화석이 그에 대한 증거를 확실하게 보여주고 있다. 나아가 — 우리가 식물과 동물의 존재로 이해하는 — **생명체**만이 역사를 가지는 것이 아니다. 지구 **전체**가 역사를 가진다. 지질학자는 **지구의 역사**를 **지구의 연대** 안에서 연구한다. 그러므로 한편으로 인간의 **외부영역**에도 역사가 있으며, 다른 한편으로 인간의 영역에는 역사가 **없을** 수도 있다. 그러므로 '역사'는 인간존재의 어떤 탁월한 규정이 아니다.

　이제 **지구의 역사**, 식물과 동물의 발전**역사를 말하는** 것, 다시 말해 그것에 대해 '역사라는 낱말을 사용하는 것을 막을 수 없다. 문

137

제는 다만 우리가 그것을 어떻게 생각하는가에 달려있다. 우리는 분명 프리드리히 대왕의 역사, 자본주의의 역사, 농민전쟁의 역사, 프로테스탄트 신학의 역사에 관해서도 말한다. 여기에서 우리가 '역사'를 말할 때, 우리는 지금 여기저기에서 사용하는 그 낱말에서 항상 동일한 것을 이해하고 있는가? 이 역사이든 저 역사이든 그것은 말할 필요도 없이 동일한 것이 아닌가? 그러므로 우리는 〔역사라는 낱말의〕 다의성을 추적하고, 그 뿌리를 파악해야 한다. 그때 우리는 다시금 여기에서 언어사용의 단순한 불규칙성이 문제가 아니라 그 배후에는 — 현실성의 본질영역에 대한 우리의 근본태도 속에 놓여있는 — 동요와 불확실성이 지배하고 있다는 것을 알게 된다. 그러므로 낱말의 다의성은 다시금 우리가 사로잡혀 있는 독특하고도 어쩌면 필연적인 우리 존재의 뿌리 뽑혀 있음을 지적하고 있다.

그러므로 우리는 다음과 같이 묻는다. 위에서 언급한 예들에서 '역사'는 동일한 것을 의미하는가? 그렇다고 한다면 그때 동일한 것은 무엇인가? 그렇지 않다고 한다면 어떤 방향에서 차이가 드러나는가?

a) 과거로 가라앉는 돌발사건의 계열로서 '역사'. 자연사

앞서 말한 이러저러한 역사, 즉 지각의 변화, 농민전쟁의 운동, 포유류의 발달, 자본주의의 발전에서 우리는 〔역사에 대해〕 다음과 같은 것을 말할 수 있다. 1) 시간 속에서 연속적으로 상호작용하며 어떤 시간의 국면을 채우는 돌발사건이 문제가 된다. 2) 돌발사건은 시간적인 것으로서 (시간과 함께) 즉시 지나가고 과거에 진입한다. 따라서 그것은 이미 '역사'에 속한다.

여기에서 역사는 항상 **시간적으로 연속해서** 과거로 가라앉는 돌발사건의 **계열**을 의미한다. 이 연속은 **지나감** 속에서 역사를 획득하며, 그렇게 지나간 것으로서 '역사'에 속한다. 거기에서 존재자의 **어떤 영역**에서 돌발사건의 연속이 **진행되는지**는 중요하지 않다. **따라서 '자연'도 '역사'를** 가지고 있다.

그에 따라 우리가 역사를 어떤 형태의 운동을 가진 시간적 연속으로 이해한다면, 항공기 프로펠러의 회전에서 나타나는 연속조차도 역사일 것이다. 거기에도 '**분명 어떤 것이 일어나고**' 있다. 그렇지만 우리는 그것에 대해서조차 '역사'를 말하는 것을 거부한다. 분명 우리는 일반적으로 자연과 역사를 대비시키고 자연과학과 역사과학을 구별한다. 심지어 우리는 여기에서 **정신과학**이라는 말을 선호한다. 그렇게 우리는 단순한 명칭 변화를 통해 어려움에서 벗어날 수 있다. 이 명칭 변화는 **지구의 역사**를 다루는 지질학자와 동물의 발달 **역사**를 다루는 동물학자가 자연과학자에 속하며, 역사학자에 속하지 **않는다**는 사실에서 성립된다. 그렇다면 소위 아주 엄밀하고 확실한 학문으로서 **수학**, 이것은 물리학자와 화학자가 그것을 사용한다는 이유에서 자연과학인가? 아니면 수학은 — 이것 없이도 문헌학자는 자신의 일을 그럭저럭 수행할 수 있음에도 불구하고 — 정신과학인가?

자연 — 생명이 없는 자연과 생명이 있는 자연 — **도 역사를** 가지고 있다. 좋다. 그렇다면 그때 우리는 어떻게 흑인민족이 역사를 가지고 있지 않다고 말할 수 있겠는가? 분명 흑인민족도 원숭이, 고양이 그리고 새와 **똑같이** 역사를 가지고 있다. 동물에게 해당되는 것이라면 그것은 흑인과 카피르부족에게 **당연한** 것이다. 아니면 동물, 식물, 지구는 결국 **어떤 역사도** 가지고 **있지 않은가?** 정확히 말해서 지나간 것이 즉시 속하는 역사는 **과거와 같은 것처럼** 보인다. 그렇지만 지나가는 것이라고 해서 그것이 역사 속에 들어갈 **필요는 없다.** 그러면 항공기 프로펠러의 회전은 어떠한가? 그 회전은 온종일 매 순간 과거로 미끄러지고 있지만 **사실상 아무것도 일어나지 않는다.**

물론 비행기가 뮌헨에서 알프스를 넘어 베네치아까지 날아가 총통을 무솔리니에게 데려간다면, 그때 어떤 것, 즉 역사가 일어난다.[1] 이 비행은 **역사적 사건이지만 기계의 작동은** — 기계가 '작동함'으로써만 **비행이** 일어날 수 있다고 하더라도 — **역사적 사건이** 아니다. 가령 **만남만이** 역사가 아니라 **비행기도 역사에** 속하고, 그것은 어쩌면 언젠가 박물관에 전시된다. 그러나 **비행기의 역사적 성격은** 회전의 수가 아니라 장차 두 **총통의 만남으로부터** 일어날 것에 달려있다.

b) 인간이 있는 곳에만 있는 역사. 계속적인 순환

그러므로 '역사'에 진입한다는 것은 단순히 지나간 것으로서 — 순수하게 그것이 지나갔다는 이유로 — 과거를 산정하는 것을 의미하

---

1 [히틀러는 처음 무솔리니를 만나기 위해 1934년 6월 14, 15일 베네치아를 여행하였다.]

지 않는다. 그렇다. 역사에 진입한다는 것이 항상 과거로 넘겨지는 것만을 말하는 것인지는 정말로 의심스럽다. 이전에 **역사 없는 민족이** 우리가 말한 것처럼 **역사에 진입한다면**, 그때 우리는 역사를 과거가 **아니라** ─ 그 민족이 함께 행동하고 함께 규정하는 ─ 미래라고 생각한다. 그리고 그 민족은 다시금 **역사 바깥에 놓일** 수 있다. 그때 그 민족은 역사의 흐름 바깥에 말하자면 주변에 놓인다. 그 민족은 더 이상 미래를 가지지 않는다. 그리고 그때 우리는 한 민족이 (미래를 의미하는) 역사 **바깥으로** 밀려남으로써 (과거를 의미하는) 역사에 **진입한다**는 것에 주목하고 있다. 여기에서 '역사'라는 낱말은 **이중적 의미를** 가진다. 그리고 역사가 인간의 **탁월한 존재방식**이라고 가정한다면 우리의 고유한 존재를 우리는 〔이중적으로〕 얽혀있는 방식에서 생각해야 할 것이다.

그럼에도 불구하고 여기에서 이제 조금씩 다음과 같은 사실이 분명해지고 있다. 즉, 나중에 역사에 진입한 **역사 없는 민족**은 가령 지구와 그것의 변화과정과는 **아주 다른 의미**에서 역사를 **상실한다**. 왜냐하면 지구는 역사에 **진입할 수도 없고** 역사 바깥으로 나갈 수도 없기 때문이다. 지구는 **본래 역사와 무관하다**.

그러나 **지각(Erdkruste)**도 역사 속에 속할 수 있지 않은가? 예를 들어 발칸반도의 남부는 **2500년보다** 훨씬 이전부터 그리스 전체의 위대한 역사에 진입해 있다. 어떤 평원, 어떤 산맥, 어떤 강은 **세계사에서 중요한 전쟁터**일 수 있다. 그에 따라 우리는 특정지역에서 우리가 '역사학적인 터' 위에 서있으며, 전체 지역이 **역사로 가득 차** 있다고 종종 말한다. 그 터는 역사에 진입한다. 그러나 그 사건은 ─ 사람들이 지구의 역사라고 명명하는 — **지각변동의 연속적 질서** 속에 있는 돌발사건이 아니다. 오히려 그 터가 진입한 사건은 **민족들이** 형성한 그런 역사이다. 민족들은 **또한** 그들이 **거주지로** 발견한 준비된 고정된 **공간처럼** 그리고 그들이 지나갈 뿐인 **어떤 눈앞에 있는 길**처럼 역사에 진입하지 **않는다.** 거기에서 역사를 만든다는 것은 **공간과 터**를 비로소 **창조한다는** 것을 의미한다. '만든다는 것'은 본래 — 언젠가 옮길 수 있고 보관할 수 있는 — 어떤 사물처럼 **생산한다는 것을** 의미하지 **않는다.** 왜냐하면 분명 한 민족이 그의 역사를 만드는 만큼 이 역사는 비록 부족하지만 그 민족이 만든 것이며, 그 민족은 또한 비록 부족하지만 그 역사를 **통해 만들어진다.** 그러므로 우리는 역사개념에서 **새로운 애매성**과 마주하게 된다. 민족은 자신의 역사를 자기 자신 앞으로 끌고 가면서도 다른 한편으로 그 역사를 짊어지고 있다. 그러므로 결국 **처음** 언급한 이중성은 민족이 역사로부터 나옴으로써 역사에 진입한다는 사실과 매우 밀접한 관련을 가진다. **어떤 경우에도** 역사는 — 산맥의 침식, 바다의 건조, 결빙, 날씨의 경로변경 등처럼 — 변화의 진행이 아니다. 바로 이런 이유로도 지구는 어떤 역사를 가지지 않는다. 그러나 본래적인 **이유는** 인간이 **그것에 관여하지 않기 때문이다.** 그리고 인간만이 **역사적일 수 있기 때문이다.** 그러나 인간에게는 **무엇이 역사적인가?** 위액의 변화, 혈액순환, 백발이 **역사인가?** 아니면 인간이 태어나고 늙고 죽는 것, 이것이 역사인가? 이것은 확실히 개와 고양이에게서도 일어난다. 그렇지만 알브레히트 뒤러(Albrecht Dürer)의 출생시각과 프리드리히 대왕의 사망시각은 고양이가 새끼를 낳고, 개가 죽는 것과 다른 것이다. 위의 사람들은 나중에 역사에 진입했기 때문에 역사일 뿐만 아니라 그 자체로 이미 역사였다. 그러나 이것은 무엇을 의미하는가? 인간적인 것이 중요하다는 암시는 우선 많은 것을 말하고 있지 않다. 특히 이 와중에서도 우리가 잊어서는 안 될 것이 있다. 그것은 처음부터 '인간은 누구인가'라고 묻는 물음을 우리가 처음부터 고수하고 있다는 사실이다. 역사가 본래 인간이 존재하는 곳에서 그리고 그 곳에서만 일어난다고 호소하는 것은 우리에게 어떤 도움도 주지 못한다.

우리는 지금 심지어 역사를 인간존재에 제한시켰다. 물론 이때 주의해야 할 것은 비인간적 존재자도 역사적일 수 있지만, 그 자체로 본래적으로 역사에 **진입하는 것**은 아니라는 점이다. 우리는 제한 속에서 역사를 인간의 존재로 규정하고, 전적으로 — 의미를 가질 수 없으므로 — 무규정적인 '역사'에 대한 언급을 철회하였다. 그렇다면 탁월한 인간존재로서의 역사란 무엇인가? 그러나 우리가 바로 이 존재를 역사의 본질에 대한 파악으로부터 비로소 규정할 수 있다면 어떻게 가능한가? 우리는 순환 속에 빠진다. 바로 그 때문에 우리는 적합한 길을 가고 있는 것이다. 그렇게 함으로써 전제된 인간의 정의로부터 얼마나 인간이 역사적이고 역사적일 수 있는지를 **추론하는 것**이 우리에게는 금지된다.

19절. 앎과 의지 속에 일어나는 인간적 사건: 알림

  그러므로 앞서 언급하기 시작한 비역사적인 존재자, 즉 땅, 식물, 동물과의 비교 고찰을 계속 진행하는 것 이외에 다른 길은 우리에게 없다. 그러나 우리가 단순히 한편에는 지각변동, 기계작동, 식물과 동물의 생명과정에서 나타나는 변화를, 다른 한편에는 카이사르의 암살, 비스마르크의 몰락, 세계대전의 발발을 대립시켜 거기에서 느낌으로 차이를 감지하고 일반적인 견해를 따른다면 지금까지의 논의만으로는 불충분하다. 그 차이는 다양한 존재영역에 대한 내적인 구성틀(Verfassung) 속에서 제시되어야 한다. 지각변동은 역학적 표석 또는 물리학적이고 화학적으로 규정이 가능한 지질표석(漂石)이다. 식물과 동물의 생명은 충동적이고 본능적인 진행과정이다. 인간적 사건은 의지적이며 지식으로 표현된다. 정확히 말하자면 그때마다 그 자체로 의지(Willen)와 앎(Wissen)을 통해 함께 규정될 뿐만 아니라 사건이 의식되는 한 그것에 대한 알림(Kunde)이 보존되거나 새롭게 알려진다.[2]

---

2 〔'알림(Kunde)'의 의미는 역사기술과 역사과학의 차이에서 이해될 필요가 있다. 알림은

수백 년 된 숲은 그것의 발생, 성장, 소멸에 관해 어떤 기록과 보고서를 가지지 못할 뿐만 아니라 어떤 알림도 가지지 않는다. 약탈행위를 하는 개미들은 그 행위를 전쟁 기념관과 연대기에 보존하지 않는다. 개미들은 자신의 과거를 뒤에 남겨둘 뿐이다. 엄밀히 말해서 분명 개미들은 그들의 과거를 결코 망각할 수 없다. 그들은 생의 진행과정에서 그들에게 앞으로 일어날 것에 관해 어떤 알림도 가지지 않는다. 이에 반해 의지적으로 알고자 하는 인간의 사건에는 항상 그 사건에 관한 — 거기에서 사건이 알려질 수 있고 동시에 다시금 항상 전달되는 — 알림이 생겨난다. 인간의 사건은 의지적이고 지식적이기 때문에 그것은 항상 알려질 수 있다. 이러한 알림에 대해 그리스인들은 '히스토레인(ἱστορεῖν)'이라는 낱말을 사용했으며, 그 낱말은 그들의 역사과정에서 역사알림(Geschichtskunde)라는 의미를 얻었다. 이것은 오늘날 '역사기술(Historie)'이라는 명칭으로 역사에 관한 앎(Wissen)을 의미한다. 사건이 일어나는 한, 그 사건은 역사적(geschichtlich)이다. 이 사건이 알려지는 한, 그것은 역사기술적(historisch)이다. 따라서 남겨진 물음은 이것이다. 역사기술적인 것은 단지 역사적인 것에 대한 부가물인가? 아니면 '역사기술 없는 역사는 없다!'라는 말이 생겨난 것처럼 역사기술이 있는 거기에만 일반적으로 역사는 존재하는가?

역사적 사건에 대한 직접적 경험과 연관된 것으로 여겨진다. 이에 대해서는 아래에서 보다 분명하게 기술되고 있다. — 옮긴이]

20절. 역사, 역사알림(역사기술), 역사과학의 관계

그러나 역사와 역사알림(역사기술)의 긴밀한 결합은 결국에는 유지될 수 없다. 그럼에도 역사로서의 사건이 — 분명 인간적인 것이기 때문에 — 의지적이고 지식적이라는 사실은 확실히 인정되어야 한다. 하지만 그때에도 유념해야 할 것은 사건이 의지적이고 지식적인 것만은 아니라는 사실이다. 사건은 **상황, 관계의 힘**, 즉 우연과 연결되어 있다. 우연은 예측 불가능한 모든 힘이 사건에 진입하는 문이다. 그러나 우리가 역사에서 의지와 앎이라는 힘의 영역이 **제한되어 있다는 것**을 고려한다면 **앞서 말한 역사알림**을 강조하는 것도 다음과 같은 이유로 여전히 불가능하다. 1) 무엇보다도 역사가 알려지고 역사기술의 '**대상**'이 될 수 있기 전에 그때마다 역사가 먼저 일어나야 한다. 2) 또한 역사에 대한 알림이 없을지라도 **실제로** 역사는 일어날 수 있다. 많은 것이 역사 안에서 일어난다. **알림이 우리에게 전달해주지 않는다고 해서 그 중에 중요하지 않은 것은 없다.**

역사와 역사알림의 결합은 가령 '자연과학 없는 자연은 없다'라는 주장과 마찬가지로 **불합리하다.** 왜 자연이 자연과학을 걱정해야 하는가? 마찬가지로 왜 역사가 역사과학을 걱정해야 하는가? 역사과학은 분명 역사에 의존하고 있다. 그러나 그 반대는 아니다. 이때 우리는 물론 '역사과학 없는 역사는 없다'라고 말하지 않고, '역사기술 없는 역사는 없다'라고 말했다. 우리는 **신중하게 알림**(역사기술)을 학문과 똑같은 것으로 여기지 않는다. 그러나 다른 한편으로 역사과학이란 순서에 따라 근거를 제시하고 검토하여 역사알림을 적합하게 발전시켜 정형화한 것이다. 역사과학은 일어난 일의 우연적인 경험, 특별한 것에 관한 보고, 주목할 만한 것에 대한 **묘사를 넘어서** 있다. 역사알림은 역사기술의 **불충분한 앞선 형식일 뿐**이다. 역사기술의 참된 형태가 역사과학이다. 그러므로 우리는 역사에 관한 학문을 **해명하는** 과정에서 가장 **확실하게** 사건의 본질에 대해 **알게** 된다.

그러나 역사과학이 본래적인 **역사기술**을 완성하고, 역사기술이 우리의 명제에 따라 역사 그 자체에 속한다면, 지배적인 역사과학이 더 **포괄적이고**, 더 **사료에 충실하고**, 더 엄밀하게 **구축되고**, 더 확장되면 될수록 하나의 역사, 즉 한 시대의 역사는 더 **역사적인 것**이 되어야할 것이다.

그러나 분명히 그렇지 않다! 완벽한 기록의 기술, 사료의 철저한 관리, 눈부신 국제학회의 조직으로 **꽃을 피우고** 있는 학문이 그 반대의 것, 즉 역사의 **차단**, 역사적 사건의 **오해**, 역사적 존재의 **왜곡과 전도를 초래**할 수 있다.

그리고 우리는 여기에서 그것에 대한 단순한 가능성이 아니라 **사실에 대해** 말하고 있다. 그 사실은 역사학자가 **가장 최근에** 가장 **신중하고 가장 상세하게** 무엇이 역사적으로 발생하는지를 파악하고 있다는 점이다. 그것은 역사가가 어쩌면 '정치적으로' 다른 '태도를 취하고' 있기 때문이 아니다. 오히려 그들이 바로 오늘날의 **역사과학을** 수 십 년 전부터 요구하고 끌어들인 그런 **역사학자이기** 때문이다. 여기에 서 역사과학의 업적과 다양한 영역에서 보여준 대표자의 업적을 과 소평가하는 듯한 **오해를** 불러일으켜서는 안 **된다.** 그럼에도 불구하고 우리는 분명히 해야 할 것이 있다. 기록보관소에서 일하고 역사위원 회에 참여하는 모든 사람이 분명 역사학자는 아니다. 역사학 교수, 학교에서 역사를 가르치는 교사, 역사학 세미나에 참여하는 학생이 모두 역사학자는 아니다. 우리는 심지어 그 명칭을 더 넓은 의미에 서 사용한다. 사람들은 '역사학자는 성공적인 니콜라우스 축제를 가 졌다'라고도 말한다. 역사학자는 여기에서 보통 **역사과학에 종사하는** 사람들을 의미한다. 많은 사람들이 의학에 종사하지만 의사가 없을 수 있고, 많은 사람들이 철학에 몰두하지만 평생 철학함을 행하지 않는 경우가 많다. 역사과학은 역사를 **차단할** 수 있다. 그리고 역사 학자는 다만 **학문의 번영과 명성을** 위하여 애쓰는 그런 사람일 수 있 다. 그때 그들의 대상이 '역사'라는 사실은 중요하지 않다. 특히 모 두가 그것이 무엇인지를 [지식적으로] 알고 있기 때문이다.

그러나 **이러한** 언급을 통해 **우리는** 이제 '역사기술 없는 역사는 없 다'라는 우리의 명제를 **스스로 반박했다.** 왜냐하면 역사기술은 **역사 저편에 있을** 수 있고, 분명 역사이해를 **부지중에 중단시켜 역사─속에─ 있음을 방해하고 저지할** 수 있기 때문이다. 그러나 이러한 방해와 저지 는 역사와 전혀 관계가 **없는가?** 어쩌면 그것은 **매우 불운하고 어쩌면 매우 끈질긴 것으로** ─ 존재가 역사에 대해 그리고 역사 속에서 역사 기술을 통해 함께 규정된다고 했던 ─ 우리의 명제를 위한 아주 명백한 증거가 아닌가?

그러나 동시에 그로부터 다음의 사실이 밝혀진다. 즉, 역사과학은 사실상 역사에 대해 **방해하는** 관계를 맺을 수 있는 것과 마찬가지로 **촉진하는** 관계를 맺을 수 있다. 그러므로 중요한 것은 그러한 관계를 **맺도록 하는 것**, 다시 말해 그 전제들을 준비하는 것이다. 그리고 이 전제들에는 당장 명료하게 해야 할 것이 놓여있다. **역사과학은 역사알림**과 어떤 관계를 가지는가? 역사과학은 필연적으로 역사알림의 가장 본래적인 형태를 나타내는 것인가? 그렇다면 역사알림은 역사과학에서 정초되는가? 정반대로 역사과학은 그 활동의 진정성과 명료성이라는 관점에서 그때마다 지배적인 **역사알림**에서 규정되는가? 나아가 역사과학이 필수적인지 아닌지를 실제로 역사알림이 결정하는가? '그 자체로' 역사과학은 — 다른 것과 마찬가지로 — 필수적인 것이 아닌가? 특히 거기에서 본질적인 의미에서 **역사알림**이 **역사적 존재**를 규정할 수 있다는 사실은 **역사과학적으로** 분명 올바르지 않은 것일 수 있다. 당연히 편협한 사람은 그러한 가능성을 두려워한다. 그러나 다행스럽게도 그런 사람이 역사의 척도는 분명 아니다. 15년 전에 역사과학은 슈펭글러의 저서 『서구의 몰락』[3]을 꼬치꼬치 반박하기 위해 들고 일어났지만, 그것은 심각한 실수였다. 그 반박은 대체로 성공했다. 그러나 그렇게 해서 결정된 것은 아무것도 없었

3　[Oswald Spengler: Der Untergang des Abendlandes. Umrisse einer Morphologie der Weltgeschichte. Braumüller: Wien 1918 (Band 1: Gestalt und Wirklichkeit). C. H. Beck: München 1922 (Band 2: Welthistorische Perspektiven).]

으며, 몰락의 기분을 제거하지도 못했다. 반대로 짧은 기간 후에 역사과학은 여러 측면에서 슈펭글러의 관점들과 개념들을 가지고 연구했다. 덧붙여 말하면 그 저자의 성과는 그의 저서에 대한 것보다는 한 시대가 정신적으로 혼란한 상태에 있음을 확인시켜 주는 데 있었다. **역사과학적 인식의 올바름이 역사알림의 역사적 진리를 보증해주지 않는다.** 당연히 역사과학적으로 올바르지 않은 것은 말할 것도 없다. 오히려 **그것이 올바르지 않기** 때문에 역사적으로 그리고 역사알림에 유용할 수 있다. 이로부터 우리는 **역사과학으로부터** 역사에 관해 **본질적인 것을 경험하는지에** 대해 **의심을** 품게 된다. 그런 까닭에 우리는 **역사를 그 자체로 파악하려는** 의도에서 **어떻게 역사과학이 역사알림과** 관계를 맺는지, 어떻게 그 **알림이** 역사와 관계를 맺는지를 명확히 해야 한다. 더욱 명확해야 할 것은 우리가 역사알림을 어떤 사건에 대한 **인식으로** 이해하지 않는다는 점이다. 오히려 우리는 **역사알림을 어떤 시대 속에 역사가 들어서 있는 개방성의 개별적 형태와 방식으로** 이해한다. 이 개방성이야말로 **역사적 존재를 함께 지탱하고 이끄는 것이다.** 이렇게 이해된 역사알림은 '역사과학'과 어떤 관계를 맺고 있는가? 우리는 여기에서 역사과학의 형식적 정의를 종합하는 일을 **단념할** 수 있다. 오늘날의 역사과학을 그것의 지배적인 앎의 태도에서 특징 짓는 것으로 그것은 충분하다. 그때 이 앎의 태도는 분명 '과학'에 대해 가지는 **결정적인 전체표상에서** 규정된다. 그리고 **과학의 개념은** '앎'에 관한 주도적인 표상으로부터 생겨난다. 그리고 앎의 개념은 **진리의 본질에 대한** 그때마다의 이해에 **근거한다.** 그리고 진리의 본질은 존재자 전체에서 인간이 가지는 그때마다의 근본태도에서 규정된다. 이처럼 존재자의 한가운데서 드러나는 존재자에 대한 근본태도는 존재이해와 존재물음의 방식과 힘에 의해 지배된다. 그리고 이 존재물음은 '인간은 누구인가!'라는 물음과 연결된다. 그리고 이 존재는 그 물음이 제기되고 응답되는지의 여부 및 방식에 근거한다. 그러므로 **결단** 속에 우리는 들어서 있다. 이것은 **과학의 본질**에 대한 물음이 들어서 있는 차원을 피상적인 것으로 보는 것이다.

오늘날 **과학의 규정**은 역사과학의 규정과 마찬가지로 **지배적인 진리개념**에 의존한다. 지배적인 진리개념은 다음과 같다. 진리는 **대상, 즉 객체와 진술의 일치(Übereinstimmung)**이다. 과학이 진리를 부여해야 한다면 과학은 **객관적**이어야 한다. 그러므로 역사과학은 **객관성**을 추구한다. 이러한 추구에 모든 수단과 취급방식이 동원된다. 중요한 것은 역사를 그러한 과정에서 가능한 한 빈틈없이 보여주는 것, 즉 다양한 원인들을 짜맞추어 그 원인의 계열을 추적하고, 그것들이 작용했던 상황을 전혀 선입견 없는 상태에서 관찰하는 것이다. 역사적 사건의 **중심에는 인간**과 그의 **작품 및 업적**이 놓여있기 때문에 인간을 충분히 객관적으로 (학문적으로) 알려야 할 필요성이 있다. 그것을 심리학, 성격학, **정신분석학**이 수행한다. 그리고 인간은 항상 **사회** 속에서 다른 사람들과 함께 존재하기 때문에 **사회에 대한 이론, 즉 사회학**이 심리학을 보완하기 위해 동원되어야 한다. 많은 '역사가들'이 심리학과 사회학에 자리를 내어주고, 위대한 시인들과 위대한 역사적 인물의 삶에 대한 기술에서 인간에 대한 지식을 찾는다. 어떤 사람들은 일상적 경험에서 나오는 인간에 대한 **자**

연적인 지식에 만족하며 건전한 인간 지성으로 되돌아간다. 역사가들이 자신의 대상들로 정한 각각의 **인간상과 인간의 주된 특징에 따라** 같은 것에 대한 서술은 다르다. **서술만이 아니라 대상에 대한 연구도 다르다.**

예를 들어 어떤 역사가가 프로이센 붕괴의 영향으로 1807년에 초래된 사건의 인과적 관계에 대한 전체적 얼개를 완벽하게 정리하여 서술했다고 하더라도 그가 **당시의 역사에 대한 알림에서 획득한 것을 전달했는지는** 의문스러운 것으로 남을 수 있다. 심지어 역사학의 잡지에서 비평가와 그의 동료는 긴 상론을 통해 그 작품이 학문적으로 위대한 발전을 이룩했다고 보고할 수 있다. 그리고 그 작품을 따르는 중고등학교 교사는 그것을 학문적으로 풍부하게 만들어 그에 따라 수업을 하게 될 것이다. 그리고 그의 학생들은 **지루함을 느끼며** 다른 시대와 마찬가지로 이 시대를 지나치게 될 것이다. 그들에게는 역사에 대한 알림이 일어나지 않는다. 무엇 때문에 그러한가? 대학과 중고등학교의 역사가들 모두 학문성과 박식함에도 불구하고 역사에 대해 알림을 하지 않기 때문이다. 왜 이들에게 이러한 알림이 빠진 것인가? 왜냐하면 그들은 **역사 자체가 아니라 학문과 문헌 보강**에 신경을 쓰고 있기 때문이다. 왜 역사가 죽은 대상으로 머물러 있는가? 왜냐하면 그들, 즉 역사가들은 사람들이 오늘날 말하는 것처럼 **대상을 '삶에 가까운 것'으로 만들 수 없기** 때문이다. 왜냐하면 역사가들은 역사를 **직접적이고 살아있는 현재와의 연관**으로 이끌어올 수 없기 때문이다. 그 현재 속에 그들은 들어서 있지 않다. 그들은 학문 안에 들어서 있으며 그것의 번영에 마음을 쓴다. 그들은 단순히 당시의 것을 묘사할 뿐이다.

그렇다면 어떻게 과거의 것은 현재와의 연관을 통해 더 생생해질 수 있는가?

21절. 비역사적인 것

하지만 여기에도 현재 그 자체가 그에 상응하여 '생생하게' 역사적으로 경험된다는 가정이 있다! 아니면 사람들은 현재적인 것, 오늘날의 것은 분명 그 자체로 마치 바로 직접 눈과 코앞에 있고, 반면에 과거의 것은 바로 지나간 것으로 생각한다. 이것은 어떤 관점에서는 올바르다. 헤아릴 수 없는 많은 사실들, 즉 일련의 사건들이 엄청나게 전해지고 있다. 그러나 이러한 일상적인 수많은 일들, 연루되지 않고 혼재하는 항상 다른 것, 새로운 것이 우리가 이러저러한 것이 '일어나고 있다'라고 말하는 것임을 누가 보증하는가? 이러한 현재의 사건이 역사라고 누가 보증하는가? 역사학자가 이러한 오늘날의 것을 수집하고, 전적으로 저널리즘에 따라 형성된 것을 역사성으로 소개하며 거기에 이제 과거를 연결해 그와 일치하는 것을 확정한다면, 이를 통해 지나간 역사가 '삶과 가까워지는' 것인가? 아마도 현재의 역사는 우리가 거리를 두고 있는 과거의 역사보다 훨씬 더 파악하기 어려울 것이다. 그러나 우리는 거리만으로 그러한 파악이 이루어지지 않는다는 사실을 다시금 알게 된다. 그렇지 않으면 분명히 역사는 그것이 점점 더 과거로 되돌려지고 현재에서 벗어날수록 훨씬 더 객관적이고 생생하게 묘사될 수 있어야 할 것이다. 다른 한편으로 역사학가가 — 그것을 알든 모르든 — 그때마다 현재적인 것을 바라보고 있다는 사실은 여전히 의심할 여지가 없다. 모든 것은 역사학자가 그때마다 현재적인 사건의 **역사**를 경험하고 있는 그것에 달려있다. 모든 사건에는 소음과 굉음을 만들어내는 것, 즉 신문의 머리기사, 잡담, 경영, 조작, 기획, 가상, 우연, 열정, 무절제, 무형식, 소식으로 신문을 채우는 일상적으로 확인 가능한 일과 행사가 담겨 있다. 이 모든 것은 사건에 속한다. 정확히 말하자면 이 모든 것은 골짜기가 산에 속하는 것처럼 필연적으로 사건이지만 역사는 아니다. 그것은 분명 우리가 명명하듯이 **비–역사(Un–geschichte)**이다. 이 비–역사적인 것은 무역사적인 것(Geschichtsloses)과 **뚜렷하게 구별**된다. 식물과 동물의 삶은 결코 비역사적일 수 없다. 그 이유는 바로 그 삶이 무역사적이기 때문에, 즉 어떤 사건이 아니기 때문이다. 사건이 있는 그곳에서만 — 필연적으로 거기에만 — **비역사적인 것**이 있다. 그러나 그 사건이 **이미 역사**일 필요는 없다. 우리가 비–역사적이라고 명명하는 것은 **부정적인 표현**임에도 불구하고 과소평가되거나 심지어 **도덕적으로 평가되어서는** 안 된다. 좋고 나쁨은 **역사적인 것 그 자체가 파악될 수 있는** 규정이나 **척도**가 결코 아니다. 도덕적으로 선한 것이 매우 비역사적일 수 있으며, 도덕적으로 나쁜 것과 비난받아 마땅한 것이 최상급으로 역사적일 수 있다. 이때 **우선** 그리고 **대개** 그때마다 오늘날에 속하는 이러한 비역사적인 것이 가장 먼저 **현재의 시야**에 즉각 들어온다. 그런 까닭에 현재와의 연관이야말로 지나간 것에 대한 묘사를 더욱더 **친숙하게** 만들고, 더욱 더 **쉽게 접근**할 수 있도록 한다. 그러나 결코 그

1부 | 모든 논리학의 근거물음이자 주도적인 물음으로서 언어의 본질에 대한 물음

것으로 역사를 파악할 수는 없다. 무엇보다도 그 이유는 지나간 것으로부터 종종 비역사적인 것 ― 소위 사실들과 일어난 것 그리고 사람들이 그것에 관해 말했고 생각했던 것 ― 만이 우선 파악될 수 있는 것처럼 보이기 때문이 아니다. 비역사적인 것은 사건에 놓여있는 것이다. 그것은 가장 먼저 그리고 가장 쉽게 대상이 될 수 있는 것이다. 그 때문에 역사과학에서 객관성이 높은 것일수록 본래적인 역사에 대한 알림에 대한 보증이 필요 없다. 역사알림은 역사와 매우 비밀스럽게 연관되어 있다. 그러므로 우리는 결국 역사과학의 방법에서는 역사의 본질에 대한 통찰에 결코 이르지 못한다. 왜냐하면 당장 이러한 과정에서 분명 모든 것이 ― 그때마다 비역사일 수도 있고 역사일 수 있는 ― 사건의 규정에 놓여있다는 사실이 드러나기 때문이다. 그리고 바로 역사에 대한 알림이 본질적으로 사건에 속한다고 가정한다면, 비로소 사건의 본질을 충분히 규정하려고 시도하고, 그때 당연히 그 사건의 성격과 관련하여 사건이 알려지고 있는지의 여부 및 그 방식에 대한 물음에 주목하는 일이 따른다.

22절. 시간과의 관계에서 역사

역사의 본질에 대한 우리의 물음에서 우리는 즉각 역사로부터 출발했으며 역사기술, 즉 일어난 것에 대한 것, 그것에 관한 알림으로부터 출발하지 않았다. 그러나 그때 우리는 역사에 관한 아주 넓은 개념과 마주친다. 역사는 **시간적으로 이어지고 과거 속으로 가라앉으며 출현한 일련의 돌발사건들**이다.(앞 137-140쪽, 참조) 이러한 넓은 개념은 **인간적인 사건을 탁월하게 드러내는** 규정을 위해 **유용하지 못하는 것**으로 입증되었다. 인간적인 사건의 관점에서 우리는 **자의적이고 지식적인** 계기를 부각시켰다. 그때 우리는 '이성적 생명체'라는 인간에 대한 통상적인 규정에 머물러 있었다. 그렇게 획득된 사건에 대한 견해는 우리를 역사기술이 역사에 귀속한다는 주장으로 이끌었다. 그에 따라 우리는 역사와 역사**과학**으로서 역사기술과의 연관을 추적했다. 이 과정에서 우리는 양자가 서로 **얽혀있다는 것**을 다양하게 경험했다. 특히 양자는 **상호적**이라는 것을 알게 되었다. 그에 반해 **사건 그 자체에 대한 알림의 내적인 귀속성과 사건 그 자체에 대해서는** 어떤 것도 만족할 수 없었다.

그러므로 물음은 **또다시** 우리가 처음 시작했던 그곳, 즉 바로 사건 그 자체의 특징에서 출발한다. 그러나 이 출발은 먼저 시도했던 공허한 일반적인 개념의 방식에서 시작하는 것도 아니며, 그렇다고 **알림**과 역사기술에 대한 고려 없이 시작하는 것도 아니다. **지금까지 우리의 숙고**에서 우리는 **전반적으로** 우리에게 **통용되는** — 우리가 그것에 대해서 더 이상 계속해서 묻지 않는 — 역사의 **특징**을 사용해왔다. 이때 역사는 **과거의 것**, 과거로서의 역사이다. 다시 말해 그 역사는 **시간**, 정확히 말해 아주 특정한 시간의 영역과 맺는 **관계를 고려**한 것이다. **물론**, 역사과학으로서의 **역사기술 및** 과거로서의 역사와 그것과의 관계에 대한 **논의는 과거만이 아니라 현재도** 어떤 역할을 한다는 통찰로 **즉시** 우리를 이끌었다. 다시 말해 과거에 대한 파악을 생생하게 만들기 위하여 현재와의 연관이 요구된다! 역사적으로 그때마다 실현된 시대와의 관련을 통해서 과거는 생생하게 드러난다. 이때 그 시대는 **기준점**으로 사용된다. **그에 반해 세 번째 시간의 영역**, 즉 미래는 — 역사와 역사기술의 **관계**에서 우리에게 **아주 뚜렷하게 드러나듯이** — 역사의 본질에 대한 물음에서 분명하게 빠져 있다. 사람들은 **임시방편으로** 역사학자로부터 여전히 현재, 즉 그때마다 오늘날의 것에 대한 연관을 요구할 수 있다. 그러나 사람들은 역사가에게 **결코 미래의 서술**에 대한 부담을 지우려고는 하지 **않을 것이다.** 그때 사람들은 역사학자를 **예언자**로 만들거나 **점쟁이로** 둔갑시켜야 할 것이다. 그리고 평소 말하듯이 경험상 모든 것은 사람들이 생각하는 것과 항상 다를 수 있기 때문에 미래에 대한 역사가의 **예언과 추측은** — 그것의 불가능성은 제쳐두더라도 — 유용하지도 않으며 혼란을 야기한다.

그러나 역사과학이 분명한 역사알림의 정형화를 보여주는 것이라면, 그로부터 다음과 같은 사실이 추론될 수 있다. 즉, 미래는 과학으로서의 역사기술을 위한 주제는 아니다. 그렇지만 아직 **본질적인 시간영역으로서의 미래**가 역사의 본질규정에서 사실상 전적으로 배제된 것은 아니다. 미래가 어떤 **방식으로든 관여되어** 있기도 하다는 사실을 우리는 앞서 말했던 것 — '민족은 과거로 여겨지는 역사에 진입한다', '민족은 미래를 함께 규정하는 **역사 안에 들어선다**' — 에서도 알 수 있다. 역사와 사건이 과거, 현재 그리고 미래의 관점에서 규정된다는 사실은 일반적으로 아주 분명한 것이다. 그러므로 역사와 시간의 관계에 대한 논의를 통해서 역사의 본질규정에 이를 수 있는 전망이 열린다. 물론, 시간과 역사와의 연관은 **너무도 분명하므로 그 자명성을** 다시 강조하는 것에 대해 오히려 우리는 의구심을 가진다. 그리고 거기에는 **또 다른 근거가** 있다. 사건은 **좁은 의미에서는** 역사로 여겨지지만, **넓은** 의미에서는 '시간 속에서' 진행하는 모든 '**사건**'과 — 또는 우리가 지금 말하고 있는 것처럼 — 모든 형태의 운동을 의미하기 때문이다. 그리고 시간은 이제 우선 과거, 현재, 미래로 구성되기 때문에 **시간의 관점에서 모든** 운동의 **형태가** 특징지어질 수 있고, **게다가 계산하여 숫자로 규정될 수 있다.** 그러나 이로부터 앞서 언급한 것에 따라 우리가 시간과의 연관을 통해 **당장 역사의 탁월한 점을** 파악할 수 없다는 사실이 도출되어야 한다. 왜냐하면 '시간 속에서' 분명 **생명의** 진행과정과 마찬가지로 **생명 없는 자연의 경과도** 이루어지기 때문이다. 그런 까닭에 자연과학은 모든 자연의 진행이 함께 규정되는 요인(t, 시간)을 제시한다. 그로부터 사람들은 삼차원의 공간과 그것의 세 좌표인 x, y, z와 함께 시간을 네 번째 차원인 t로 파악하고 4차원의 세계를 말해왔다. 거기에서 모든 운동을 포괄하는 **시간의 의미**가 **직접** 표현된다. **개별적인 운동연관**의 **수적 규정**은 그때마다 운동영역의 **특수한 방식**에 따라 **구별될 수** 있다. 그러므로 역사과학은 수학적이고 물리학적 형식인 t가 아니라 **역사의 수**, 즉 **시점과 사건의 지속을 표시하는 달력상의 날짜**로 계산한다. 그러나 이러한 차이에도 불구하고 자연과 역사를 위한 시간은 언제나 틀, 즉 차원이다. 이 차원 안에서 모든 연속적인 운동이 **진행되**고 위치에 맞게 **확정될 수** 있다. 그러므로 **시간연관**은 자연에 앞서는 **탁월한 것**을 역사에 **전혀** 제공하지 **않는다**. 사람들은 심지어 **물리적** **형식**인 t가 자연의 경과를 규정할 때 역사과학에서의 '역사적 연도' 보다 더 본질적인 역할을 한다고 말할 수 있다. 이 모든 것은 너무도 **자명해서** 그것을 길게 다룰 필요가 없어 보인다. **그렇지만** 이것으로 우리는 **역사와 시간의 관계**에 관해 아무것도, 즉 한번도 본질적인 것을 말하고 있지 **않다**. 다시 말해 **역사**가 무엇인지에 대해서도, **시간**이 관여하는 것이 무엇인지에 대해서도 말하지 않았다. 그러므로 우리는 다음과 같이 물어야 한다. 시간이 **분명** 자연에서와 마찬가지로 역사에서도 **규정요소**가 된다면, **역사를 단적으로 시간을 통해서 규정하는** 것은 어떻게 가능한가? 그것이 가능할 때 우리는 역사 — 특히 역사과학의 대상으로서의 역사 — 가 **과거의 것**이라고 말할 수 있을 것이다. 자연에 관하여 우리는 자연이 과거의 것이라고도 미래의 것이라고도 말하지 **않는다**. 우리는 기껏해야 자연이 현재의 것이라고 말한다. 그러나 **이러한** 시간적 규정은 우리가 가령 '**도시는 위대한 과**

거를 가지고 있다', 다시 말해 '위대한 역사를 가지고 있다'고 말하는 역사의 경우처럼 그만큼 탁월한 특징이 아니다. 그와 같이 역사, 다시 말해 과거가 오늘날의 것, 즉 현재와의 연관 속에 놓여 있어야 한다는 강력한 요구는 역사적인 것에서 시간이 여전히 탁월한 의미를 가진다는 사실, 보다 정확히 말하면 달력에 의한 계산(연대기)을 위한 틀로서 단순히 행해진 것을 넘어서는 탁월한 의미를 가진다는 사실을 암시한다. 그러므로 우리는 역사와 시간에 대한 물음을 가볍게 지나쳐서는 안 된다. 그리고 아마도 바로 여기에서 우리가 역사 그 자체의 특징으로서 찾고 있는 것을 발견할 수 있다. 그리고 우리는 동시에 대담하게 다음과 같이 묻고자 한다. 1) 역사가 과거라는 것은 무엇을 말하고자 하는 것인가? 다시 말해 여기에서 어떻게 시간규정이 본래적으로 이해되고 있는가? 2) 역사적인 것의 특징과 연관하여 바로 과거가 우위성을 획득하는 것이 어떻게 가능한가? 3) 역사와 시간의 관계에 관한 규정을 위한 앞선 두 가지 물음의 대답에서 무엇이 제시되는가?

a) 지나간 것과 기재하는 것으로서의 역사

1)에 대해. 먼저 사건, 일어난 것, 완결된 것, 완료된 것, 과거 속에 있는 것은 지나간 것이고, 그 자체로 역사과학의 가능적 대상이다. 그렇다면 지나간 것 그 자체가 실제로 역사과학의 대상인가? 다시 말해 역사과학은 지나간 존재(**Vergangensein**), 지나가는 것(**Vergehen**), 말

161

하자면 소멸한 것(Verwesen)과 무화된 것(Zunichtewerden)을 추구하는가? 분명히 아니다. 왜냐하면 국가의 몰락, 한 시대 전체의 몰락이 연구되는 곳에서조차 그리고 몰락과 지나감이라는 사건으로서의 전체 역사가 추적되는 바로 그곳에서조차 이러한 몰락과 지나감의 생겨남(Entstehen)과 되어감(Werden)이 부각되기 때문이다. 심지어 역사과학은 이전의 것, 보다 이른 것을 당장 지나간 것에서가 아니라, 반대로 되어감과 되어진 존재(Gewordensein)에서 추적한다. 역사과학에는 — 지나가는 것과 지나간 것에서가 아니라 이러저러하게 되어진 것으로서 이러저러하게 계속해서 규정되는 그러한 되어진 것으로서 — 보다 이른 것이 놓여있다. 보다 이른 것은 지나간 것, 지나가는 것으로서가 아니라 오히려 바로 여전히 지나가지 않은 것으로서, 즉 어떤 식으로든지 여전히 규정되고 있으며 계속해서 여전히 작용하고 있는 것이다. 보다 이른 것은 그것이 어떤 방식으로든 여전히 '존재하는' 한, 다시 말해 현성하며(wesend) 자신의 본질을 실행하고 있는 한, 보다 이른 것으로부터 여전히 현성하고 있는 것, 기재하는 것(das Gewesene), 기재하고 있는 것이며, 과거존재로 지나간 것이 아니다. 그러므로 이전의 것, 당시 것, 이른 것에 대한 시간규정은 과거가 아니라 기재성(Gewesenheit)을 의미한다. 이것은 결국 명칭의 차이일 뿐 동일한 것을 의미하는 것처럼 보이지 않는가? 그렇게 보이지만 결코 그렇지 않다. 주의 깊게 살펴보자. 보다 이른 것을 그것의 지나감에서 고찰할 때 우리는 그것을 현재에서 벗어나 계속해서 다른 시간영역으로 미끄러져 들어가고 있는 방향에서 추적한다. 이러한 관점에 있는 시간영역을 우리는 즉각 과거라고 부른다. 과거는 지나가는 것 자체를 받아들이고, 그것의 과거존재를 형성한다. 그와 반대로 우리가 보다 이른 것을 생겨남과 발전에서 되어진 것으로 이해하고, 되어진 것을 이전부터 **여전히** 현성하고 있는 것 — 사실상 더 이상 현재가 아니지만 **여전히** 기재하는 것으로서 현성하고 있는 것 — 으로 이해한다면, 그때 우리는 당장 시간경과의 반대방향으로 시선을 돌리게 된다. 그 반대방향은 현재로부터 과거로 향하는 것이 아니라 기재성에서 현재로 향하는 것이다. 첫 번째 경우에 우리는 시간을 미래로부터 현재를 거쳐 과거로 지나가면서 소모하는 흐름으로 파악한다. 다른 경우에 우리는 시간을 기재성으로부터 현재를 거쳐 미래로 나아가는 경과로 파악한다. 우리가 **그때마다 시간의 방향을,** 즉 **시간경과의 방향을 정함에 따라** 우리는 과거 혹은 기재성을 말한다. 정확히 말해서 우리가 **이 모든 것을 혼동하지 않고,** 역사과학이 전적으로 지나감에서가 아니라 생겨남, 되어감 그리고 되어진 존재에 관여하고 있다는 것을 인정하려면 **우리는 이러한 차이를 분명히 확정해야만 한다.** 우리는 우선 여기에서 과거와 기재성의 **차이가** 시간경과의 방향전환을 통해서만 규정되는지 **아니면 한층 더 본질적인 계기를 통해서** 규정되는지에 대해 논의하지 않을 것이다. 우리가 역사를 주로 과거를 통해 특징 짓는다면 시간경과 또한 **반대방향에서** 추적된다는 것을 배제하고 있지 않은 것이다. 이때 사람들은 자주 그렇게 하고 있듯이 **시간을 선의 형태로** 표상할 수 있다. 그렇게 된다면 우리가 어떤 방향에서 그 선을 **따라가며** 사건들을 지나치고 있는지가 임의적인 것에 내맡겨지는 것처럼 보인다. 그런 까닭에 두 번째 물음이 더욱더 **절실해진다.**

b) 역사를 과거로서 특징 짓는 것의 우위성

2)에 대해. 역사적인 것을 특징 짓는 것과 관련하여 바로 과거가 우위를 얻는 것이 어떻게 가능하게 되었는가? 이 물음은 두 부분으로 나누어진다. ⅰ) 무엇 때문에 ─ 더 이상 지금이 아닌 것으로서 ─ 보다 이른 것의 특징으로서 과거가 우리에게 있어 오래전부터 기재성보다 우위성을 가지게 되었는가? ⅱ) 무엇 때문에 이렇게 시간을 당시의 것과 이전의 것으로 이해하는 것이 역사의 특징으로 여겨졌는가?

α) 그리스도교적 세계이해와 아리스토텔레스의 시간규정

ⅰ)에 대해. 기재성보다 과거가 우위에 있음은 이미 언어사용의 빈번함과 익숙함에서 드러난다. 그리고 그 우위는 미래로부터 현재를 거쳐 과거로 향하는 ─ 그 반대는 아니다 ─ 시선의 방향의 우세함에서 성립한다. 그러나 시선의 방향의 우세함이 어디에 근거하고 있는지에 대한 물음이 제기된다. 그것에 대한 언급은 여기에서 두 가지 주된 근거들로 충분히 제시될 수 있다. 먼저 그것은 존재자 일반과 세계에 대한 그리스도교적 파악의 영향이다. 세계는 ─ 가장 최고이자 본래적인 존재자, 즉 신과 그의 영원성과 구별되어 ─ 창조된 것으로서 시간과 함께 무상한 것으로서 간주된다. 인간존재와 창조된 모든 존재를 영원성의 방향에서 보는 그리스도교적 방향을 통해 창조된 존재자(ens creatum)는 무상한 것으로 간주된다. 나아가 무상성은 결국 시간성과 동일시된다. 시간적인 것은 여기에서 무상한 것, 지나가는 것, 과거로 사라지는 것이다. 이것이 시간의 본질에 대한 포괄적이고

철학적인 첫 번째 숙고의 형태이다.

　　다음으로 시간은 철학적 숙고에서 일찍이 그것이 현상하는 거기에서 자연스럽게 파악되었다. 그 시간은 **지금(das Jetzt)**으로서의 시간, 즉 현재이다. 나아가 그 이상이다. **현재적인 것** 자체는 일반적으로 **존재하는 것**, 즉 존재로 파악되는 것에 대한 **의미를** 부여한다. '지금', 그것은 우선 그때마다 **아직 없는** 것이고 동시에 **더 이상 없는** 것이다. '지금'에서 볼 때 이전의 것은 더 이상 없는 것, 즉 지나간 것이다. "그러므로 시간은 그 자체로 발생하는 것보다 지나간 것에 더 많은 책임을 가진다." (ὁ χρόνος φθορᾶς μᾶλλον ἔσται καθ᾽ αὑτὸν αἴτιος ἢ γενέσεως. Δ 13, 222b 19f) [4] 시간은 소모하는 것이다(헤겔). 헤겔의 말과 그리스인들이 우리가 대개 지나간 것으로 파악하고 '게노메논'(γενόμενον, 지나가는 것), '게게네에온'(γεγενημένον, 지나간 것) — 되어진 것 — 으로 명명했다는 사실은 서로 **모순되지 않는다**. 왜냐하면 여기에서도 완결된 성격, 완성된 것, 그리고 **지금** 이미 **뒤에 놓여 있는 것**이 우세함을 가지기 때문이다. 그것은 분명 이전의 것으로부터 현재에 이르기까지 현성하고 있는 것이 아니다. 어떤 경우에서든 그리스도교의 **지배** 아래 시간은 단적으로 무상성으로 파악되고, 그런 까닭에 **시간의 경과**는 지나감으로 여겨졌다. 그로 인해 우리는 '시간은 지나간다'고 말한다. 그러므로 '시간은 생겨난다'라고 말하는 것은

4　[Aristotelis Physica, Recensuit Carolus Prantl, In aedibus B. G. Teubneri: Lipsiae 1879.]

우리에게 부자연스러운 것이다. 이로써 이미 두 번째 물음도 대답되었다.

B) 완결된 것과 뒤에 놓여있는 것으로서 지나간 것

ii)에 대해. 무엇 때문에 **이렇게** 시간을 당시의 것과 이전의 것으로 이해하는 것이 역사의 특징으로 여겨졌는가? 사건으로서의 역사는 무상성이자 지나감이다. 그러나 왜 그렇게 지나간 것이라고 말하는가? 왜냐하면 **지나간 것은** 가장 먼저 사실상 역사적 지식의 대상이 될 수 있기 때문이다. 다른 한편으로 우리는 **역사과학이** 바로 지나감과 무상성이 아니라 되어감과 생겨남, 발전에 주목한다는 것을 지적한 바 있었다. 무엇 때문에 과거로서의 역사에 대한 파악이 역사과학에 의해 **굳어지게 되었는가?** 어디에서부터 과학은 **시간의 반대방향으로** 시선을 돌리게 되었는가?

이전에 변화하면서 되어진 것은 바로 당시 사건의 비역사적인 것 ― 이전의 일상과 그 속에서 일어난 일과 떠오른 생각 ― 에서 우선 대개 펼쳐진다. 그리고 **이것은** 이제 보다 이른 것임에도 불구하고 이제 뒤로 옮겨지며 회고하는 현재에서는 우선 되어진 것, 이전 것으로 (완결된) 눈앞에 있는 것이 된다. 여기에서는 **그것의 되어감을 '역사기술적으로'** 설명하는 것이 중요하다. 이 일은 더 **이전의 것** ― 이것을 사람들은 눈앞에 있는 것으로 소유할 수 있다 ― **으로 되물음으로써** 진행된다. 학문에 의해 **그때마다 항상 이전의 것,** 보다 이른 것이 **그전에 앞서 지나간 것으로서** 연구된다. **확정 가능한 것** ― 당시에 눈앞에 있는 것과 그것을 연결한 것 ― **에 대한 관점,** 즉 앞서 지나간 것과 그 속에 있는 사건과 사실에 대한 전체적인 연결고리로부터 눈앞에 있는 것을 설명하고자 하는 관점은 **보다 이른 것**에 대한 시선을 **지나간 것에 대한 연구**로 확고하게 이어지게 만든다. 거기에 역사를 과거로 보는 해석이 놓여있다. 완결된 것과 뒤에 놓여 있는 것으로서의 **역사는 가장 먼저 거리-둠을 가능하게 한다.** 그러한 거리의 **영역**에서 역사는 가능한 한 — 모든 현재적인 것과 무관한 — 순수한 대상영역이 될 수 있고, 사실적 내용에서 **가공되지 않고** 무한히 확장되면서 역사기술적 연구를 위해 수많은 **기회**를 제공할 수 있다. 그러므로 역사기술을 위해서는 **항상 지나간 것과 오래된 것**이 대상이 된다.

그러므로 **겉보기**에는 사건에 대해 **상반된** — 역사를 주로 과거로 **파악하도록 하는** — 두 가지 관점과 시선이 존재한다. 먼저 사건은 시간에서 진행하는 것, 즉 시간적인 것이며, 시간적인 것은 **무상한 것**으로서 여겨진다. 다음으로 바로 이렇게 지나가는 것은 **지나가면서 완성된 것**, 성립된 것, 그리고 어떤 방식으로든 눈앞에 놓여있는 것으로 파악된다. **양자(상반된 관점과 시선)는 배타적이지 않고 오히려 서로를 필요로 한다.** 지나가는 것은 머무름과 과거 속에 확정된 것으로 더 이상 변화될 수 없는 것이다. 지나간 것의 변화 불가능성은 대상으로 사용되기에 가장 적합하다. 지나간 것은 자신의 법칙적 흐름의 동형성 속에 있는 자연에 **상응하는** 방식으로 **주어진다.** 과거는 역사에서 **충분히 객관화할 수 있고 대상화할 수 있는 것**이다. 역사에 관한 학문은 사건을 말하자면 가능한 한 과거로 되돌려 역사를 지나간 것으로 경험하고, 그것을 다시금 과제로 받아들이는 것에 관심을 가진다. 역사과학은 과거로부터 그 내용으로 무엇이 묘사될 수 있는지, 어느 정도로 그러한지, 그리고 어떤 관점에서 그러한지를 함께 규정하는 것뿐만이 아니다. 학문 그 자체는 실제로 역사를 과거로 간주하는 것에도 본질적으로 관여하고 있다. 역사에 관한 학문은 그때마다의 **역사의 상(Geschichtsbild)**뿐만 아니라 그것을 넘어서 역사 그 자체의 의미 — 여기에서는 대상화할 수 있는 지나간 것으로서의 역사 — 도 함께 규정한다. 무상성과 대상성이 역사를 지나간 것과 과거로 각인한다.

c) 역사과학을 통한 역사의 대상화. 눈앞에 있는 틀로서의 시간

3)에 대해. 역사와 시간의 관계를 규정하기 위한 두 가지 앞선 물음들의 대답으로부터 지금 무엇이 드러나고 있는가? [시간의 철학적 의미, 뉴턴, 칸트] 시간과 마찬가지로 역사는 눈앞에 있는 경과로 파악된다. 역사는 말하자면 과거에서 확정되고, 연구를 위해 **준비되는 눈앞의 것**이다. 시간은 — 그때마다 연속적인 '지금'을 통해 과거로 흘러가는 — '지금'이라는 점들의 **연속**이다. '지금'의 연속으로서 시간은 **눈앞에 있는 틀**이다. 이 틀 안에서 역사는 되어가면서 사라지는 것으로서 흘러간다. 역사와 시간은 **어떤 방식으로든 눈앞에 있는 대상들**이다. 그것은 **침몰하는 운명적인 특징**만을 가진다. 그런 까닭에 눈앞에 있는 대상들을 지나감 속에서 항상 **떠나보내는 현재**는 추후에 항상 그것을 **되돌려 가져옴**으로써 **연관**을 맺는다. 현재, 그것은 확대되고 펼쳐진 '지금', 눈앞에 있는 것, 즉각적으로 잡을 수 있는 것, 수다스럽고 유

창하게 표현할 수 있는 것이다. 많이 언급했던 역사와의 연관에 대한 요구, 즉 과거로 여겨지는 역사와 현재의 연관에 대해 요구는 방금 강조한 역사와 시간에 대한 이해의 결과에서만 의미를 가진다.

우리는 앞서 다룬 두 가지 논의와 그 관계를 다음과 같은 기대 속에서 다루었다. 그 기대는 이제부터 역사의 본질 안으로 들어감으로써 역사에 본질적으로 역사알림이 속한다는 우리의 주장과 함께 그러한 본질이 어떻게 제시되는지를 정리하는 것이다. 그렇게 한다면 그 결과는 무엇인가? 인간의 역사가 실제로 대상이 되는 곳에서도 역사가 — 시간적으로 지나가는 사건의 연속이라는 — 넓은 의미에서의 역사로 표상된다는 것이 확인되었다. 시간은 지속적인 지나감에서 파악되는 것, 즉 무차별적으로 무상성에서 파악되는 틀이자 그릇이다. 바로 인간의 역사도 그렇게 표상되기 때문에 동일한 방식으로 지구의 역사와 동물의 발전사를 다루는 것도 전혀 문제가 없다. 지질학과 동물학으로부터 역사의 개념이 역사과학으로 옮겨가는 것이 아니라 오히려 역사과학 자체는 어려움 없이 사실상 무역사적인 것으로 옮겨질 수 있다는 그러한 역사에 대한 표상 안에서 움직인다. 여기에서 생각해야 할 것은 무엇인가?

역사는 — 모든 다른 것들과 마찬가지로 — 시간 안에 있는 객체영역이자 대상영역이다. 그리고 역사에 대한 앎은 다른 객체영역에서와 마찬가지로 이러한 객체에 외부로부터 제공되고 덧붙여진다. 그러므로 우리가 역사와 시간의 관계에 집중하는 것도 그와 무관하지 않다. 반대로 할 경우에 우리는 아주 자명한 것과 통용되는 것을 더욱 어둡게 만드는 위험에 빠진다. 역사는 우리로부터 분리되어 놓여있는 사건의 진행이다. 마찬가지로 역사는 분리되어 **놓여있는** 시간 속에서 흘러가는 것이다. 우리는 **지식을** 가진 자이고 관찰자이다. 정확히 말해서 우리는 그때마다 **현재하고** 있는 자이다. 현재도 분리되어 놓여있는 것, 즉 오늘날의 것이다. 그것에 대해 우리는 **의견을** 말하고, 사람들은 그것에 관하여 **영리하게** 이야기한다. 역사, 시간, 현재는 이제 **한때** 눈 앞에 있는 것이다. 사람들은 경영과 자기 과시를 위해 그것을 **수집하** 기도 하고, 그 모든 것을 **반복하면서** 한 작은 현존재가 차지하고 있는 **모퉁이**에서 때때로 그것에 대한 지식을 얻고, 때때로 **잠시 놀라기도** 하지만 **우직하게** 그 모든 것을 받아들이며 아무튼 만족하며 지낸다. 이 모든 것에서는 자연에서 주어지는 것처럼 역사, 즉 시간과 현재에 대한 표상의 특징적 형태가 드러난다. 여기에 **이러한** 역사와 시간에 관한 사유는 확고하게 **뿌리를** 내리고 있다. 여기에서 **언급될 수** 있는 것은 **의심의** 여지가 없는 것이다. 그로 인해 사람들은 결국 역사의 본질에 대한 **물음을** 통해 우리가 본래 **계속해서** 얻고자 했던 것을 더 이상 파악하지 **못한다.**

23절. 역사적인 것으로서 인간의 존재

우리는 이러한 자명한 것의 집요함을 인정해야 한다. 우리는 또한 역사의 본질에 대한 우리의 물음이 낯선 것으로 남아있고, 사람들이 **무엇 때문에 이러한 번거로운 상황이 생겨나는지**를 우선 대개는 통찰하지 못한다는 사실을 잠시라도 놓쳐서는 안 될 것이다. 왜 역사에 대한 논의는 **자연과의 대비 속에서**, 역사과학과의 **구별 속에서**, 나아가 과거로서의 시간과의 관계에서, 현재와의 연관에서 수행되는가? 결과적으로 대답으로 주어질 수 있는 모든 것은 아무도 논쟁하지 않으며, 이 강의에서 진술된 개념적 제한과 **언어적 표현은 아닐지라도** 사람들은 그것에 대해 근본적으로 잘 **알고 있는 것뿐이었다.** 따라서 우리는 역사의 본질에 대한 물음에서 **일련의 올바른 대답들을 열심히 동원했다.** 다만 한 가지, 즉 역사가 **탁월한 인간'의' 존재**이며 어느 정도로 그러한지, 그리고 그 알림이 역사에 속하며 어느 정도까지 그러한지에 대한 증명은 재론되지 않았다. 이것은 **여전히 자의적인 주장들이다.** 우리 대답의 불충분함은 어디에 있는가?

불충분한 물음에 있다! 인간의 존재에 대해 그리고 **사건으로서의**

171

그러한 존재에 대해 물을 때, 우리가 거기에서 묻고 있는 것에 대한 **불충분한** 이해에 있다.

a) "우리는 역사적인가?"라는 물음에 대하여

물론, 우리는 **인간에 대한 물음**을 이미 **여러 번 명확히** 하였다. 우리는 이미 '이' 인간에 대한 물음을 우리의 **자기존재에 대해 묻는 누구물음**으로 물어야 한다는 사실을 알고 있다. 우리는 대답도 이미 제시했다. 그 대답은 '**우리는 민족이다**'라는 것이었다. 하지만 이 대답은 민족으로 있음, 즉 신체로 있음, 영혼으로 있음, 정신으로 있음이 의문스러운 것으로 증명되는 한, 우리에게 **물어야** 할 것으로 남아있다. 왜냐하면 **여기에서** 그것은 인간을 이성적 생명체로 여기는 **전승된 규정만을 반복하기** 때문이다. 이성적 생명체는 개별자로, 집단으로, 단체로, 당장 다른 존재자들 곁에 **눈앞에 있기도** 한 것이다. 물론, 우리는 **지금** 우리 자신, 즉 민족존재가 **역사적**이라고 주장하고 있다! 그러나 우리는 그동안 우리의 존재에 **관한** 그러한 진술이 **항상 의심스러운** 것을 포함하고 있다는 사실도 알게 되었다. '**우리는 우리 자신이다**'라는 말을 생각해보자. 여기에는 우리가 **결코 우리 자신이 아니라 자기상실** 속에 갇히는 가능성도 드러난다. 이 문장의 앞과 뒤에는 항상 물음표가 놓여있다. 그것은 그 진술들이 충분히 증명되지 못해서가 아니라 근본적으로 진술로서 언급될 수 없고 물음으로 물어져야 한다(!)는 사실을 보여준다. 이에 대해서는 나중에 말할 것이다! 따라서 **지금 우리가 다룰 것은 이것**이다. 우리는 민족으로서 역사적이다! **우리는 역사적인가?** 이번에도 우리가 이러한 진술을 여전히 물음으로 제기하고, 그것을 검토한다면 그것은 **지나치게 신중하고 거의 병적인 의심**을 하는 것처럼 보일 것이다. 우리가 여기에서 진술하고 있는 것은 너무도 분명한 것이다. 왜냐하면 우리는 **참으로 역사에 의해 이리저리 휘둘리며 붕괴, 변혁, 내적 분열을 겪고, 외부의 적들과 감추어진 힘에 의해 시달리며 방해를 받고 있으며, 세계사적인 사건에 노출되어 있기** 때문이다. 우리는 역사적인가? 이 물음은 **하나의 경멸처럼 들린다! 확실히 그렇다!** 우리가 '**역사적**'이라는 규정을 **지금까지 다뤄온** 의미에서 이해한다면 그렇다. 여기에서 '역사적'이라는 것은 우리가 잘 알고 있으며 확인하여 **지속적으로** 보고하는 사건, 즉 발생한 일들의 **내부에 있는 구성요소를** 정리해내는 것을 의미한다. 무엇을 위해 사람들은 라디오를 가지고 있는가? 라디오를 켜서 사람들은 10분 내에 세계역사가 어떻게 진행되고 있는지를 알 수 있다. 그리고 사람들은 이후에 라디오를 끄고 다시 편안해진다. 역사적으로 **존재한다는** 것은 시간적인 사건 안에 **함께 출현하는 것, 그 주변에 내던져져 함께 움직이는** 것이다. 그것은 **불황과 높은 세금을 거둘 때 가끔 확연하게 드러난다.** 그것은 출석하고 있는 강의가 무의미하고 무성의하여 항의시위를 위해 결집하여 소정의 결과를 얻으려는 정치적 운동을 불러일으키기도 한다. **우리는 역사적인가?** 누가 여기에서 아니라고 말하겠는가? **오늘날 모든 사람들은** 중요한 것이든 그렇지 않은 것이든 그것을 쉽게 확인하고, 그것에 대해 자신의 의견을 개진할 수 있을 만큼 상당한 교육을 받았다. 우리는 역사적인가? 우리는 이 물음에 긍정적으로 대답하고 있다. 그리고 이 물음을 불필요한 것으로 여긴다. 왜냐하면 우리에게 역사와 '존재'라는 말은 통상적이고 익숙하게 들릴 정도로 우리는 이 물음을 듣고 이해하고 있기 때문이다. 그러나 우리는 이 물음이 결국 가질 수 있는 다른 의미에 대해서는 자신을 닫고 있다. 우리의 존재가 역사적인 것으로서 수행되고 있는가 그렇지 않은가? 우리의 존재 자체가 하나의 사건인가 아닌가? 즉, 사건 속에 놓여있는가 그렇지 않은가? 이것은 무엇을 의미하는가? 어떻게 우리는 이것을 확인할 수 있는가?

b) 인간의 존재에 대한 의문점. 되어감과 존재

우리의 존재, 그것에 관하여 우리는 한번이라도 숙고해본 적이 있는가? 아니 우리가 존재한다는 것으로 충분하지 않은가? 분명 우리는, 우리가 알고 있듯이, 항상 기재하면서 되어가는 것도 아니다. 개별자는 어떤 경우에서도 항상적 존재가 아니다. 짧은 기간 동안 우리는 여기 지구에 있는 어떤 장소와 머무는 곳을 가진다. 우리는 우리의 머무름, 즉 우리의 존재를 가진다. 우리는 존재한다. 보충해서 말한다면 우리는 한 시점에서 — 우리가 알지 못하지만 그럼에도 정해져 있는 — 다른 시점에 이르기까지 '시간 속에서' 존재한다. 우리의 존재, 다시 말해 그렇게 한정된 지속적 현존은 지구에서 언제나 모든 사람에 의해 확인될 수 있다. 그렇다고 한다면 경찰에 의해서도 확인될 수 있을 것이다. 경찰은 여기에 혹시 X라는 청강생이 '있는가'라는 물음에 대해 우리에게 '있다!'라고 대답한다. 그는 여기에 있다. 정확히 말해서 우리는 생겨나고 변화하며 다시금 사라진다. 그러나 우리가 '우리는 존재한다'라고 말하는 한, 우리는 그야말로 **존재**하며, 그 존재는 우리에게 **계속 머무르는 지속함**을 의미한다. 그렇게 존재하는 자로서 우리는 **동일한** 방식으로 또는 **다른** 방식으로 **다른 존재자들** — 동물, 식물, 지구 — 사이에 놓여있다. 이 모든 존재자들과 함께 — 여기에는 존재자로서 **우리도 포함하여** — 시간의 경과 속에서 어떤 **변화들**이 일어난다. 우리가 존재함으로써 많은 것이 **달라지지만** 존재는 변화와 되어감 아래 있는 것이 아니다. 오히려 존재 — 존재자 일반이 '**존재한다**'는 사실 — 는 항상 존재자에서 모든 것이 변화할 수 있다는 것, 즉 변화와 **되어감**이 일어날 수 있다는 것에 대한 전제이다. 우리가 사건이라고 명명하는 것은 **우리가 파악하는 것만큼이나 많다.** 넓은 의미에서든 **좁은** 의미에서든 사건은 **운동, 다른 것으로 되어감, 즉 되어감**이다.

　우리가 지금 '**우리는 역사적인가**'라고 묻고, 이 물음이 '**우리의 존재는 사건인가**'라는 물음을 의미해야 한다면 그때 그것은 처음부터 **불가능한 물음**으로서 증명된다. 왜냐하면 **사건은 되어감**이고 **되어감은 존재의 대립개념**이기 때문이다. 그런 까닭에 존재 일반 속에서 **되어감과 사건은 '존재할 수' 없다.** '**되어감**'은 '**존재**'에 대한 대립개념이다. 이것은 **통상적으로 오래된 통찰**, 즉 존재자와 존재에 대한 숙고만큼, 다시 말해 **철학만큼이나 오래된 통찰**이다. 확실히 철학은 그리스인들에게서 바로 **존재와 되어감의 근원적인 대립**으로 인식되고 확립된 것으로 그 시원을 가졌다. 처음 **생겨나** 되어감을 관통해야 하는 것은 아직 존재하고 있는 것이 아닌 것**이다. 존재하는** 것은 더 이상 되어질 필요가 없다. 존재와 되어감은 불과 물처럼 하나가 될 수 없는 것이다. 이러한 근원적인 대립이 **시원부터 존재자 및 존재에 대한 모든 물음을** 규정한다. 이를 위해 우리는 그리스 철학의 시원에 함께 했던 두 명의 위대한 인물, **파르메니데스와 헤라클레이토스**만을 언급하는 것으로 충분하다. 이들의 근본적인 통찰과 원리는 현재에 이르기까지 전체 서양철학의 문제제기를 철저하게 지배하고 있다. 니체만큼이나 그의 사유에서, 그리고 그의 철학함의 고유한 근본입장에서 **그것에 의해 지배되고, 나아가 그것을 의식한 사람은 없을** 것이다. "존재자는 있고 비존재자는 없다"라고 **파르메니데스는** 말한다. **모든 되어감, 즉 생겨나고 사라지는 것은 무를 통해** 규정되며 그런 까닭에 **비존재**이다. 그리고 존재에 대립하는 되어감은 **가상일 뿐이** 다. 모든 되어감은 무(無)이며 무상한 것이다! 반대로 헤라클레이토스는 판타 레이(πάντα ῥεῖ),[5] 즉 '모든 것은 흐른다', '모든 것은 되어감이다', "'존재'는 **없다**"고 말한다. 동일한 의미에서 니체는 되어감만이 있고 존재와 '있음(ist)'은 가상으로 폭로되어야 하며, 이러한 가상의 근거는 낱말의 의미 속에 모든 되어감을 확정하고, 고착시키는 논리학이라고 말한다. "'존재하는' 세계는 허구이다. 단지 되어가는

---

5 [헤라클레이토스의 문헌에서 확인할 수 없음. 아리스토텔레스의 책 『자연학』에 있는 간단한 주석을 참조할 것. Libros quattuor priores commentaria, Edidit Hermannus Diels, In: Commentaria in Aristotelem Graeca, Volumen IX, G. Reimeri: Berolini 1882, p. 1313.]

세계만이 존재한다."(XIV, 52)[6] "되어감이 존재에 이를 수 있으려면 이러한 상태가 이루어질 수 있어야 할 것이다."(XVI, 400)[7] 그러므로 이러한 위대한 사상가들의 숙고와 물음 그리고 결단을 사로잡는 것은 존재와 되어감의 **근원적인 대립**이었다. 이 대립은 우리가 존재자에 관해서 말하는 일상적인 이해 속에도 **살아 있다.** 존재와 당위, 존재와 가상, 존재와 사유, 존재와 되어감과 같은 **대립들**은 우리에게 아주 **익숙한 것**이다. 그리고 항상 여기에서 '존재'는 지속함과 존속함이다. 다시 말해 완결되어 있음, 대립해 있음, 존속함, 존립, 영속적인 머무름을 의미한다. 우리가 **역사적으로 있다**는 사실은 — 역사적인 것 내부에서 일어난 것이라는 익숙한 의미에서 **함께 출현함**도 포함하여 — 논의의 여지가 없는 것이므로 문제가 되지 않는 것이다. 그리고 우리의 존재가 하나의 사건이어야 한다는 의미에서 '**우리가 역사적으로 있다는 사실**'은 물음이 될 수 없다. 왜냐하면 **지배적인 존재개념**에 비추어 볼 때 이 물음 — 되어감과 존재를 연결한 물음 — 은 분명 **모순적**이기 때문이다. 그렇지만 많은 신뢰와 존경을 받음에도 불구하고 방금 특징지은 지배적인 존재개념이 참인가라는 **물음**은 여전히 **남아있**다. 그리고 우리 자신을 역사적인 것**으로** 이해하는 그러한 방식이 일어난 일들에서 **함께 출현하는** 것인지, 이러한 역사적 존재방식이 비

---

6 [Friedrich Nietzsehe: Unveröffentlichtes aus der Umwerthungszeit (1882/3–1888). Werke. Bd. XIV. C. G. Naumann: Leipzig 1904.]

7 [Friedrich Nietzsche: Der Wille zur Macht. Drittes und Viertes Buch. Werke. Bd. XVI. Alfred Kröner Verlag: Leipzig 1911. S. 400 : "[...] (짧게 형이상학적으로 말한다면 되어감이 존재 또는 무에 이를 수 있으려면) 이러한 상태가 이루어질 수 있어야만 할 것이다."]

1부 | 모든 논리학의 근거물음이자 주도적인 물음으로서 언어의 본질에 대한 물음

역사적인 것에 빠져 있는 **자기상실을** 드러내는 것은 **아닌지**에 대한 물음도 남아 있다. 그러므로 **역사적 존재의 필연적** 방식은 유일한 것도 고유한 것도 아닐 수 있다! 그렇다면 우리는 **아마도 불가능해 보이는** 이러한 역사적 존재의 다른 방식을 **어디에서 찾아야** 하는가? 나아가 우리는 **존재에 대한 이해의 다른** 방식을 **어디에서 만날 수 있는가?**

확실한 것은 그와 같은 것을 우리는 발견할 수 없다는 것이다. 오히려 그와 같은 것을 발견할 수 있다면, 그것은 **우리의 결단을 통해서만**, 우리가 **지금** 이미 제기한 **물음을** 묻기로 **결단함을** 통해서만, 존재하고 존재하게 될 것이다. **고유한** 역사적 존재가 어디에서 성립하는지를 앞서 기술하는 것은 **우리의 임의에 맡겨진 것처럼** 보일 수 있지 않은가? 게다가 **존재에 관한 진리가 들어서 있는** 곳을 발견하는 것은 **선호의 문제인 것처럼** 보이지 않겠는가?

그럼에도 불구하고 그것에 관한 결단 속에서만 결정된다고 우리는 말해야 한다. 왜냐하면 우리가 오래전부터 그 속에서 자라온 존재에 대한 **그러한 태곳적 이해도 존재자의 한가운데서 가지는 근본적인 태**도에 대한 **최초의 자유로운 결단성에서만** 생겨날 수 있었기 때문이다. (1932년 여름학기 강의 참조)[8]

우리가 **지금까지의 존재이해를 전면적으로 변혁해야** 한다면, 그때 변혁되어야 할 것은 역사 자체의 필연성이다. 우리는 그것을 당장 이러한 변혁에서 근본적으로 다르게 떠맡으면서 **존재해야 한다.** 물론 그렇게 한다고 해서 역사에 대한 지금까지의 태도와 그에 관한 견해

---

8 [Heidegger: Der Anfang der abendländischen Philosophie, GA35. 같은 책.]

가 근절되는 것이 아니다. 오히려 그것은 **역사의 고유한 필연성과 사로잡힘** 속에서 즉각 개방된다. 그와 함께 역사적 존재는 비역사적인 것과 **역사적인 것** 사이에서 **끊임없는 결단**으로 고양된다. 우리가 '고양된다'고 말한 것은 우리의 존재가 이러한 변화를 통해 보다 고차적인 수준, 다시 말해 보다 큰 예리함, 폭, 유일성을 경험한다는 사실을 명시하기 위한 것이다. 이를 통해 앞서 보았던 역사과학의 **오류**와 그로 인한 **잘못된** 결과, 즉 '모든 것은 이미 거기에 있었던 것이다'라는 주장은 해체된다. 이 지혜는 항상 편리하다. 그것은 우리에게 보증수표가 되고, 그것에 근거하여 우리는 즉시 익숙하지 않고 비정상적인 모든 것을 비껴 나갈 수 있다. 이 지혜는 시간의 무기력함을 확인하기 위해 항상 환영받는다. 그것은 동시에 통찰력 있는 탁월함이라는 겉모습을 부여하고, 그와 동시에 우리가 모든 역사과학에도 불구하고 오랫동안 매달려온 불운한 상태를 강화시킨다. 그 상태를 나는 **역사적 나태함**이라고 부르고 싶다. 우리가 역사의 본질에 관해 **이야기**한다고 해서 이러한 **상태**를 근절할 수는 없지만, **적합하게 인도된 물음**은 역사적 존재, 보다 분명히 말하면, 존재 전체의 근본입장에 대한 **변혁의 도약을 감행할 준비**를 일깨울 수 있다. 지금 여기에서 우리가 수행하는 모든 물음 중에 중요하지 않은 것은 아무것도 없다. 이러한 도약이 무조건적이고 자유로운 것이어야 하는 만큼 그것을 위한 준비를 일깨우는 것 또한 필수적인 것이다. 이것은 우리가 **지금까지 물었던 것에 의존**하여 그것의 관점에서 **역사적 존재의 다른 가능성**에 대한 **이해를 불러일으켜야** 한다는 사실을 의미한다.

c) "이전부터 우리의 본질을 현성하고 있는 것"으로서의 역사

이러한 의도에서 우리는 역사에 관한 지금까지의 논의에서 제시한 역사의 지배적인 특징과 관련하여 **다른 가능성**을 마주하는 지점에 이르렀다. 이것은 '역사적인 것은 **지나간 것, 과거이다**'라는 **통상적** 규정이 무엇을 의미하는지를 우리가 명백하게 했을 때 가능한 것이었다. 우리는 역사지식과 역사사유가 무상한 것의 지나감을 목표로 하는 것이 아니라 보다 이른 것의 현실성을 보존하는 것, 즉 **간직함**에 놓여있다는 것을 알았다. 그러나 그렇게 간직함은 **이전에 되어진 것**과 **지금 완결된 것**, 즉 **되어진 것과 되어짐**으로 사유될 수 있다. 그러나 그것은 **이전부터** 여전히 **현성하고 있는 것, 기재하는 것, 기재성**으로도 경험될 수 있다. 그러므로 **보다 이른 것**은 과거, 되어짐, 기재성이라는 세 가지 의미 속에 놓여있다. 우리가 **지금** 한편으로는 과거와 되어짐, 그리고 다른 한편으로는 과거와 기재성 사이**의 구별을 보다 분명하게** 되물음으로써 단순히 실마리만을 얻고자 하는 것이 **아니다**. 오히려 역사에 대한 우리의 물음은 **그 사이에 방향전환**을 시도하였다. 즉, 우리는 더 이상 **역사를** 먼저 **역사과학의 대상으로 여기지 않을뿐더러 눈앞에 있는 대상으로** 경험하지 않고, 오히려 **사건**, 다시 말해 우리의 사건, **민족의 사건, 존재로서** 경험하려고 한다. 기재성은 더 이상 **공허한 시간규정**, 즉 '이전의 현재적인 것'과 '지금 더 이상 지금이 아닌 것'이 그 속에 쌓여있는 무차별적인 틀이 아니다. 오히려 우리가 의미하는 [?] 기재성은 **이전부터 우리의 본질을** 여전히 **현성하고 있는 것이다.**

180

그렇다면 우리는 '이전부터 현성하고 있는 것'을 어떻게 이해해야 하는가? 그것은 과거에서부터 현재에도 **여전히** 작동하는 것인가? 이전의 것은 오늘날에도 계속 작동하는 것이다! 그와 같은 것은 지금도 다양하게 많다. 우리는 **다양하게 계속 작동하는 것의 영향 아래**에 놓여있다. 그리고 그것을 우리는 우리가 오늘날 작동하는 것으로 그리고 지금의 사건에서 **현실적인 것으로** 경험하는 것과의 연관에서 확인할 수 있다. 그러나 오늘날 몰락, 방황, 무력함, 억압, 답답함, 평균적인 것, 어중간한 것, 극복되지 않는 것에서 드러나는 많은 것도 여전히 현실적인 것이다. 이것은 우리의 본질을 완성시켜야 한다는 의미에서 볼 때 **전적으로 본질적인 것은 결코 아니다.** 어찌하여 모든 시대는 시대를 거스르는 것, 파괴하는 것, 무질서한 것, 혼란스러운 것을 가지는가? **그림자 없는 빛은 없다.** 그리고 그 그림자만을 붙잡고 경악과 고통 속에 빠져 있는 사람은 **빛**도 여전히 파악할 수 없다. **정점**으로 치닫는 곳에는 동시에 **그것으로 인한** 그리고 **그것을 통한** 추락이 기다리고 있다. '역사는 장애물이 없는 미래로의 산책이다'라고 생각하는 것은 역사에 대한 순진한 견해이다. (뒤 183-185쪽, 참조)

・첨부(178-181쪽에 대해)

　　여기에서 짧게 지금까지의 맥락을 돌이켜보자. 우리는 처음에 **논리학을 언어의 본질에 대한 물음으로** 규정했다. 그때 논리학은 사유의 **형식과 법칙에 관한 학설**로서 여겨지지 않았다. 그렇게 함으로써 논리학의 **대상**뿐만 아니라 **취급방식**도 다르게 규정되었다. 이로부터 형식을 열거하고 규칙을 전달하는 것 대신에 하나의 물음, 정확히 말해서 즉시 거기에서 이끌려 나온 하나의 본질적인 물음이 제기되었다.

본질물음은 누구-물음이다. 앞서 물어야 할 것은 이것이다. 도대체 어떤 영역에서 그리고 어떻게 그때마다 언어와 같은 것이 존재하는가? 이 물음의 방향을 따라가면서 우리는 '역사란 무엇인가'라는 물음으로 향하는 다른 단계에 이르렀다. 그 대답은 특별한 물음을 다룸으로써 추구되었다. 그것은 역사와 자연, 역사와 역사과학 그리고 역사와 시간에 대한 물음이었다. 언어 → 인간 → 역사

마지막에 역사와 시간의 관계에 대한 논의도 우리가 역사를 시간이라는 틀 속에서 진행하는 대상-연관으로 파악하는 한, 어떤 특별한 것도 제공하지 못한다는 것이 밝혀졌다. 그러한 시간은 탁월한 것이 아니다. 여기에서 그것은 자연과 비교될 수 있다. 오히려 이제 탁월한 것으로 제시될 수 있는 것은 '역사는 인간의 탁월한 존재이다'라는 우리의 주장이었다. 그런 까닭에 역사를 대상, 존재자로서가 아니라 인간존재로서 이해해야 한다. 그렇다면 어떻게! 그러나 이에 대한 주된 반론은 다음과 같다. 존재와 되어감.

근본적인 대립! 다른 것들을 참조할 것! 여기에서 '존재'는 영속적인 머무름이다.

되어감 — 역사, 존재!

그러므로 우리는 여기에서도 여전히 가장 먼저 존재에 관한 진리를 물음으로 제기하였다.

↑　　　↑　　　↑

근원적인 존재개념으로부터 이러한 필연성을 통찰하기 위해 사건을

존재로서, 동시에 우리 자신의 **탁월한** 존재로서 파악해야 한다.

　역사와의 근원적인 관계를 역사적 존재의 의미에서 보려는 시도.

　오늘날과 마찬가지로 오래전부터 은닉된 채 열려 있는 것, 해결되지 않은 채 오인되며 작동하고 있는 것은 시대의 비본질 (Unwesen)이다. 그것은 이전부터 우리의 본질을 현성하고 있는 것이 드러나지 **못하게 밀쳐내고 억압하는 동시에** 그것을 위장하여 모든 것에서 **본질의 가상을 내세우는 불운한 특성을** 가진다. 왜냐하면 비본질이 다만 무-본질(**Nicht-Wesen**)로 존재한다면 그것은 **무차별적으로 쉽게 간파할 수 있는 동시에 지나칠 수 있는 것**이기 때문이다. 그러나 비본질은 본질의 가상이다. 그러므로 그러한 가상은 우리의 안락함, 자만심, 수다스러움과 분주함에 말을 건넨다. 비본질은 우리의 모든 행위를 **사로잡는다.** 좋은 견해와 최선의 의도가 있는 곳에서도 마찬가지이다. 비본질은 참된 인도를 **곡해하고 이미 잘못된-인도** (Ver-führung)를 준비한다.

　'우리의 본질을 이전부터 현성하고 있는 것'을 우리는 그때마다 **오늘날에만 여전히 유효하게 작동하는 형태로 문고리를 잡는 것처럼** 직접 확인할 수 없다. 그것은 **항상 역사적인 순간에** 우리에게 본질적인 것에서만 전개된다. 그리고 이 본질적인 것은 마치 길거리에 있다가 붙잡히기를 마냥 기다리는 것처럼 **어디에선가 불쑥 솟아날 수 없다.** 우리에게 본질적인 것은 가령 우리가 흐르는 강물 위의 어떤 장소에는 다리가 있고, 다른 특정한 장소에는 없는 것을 아는 것처럼 **그렇게 알 수 없다.** 우리에게 본질적인 것은 가령 우리가 등불에 사용하는 가스를 계속 흡입하면 죽는다는 것을 아는 것처럼 그렇게 우리에

1부 | 모든 논리학의 근거물음이자 주도적인 물음으로서 언어의 본질에 대한 물음

게 알려질 수 있다.

우리의 존재에서 그리고 우리의 존재를 위해 우리에게 본질적인 것을 우리는 오늘날의 것에서 **결코 포착할 수 없다**. 오히려 그것을 우리는 — 우리가 **우리의 존재를 위해** 스스로 결단하고, 우리가 되고자 원하는 **것에 대하여 태도를 취하는** 것처럼 — **우리가 그것을 위해 스스로 결단하는** 것에서 경험한다. 우리는 우리에게 본질적인 것을 **우리의 명령 아래 우리의 미래로** 설정하고 있는 그런 존재에서 만난다. 이전부터 현성하고 있는 것은 우리의 미래로부터 규정된다. 그렇다면 이 미래란 무엇인가? 미래에 대한 규정은 자의적인 선택 또는 심지어 예언과는 무관하다. 미래에 대한 규정은 **떠돌다가 갑자기 떠오르거나 고안될 수 없다**. 미래는 **이전부터 현성하고 있는 것으로부터** 규정된다. 주목해야 할 것은 이전부터 현성하고 있는 것은 미래로부터, 그리고 미래는 이전부터 현성하고 있는 것에서 규정된다는 사실이다. 물론이다! 이제 기재하는 것은 지나간 것으로서만 사유되어서는 안 된다. 오히려 기재하는 것은 기재하는 것의 고유함에 따라 사유되어야 한다. 이전부터 현성하고 있는 것은 — 그것이 현성한다면 — 항상 이미 오늘날의 것과 지금의 것을 넘어 파악되고 있다. 이전부터 현성하고 있는 것은 **전승(Überlieferung)으로서** 현성한다. 이것은 지나간 것과 지금까지의 것에 대한 보고와 인식 그리고 훈련에서 파악된 눈앞에 있는 내용을 의미하지 않는다. 오히려 그것은 **이미 현성하고 있는 것으로서** 우리의 규정을 우리를 넘어 미래로 실어 나르는 그러한 사건이다. 본래적인 전승에서 현재적인 것을 넘어서는 **계승(Übergriff)이** 현성한다. 미래로부터 우리의 규정은 우리 자신과 대면하며 우리 자신을

향해 다가간다. 이것은 우리가 전승을 이어가면서 미래와 대면하고, 단지 오늘날의 것에 대한 **경영** 속에서 자신을 상실하지 **않고** 시간을 낭비하지 **않는다고** 가정할 때에만 가능하다.

2부

역사의 본질로서
근원적으로 통일된 시간

우리의 기재성과 우리의 미래는 더 이상 — 하나의 시간–공간(기재성)을 다시금 떠나서 우리 뒤에 남겨두고, 다른 시간–공간이 처음부터 우리에 의해 점유되어야 하는 — 두 개의 시간–공간(**Zeiträume**)으로 존재하지 않는다. 이전부터 현성함은 우리의 고유한 존재, 다시 말해 미래로 앞서 내던져진 우리의 존재이다. 미래는 여기에서 다시금 **우리가 어떻게 존재하게 될 것인지**, 그리고 우리가 **누구로 존재하게 될 것인지**와 연관하여 **우리 자신을 향해 다가감**이다. 이러한 앞서 내던져져 우리 자신을 향해 다가감은 **기재성의 미래**, 다시 말해 **근원적으로 통일된 시간 자체**이다. 시간은 그야말로 거기에 있는 이전의 공간이 다음의 공간에 자리를 내어주는 공간의 이어짐이 아니다. 오히려 이전부터 현성하고 있는 것은 자신을 미래로서 포괄하면서 시간화되고(sich zeitgen) 있다.[1] 기재성이야말로 미래를 '가진다'. 이전부터 현성하고 있는 것을 단적으로 과거라고 말할 수 없는 반면, 과거는 확고하게 현존한다. 시간은 우리가 추후적으로 합산해서 생각하는 시간**공간**으로 구성되어 있지 않다. 거기에는 두 개의 시간**공간**이 근본적으로 결코 **존재하지 않는다!** 오히려 시간은 근원적이고 통일적으로 시간화 속에서 시간화되고 있다. 이후에 다루게 될 내용 참조. '현재'와 '미래'도 완전히 다르게 이해되어야 한다!

---

1 기재해온 것의 가능성 – (지나간 것은 확고하게 현존한다)!

24절. 시간의 힘과 관계 맺고 있는 "우리 존재 전체의 변혁". 책임을 떠맡음

　이러한 시간화 속에서 역사로서 사건의 본질은 요동치며, 그것은 우리 자신이 출현하기만 하는 사건의 **연속적인 흐름** 속에 있지 않다. 여기에서 시간은 더 이상 단지 눈앞에 있는 — **우리가 그때마다 연결되어 있는** — 연속적인 지금의 흐름이 아니다. 그러나 여기에서 시간은 — 사건의 연속을 **과거로** 사라지는 것으로 파악하는 대신에 지금부터 **미래를 향해 생겨남**으로 파악하는 것을 중시하는 — 반대방향에서 경험될 뿐만 아니라 지금 우리의 본질을 **떠맡는 힘**으로서 경험된다. 그 힘은 **앞을 향해 있는 전승**으로서 우리의 본질을 떠맡는 것이다. 이러한 전승에 힘입어 우리에게는 우리 존재의 **과제가 앞서** 주어진다. 역사의 사건은 시간의 시간화에 근거하며 시간의 시간화로 존재한다. 시간은 그 속에서 일어나고 있는 것에 대해 무차별적으로 있는 틀이 아니다. 오히려 시간은 힘이다. 그리고 **사건 그 자체**의 가장 강력한 근본적인 이음구조이다.

　우리가 언급했던 것을 처음에 단순하게 들었을 때는 당장 **다른 시간개념의 이론**에 관한 강의, 즉 **시간표상**에 대한 **단순한 변화**를 다루는 것처럼 보이는 **가상**이 생겨난다. 그렇게 보일지라도 우리는 여기에서 그것을 다루고 있는 것이 아니다. 우리가 여기에서 말하는 것은 우리가 스스로 고안해낸 것도 아니고, 그때마다 고안해 낼 수도 없는 **사건**이다. 왜냐하면 그것은 **시간의 힘과 관계 맺고 있는 우리 존재 전체의 변혁을 일으키는 것**이기 때문이다. 이 변혁은 단순한 이해와 개념적 인식을 통해서 우리가 일으킬 수 있는 것이 아니다. 왜냐하면 이 변혁은 우리가 시간의 **힘**을 어떻게 **인정하는지**, 우리가 우리의 기재성을 어떻게 떠맡는지, 우리가 우리의 미래를 어떻게 우리에게 다가오도록 하는지, 우리가 **시간 자체를 어떻게 시간화하는지**와 연관되어 있기 때문이다. 시간은 우리가 우리 자신에게서 확인하고 한탄하는 **무상성**으로서 우리에게 더 이상 존재할 수 없다. 시간은 물론 — 우리가 그때마다 '진보'로서 환호하는 — 단순한 **생겨남**과 되어진 존재로도 존재할 수 없다. 이러한 변혁은 우리 현존재의 변화와 관계한다. 이러한 변화로서 변혁은 우리 역사의 근본사건이며, 지금 우리의 본질을 증명하는 우리의 미래이기도 하다. 시간에 대한 우리의 물음은 눈앞에 있는 것으로 여기며 지금까지 어쩌면 간과해온 어떤 하나의 사실내용에 대한 확정과 기술에는 도움을 주지 않는다. 이 물음은 더구나 아마도 **지금까지 그다지 중요하지 않은 것으로 여겨온** 지금까지의 시간에 대한 우리의 관계에 대한 **개입(Eingriff)**이다. 이 개입은 그 의도에 따라 우리 현존재가 맺고 있는 변화된 시간관계를 일깨우는 계승일 수 있다. 우리의 물음은 앞서 언급한 문제를 제기해온 개인의 시도나 공로가 결코 아니다. 우리의 물음은 그 자체로 역사적인 우리 현존재의 위대하고 오래된 전승의 영향권 속에 놓여 있다. 사건의 본질을 이렇게 파악하는 것은 우리가 '시간 속에' 존재하는 방식의 변화로부터 생겨난다. 다시 말해 우리는 단순히 무차별적인 틀로서의 시간 '속에' 놓여있는 것이 아니라 우리를 넘어 이전부터 현성하고 있으며 — 선취하고 있으며 — 우리 자신에게 다가오는 것으로 우리 **자신**을 경험하고, 시간의 시간화로서 **우리 자신**을 알게 된다. 그런 까닭에 역사의 본질에 대한 우리의 물음은 우리가 역사, 민족, 인간, 언어라고 명명하는 것에 대한 어떤 공허한 개념적 규정을 쫓는 무절제하고 호기심 어린 추구가 아니다. 우리가 일깨우고자 하는 지식은 어떤 철학체계의 명제들에서 나온 유별난 인식이 아니다. 우리가 알고자 하는 것은 — **역사의 규정** 아래 그리고 **역사의 규정** 속에 놓여 있는 — 우리 존재의 변화를 함께 다루는 것이다.

'우리 자신은 누구인가'라는 물음에 대해 '우리는 현재 대학의 **교육 사건**에 관여하고 있다'고 대답했고 대답하고 있다. 그리고 우리는 이 대답이 **결단**에 부합하는 것이라고 말했다. 지금 그것에 대한 본래적 근거가 **통찰**되어야 한다. 이 근거는 지금 여기 **교육사건**이라는 것을 전적으로 제쳐놓더라도 **사건 그 자체**에 놓여있다. 사건은 우리가 마주 대하고 있고, 그것의 영향을 받는 일들의 연속이 아니다. 사건은 되어감의 성격에 따라 그 자체로 전승이다. 그렇지만 **전승에 관여**한다는 것은 전승되고 있는 규정의 떠맡음을 의미한다. 사건이 마치 저절로 생기고, 우리는 그곳에 출현할 뿐이라고 여기는 것은 하나의 가상이다. 그러한 가상은 우리가 우리의 규정을 떠맡으려는 — 이 떠맡음에서 우리의 규정을 비로소 일깨우고 **규정되어 있음**으로 이끌려는 — **끊임없는 노력**으로부터 우리 자신을 배제하는 것이다. 이로부터 이제 왜 우리가 우리의 물음을 **묻는** 일에 각성과 촉진이 필요함을 항

191

상 다시금 환기시키는 이유도 파악될 수 있다. 왜냐하면 우리의 물음에 대한 대답은 결단에 따른 것이어야 할 뿐만 아니라, 물음 자체도 결단에 따르는 것이기 때문이다. 이 물음 자체에는 우리가 이 물음을 받아들이고 있는지 그리고 어떻게 받아들이고 있는지, 우리가 이 물음을 계속 물으면서 집요하게 이어지는 반박을 극복하고 있는지 그리고 어떻게 극복하고 있는지에 대한 물음이 포함되어 있다. 그렇게 함으로써 우리는 우리의 논의결과를 막연히 기다리는 전도된 기대 속에서 더 이상 배회하지 않게 된다. 그러한 논의결과란 하나의 문장으로 기록해서 다른 사람이 이어서 말함으로써 전달될 수 있고 하나의 이론으로서 다른 이론들과 대비될 수 있어야 하는 것이다. 우리의 물음에 대한 대답은 물음과 동일한 성격을 가진다. 그 대답은 가령 '역사의 본질은 이제 이러저러하다', '인간의 본질은 이러저러한 것으로 구성된다'와 같은 문장형식의 진술이 아니다. 우리는 결단과 연관된 우리의 존재를 우리의 결단 속에서 떠맡음을 통해서만 우리의 존재에 대한 물음에 대해 응답할 수 있다. 대답 속에서 그것, 즉 존재를 사건으로 이끌어오는 것이 우리가 말하고 있는 책임을-떠맡음(ver-antworten)이다.

우리의 대답, 즉 우리가 사건의 본질을 시간의 본질로부터 해명하는 것은 예를 들어 책임을 떠맡는다는 성격을 가진다.

이렇게 특징지은 것을 우리는 도덕적으로나 종교적으로, 즉 도덕률이나 신 앞에서 책임을 떠맡음으로 이해하는 데 익숙해 있다. 그러나 우리는 여기에서 그 표현을 철학적으로, 즉 대답함의 탁월한 형태와 방식으로 이해한다. 다시 말해 우리는 논의되고 있는 그것에 대꾸함(Entgegnung) 속에서, 그것과 우리의 대결 속에서, 그것에 관한 우리의 기분[?] 속에서, 우리의 존재와 존재방식 — 우리가 어떻게 존재하는지 — 에 의한 장악 속에서 받아들인다. 여기에서 대답한다(antworten)는 것은 의지적이고 지식적으로 대꾸함, 그리고 이때 말한 것, 즉 그 말(das Wort)을 자신의 고유한 존재로 바꾸어 책임을—떠맡는다(ver—antworten)는 것을 의미한다. 이러한 형태의 대답은 그것에서 물음과 묻는다는 것이 결코 해소되지 않는다는 사실, 다시 말해 결코 대답될 수 없다는 사실을 그 자체에 포함하고 있다. 왜냐하면 그 물음은 문장형식의 결과로 대답될 수 없기 때문이다.

25절. 두 가지 오해에 대한 거부

이로부터 1) 우리 존재의 **변화가 얼마나 포괄적으로** 수행되어야 하는지, 그리고 2) 이러한 변화가 **오랜 시간에 걸쳐** ─ 그러한 **이행** 속에 있으면서 ─ **지속적으로** 오해에 노출되어 있다는 사실이 분명해진다. 두 가지 오해를 우리는 즉시 해명해야 한다.

a) 협력에 대한 요구가 아님

방금 언급한 우리의 물음과 대답의 특징은 다음과 같은 **견해를 지**지할 수 있을 것이다. 즉 전체적인 우리의 노력에서 우리의 **역사적인 순간을 위해 가능한 한 단순하며 즉각적이고 실천적인 태도**를 중시하는 것이다. 그렇다면 거기에 얽혀있는 수많은 주제들의 에움길과 개념적인 상론을 다루는 것이 무슨 필요가 있겠는가? 개념과 원리를 산출하고, 그것을 하나의 철학적 '직관'으로 제시하는 것은 분명 중요하지 **않다**. 분명 중요한 것은 적합한 정신적 행위와 적합한 목표를 세우는 것이다. 그러나 바로 그렇기 때문에 우리는 **근원적인 앎과 그**

런 앎에 대한 의지, 즉 진리를 요구한다. 이 진리는 존재자의 개방성으로서 우리를 그 [존재자의] 존재에 순응시키고 연결하는 것이다. 이를 위한 최고의 과제 중 하나는 그것에서부터 그리고 그것 안에서 우리가 **본질적인 것**을 묻고 책임을 떠맡을 수 있는 그러한 **사유방식**, 다시 말해 물음의 방식과 대답의 형태를 만들어내는 것이다. 여기에서 우리에게 생겨난 **개념들**은 물론 전통 논리학이 알고 있는 것과는 아주 다른 개념적 성격을 가진다. 이 개념의 힘과 예리함은 변화된 물음의 영역에서 한층 더 필요하다. 이러한 **철학적 개념**은 오늘날까지 지속되고 **비로소 정당하게 의심을 받고 있는** 잘못된 대립에서부터 벗어난다. 잘못된 대립에는 — 단지 **사유된 것** 또는 심지어 **생각해낸 것**이라는 — 이성적인 것에 대한 개념과 **비이성적인 것**, 즉 살아있는 생명체와 그것의 힘이 구별되고 있다. 바로 이성적인 것과 비이성적 것 **사이**의 이러한 대립은 분명 '라치오(Ratio)'라는 특정한 개념, 즉 이성적 동물이라는 인간에 대한 표상, 다시 말해 이성이라는 개념에 기반을 두고 있다.

그러나 **자유로운 사유구조**를 위한 인위적이고 무력한 껍데기라는 의미의 **개념**을 극복해야할 필요성으로부터 그러한 개념 자체의 중단이 따라 나오는 것은 아니다. 오히려 정반대이다. 개념과 개념적 지식, 개념적 물음과 대답의 엄격함을 비로소 **완전하게 장악해야 할 필요성**이 **더욱더 요구된다.** 사람들이 여기에서 다만 일상에서 요구되는 **열성적인 협력**을 위한 마음과 영혼의 교화가 중요하다고 생각한다면 그것은 우리의 노동에 대한 아주 심각한 오해가 될 것이다.

b) "우리 존재의 변화"는 즉시 이루어질 수 없다

그러나 두 번째 오해는 — 이것은 쉽게 생겨나는데 — 우리 존재의 변화와 그것을 행하기 위하여 제시되어야 하는 것, 즉 우리의 물음과 대답이 순식간에 해결될 것이라고 생각하는 것이다. 왜냐하면 우리의 물음과 대답이 진정한 것이라면 그것은 분명 **그 자체로 사건**이며, 따라서 세월이 흘러도 오늘날의 우연적인 것에 구속되지 않을 수 있는 **규정에 순응하는** 것이기 때문이다. 여기에서 오늘날의 것이란 우리에게 여전히 지나간 것에 의해 주입되고 있지만, 점차적인 존재 변화의 수행으로부터 우리에게 비로소 그 범위를 드러내는 그것의 무본질(das Wesenlose)로 인하여 희미해지고 약화된다.

c) 물을 만한 것으로서의 "토대"

우리는 우리의 물음을 이어가는 과정에서 물을 만한 것으로서 증명된 모든 것을 위한 **토대(Boden)**를 획득하는 순간에 우리의 노동이 가지는 형태와 의미에 대한 관점을 부여했다. 그때 증명된 것은 시간화에서의 시간, 그리고 — 우리 자신이 인정하는 또는 인정하지 않는 — 시간의 힘, **시간성** 자체로서 우리 현존재와 같은 것이었다. 우리는 '시간이 **있다**거나 **있지 않다**'라고 더 이상 말할 수 없다. 왜냐하면 우리는 지금 여기에서 '**존재**'에 대한 규정이 **시간에서** 획득되었다는 것을 지금 긍정해야하기 때문이다. 정확히 말해서 1) 경과로서의 시간에 대한 본래적인 경험으로부터, 그리고 2) 규정된 시간의 성격, 즉 현재, 지금을 이끌어냄으로부터 존재에 대한 규정이 획득된다. 우리가 들었던 것처럼 존재는 지속적인 머무름, 지속적인 현존성(Anwesenheit)을 의미했고 의미하고 있다. 우리에게 '현실적인 것'을 의미하는 그러한 성격을 보여주는 것은 지속성이다. 이것은 지금, **현존하는 것**, 다시 말해 **지속적인 지금의 것** 속에 계속 머물러 있는 것이다. 우리가 이러한 존재개념을 통해 시간을 파악하고자 한다면, 그때 과거와 미래는 지금-아님, 즉 아직-지금-아님과 더 이상-지금-아님이라는 일종의 지금의 변화이다. [전체로서 그리고 경과 자체로서 시간은 결코 '존재'하지 않는다. 그렇지만 무는 아니다. 정반대로 시간은 시간화한다.]

1장

인간의 역사성은
변화된 시간과의 관계로부터 경험된다

시간은 역사와 사건을 규정하는 존재하거나 존재하지 않는 무차별적인 틀이 아니다. 오히려 시간은 사건 그 자체를 나르고 이끄는 힘이다. 시간은 사건 밖에서 작동하는 힘, 즉 소모하는 힘이 아니라 사건 그 자체이다. 시간은 우리의 존재를 시간화한다. 시간화 속에 있는 시간의 시간성은 힘, 즉 우리 현존재가 그에게만 고유한 **그의 존재**에 이르도록 하는 힘이다. 다시 말해 현존재의 시간성은 현존재가 자신의 존재에서 **역사적으로 존재하기 위한 가능성의 근거**이다. 이 존재는 사건으로서 일어난다. 심지어 사람들은 **인간이 역사 속에 있**다고 하는 말을 많이 듣는다. 그리고 사람들은 인간의 '역사성'에 관해 많이 이야기한다. 그럼에도 불구하고 우리는 **역사적 존재를 그것**의 **본질**에서 경험하지 않는다. 그에 대한 경험은 시간 자체와 맺는 우리의 관계가 변할 때에만 가능하다. 그리고 이를 위해 우리는 **시간을 근본적으로 다른 것으로 이해**하고, 우리의 시간성에 대한 근본 경험을 일깨우고 관철시킬 필요가 있다. 우리는 근본적으로 시간을 시계에 의해 측정할 수 있는 경과로서 우리에게 빠르거나 느리게 **지나가는 것**에서 경험하지 않는다. 우리는 항상 우리의 삶에서 출현한 모든 돌발사건을 시점에 **연결시키고, 날짜를 기입할 수 있다**는 것에서 시간을 경험하지도 않는다.

26절. '규정'에 대한 경험을 통해 시간을 경험함

우리가 자신을 우리의 '규정'에서 경험할 때, 우리는 시간을 경험한다. **처음 들을 때** 이것은 우리가 규정되는 **방식**을 체험하는 시점을 의미한다. 그러나 그런 것을 의미하는 것은 아니다. 그 이유는 다음과 같다. 1) 규정은 주어진 어떤 것이라는 의미에서 결코 체험될 수 없기 때문이다. 2) 주어진 것은 눈앞에 있는 것으로서 다시금 즉시 우리가 파악할 수 있기 때문이다. 그것은 지금 어떻게 있고, 앞으로 어떻게 있을 것인지에 대해 어떤 방식으로든 확정할 수 있는 것이다. 3) 그러므로 규정에 대한 경험은 우리가 그렇게 존재하고 아마도 한번 그렇게 존재하게 될 것처럼 출현하는 사건에 근거해서 감각적으로 확정하면서 인지하는 것을 의미하지 않는다.

'경험한다'는 말을 통해 우리는 경험으로 이끄는 것, 다시 말해 우리의 규정이 개방되어 있도록 일깨우는 것을 생각한다. 그리고 이것은 우리가 규정을 수행하고 넘겨받는 것 이외의 다른 방식으로 일어나지 않는다. **그렇다면 여기에서 규—정(Be—stimmung)은 무엇을 의미하는가?**

이러한 일반적 표현을 우리는 앞으로 우리의 논의에서 **매우 제한**

된 의미에서 사용할 것이다.[1] 우리는 그것을 지금 '규정된' 의미라고 도 말할 수 있을 것이다. 그러나 바로 규정, 즉 임의적인 사물이나 심지어 개념을 확고하게 한계 짓는다는 뜻을 가진 그 낱말의 사용을 우리는 피하고자 한다. 왜냐하면 규정은 즉각 대상적인 것, 즉 사물 등과 연관되어 있기 때문이다. 낱말을 임의적으로 사용하는 것은 당연히 일상적인 낱말의 사용에서도 재량에 달려 있는 것이다. **강제성! 자의!?** 그렇지만 분별없이 그리고 목적 없이 남용하는 것에는 반대한다. '규정'이라는 낱말은 우리에게 **삼중적인 것**을 말한다. 이 **삼중적인 것**은 동시에 **근원적인 통일성**과 **공속성** 속에서 제시되어야 한다.

a) 임무와 사명으로서 규정

1) ~을 향해 우리가 **규정되어 있다**는 **의미에서의** 규정. 그러나 이렇게 ~을 향해 규정되어 있다는 것을 우리는 인간을 무엇인가 되도록 하려는 **목적을 위한** 확실한 준비와 **훈련**으로 이해하지 않는다. 오히려 우리에게 있어서 ~을 향해 규정되어 있음으로서의 규정은 어떤 것을 향해 우리가 자신을 규정하는 그것, 즉 우리가 **자신을 위해** 우리의 **임무**(**Auftrag**)로서 우리에게 **일깨우고 있는** 것을 의미한다.

---

1 '규정(Bestimmung)'이라는 낱말을 하이데거는 우리의 존재가 시간화의 시간 속에 역사적 존재로 규정되어 있음의 의미로 사용한다. 하이픈을 사용한 독일어 Be-stimmung은 이미 Stimmung, 즉 '기분'이라는 의미가 내포되어 있다. 그것은 어떤 것을 대상적인 것으로 한정하기 이전에 어떤 근본기분에 놓여있음을 나타낸다. ─ 옮긴이

임무는 **우리가 우리의 본질을 수행함**에서 **우리 자신을 자신에게 다가가도록** 하는 것이다. 임무는 우리의 규정, 즉 미래이다. 이것은 자의적으로 고안해 내어 임의적으로 부여한 과제가 아니다. 오히려 임무는 미래를 위한 것인 동시에 그것이 **우리에게 이미 앞서—규정되어 있다**는 의미에서만 우리의 규정이다. 임무는 그것이 **스스로 우리의 사명**(Sendung, 보냄) — 우리의 본질을 이전부터 근원적으로 현성하고 있는 것, 즉 그 자체로 우리 자신을 넘어 개입하고 있는 기재성 — 을 떠맡을 때에만 **참으로** 임무가 된다. 그러므로 **사명으로서 우리의 임무**는 기재성으로부터 우리의 미래를 시간화하는 것이다. 이때 시간은 우리를 미래로 이끌면서 우리의 근원이 되는 **유산**을 우리에게 선사하는 힘이다. 우리 현존재가 자신의 임무 안에, 다시 말해 자신의 사명 안에 놓여 있는 한에서 우리 현존재는 자신의 규정을 경험하고, 이러한 의미에서 규정된다. **~을 향해 규정되어 있음**으로서의 규정은 — 임무로서 우리에게 다가오고 있는 — 사명 속에서 앞을 향해—떠맡고—있음을 의미한다.

b) 노동으로서 규정

2) 그와 동시에 규정은 **규정되어 있음**(Bestimmtheit)의 의미를 가진다. 규정되어 있음을 우리는 임무의 의미를 가진 규정에서 받아들이고 떠맡아 **창조한다**. 여기에서 규정되어 있음은 어떤 속성에 대한 외면적이고 피상적인 경계와 제한을 확정하는 것이 아니다. 여

기에서 규정되어 있음은 우리가 사명과 임무를 위해 참여하여 성취하는 것, 즉 실행에 옮겨 작품으로 만들어내는 것, 즉 **노동**으로부터 그리고 **노동** 속에서 취하고 있는 우리의 태도와 자세의 특징과 순응(Fügung)을 의미한다. **노동**은 우리가 몰두하여 찾아서 처리하는 어떤 직업이 아니다. 여기에서 노동은 그때마다 규정되어 있음으로 변화된 규정이다. 다시 말해 노동은 사명의 수행과 임무실행의 특징과 이음구조를 가진다. 노동은 그때마다 순간 속으로 우리의 모든 행위를 **모은다**. 노동은 우리가 노동 속에서 그리고 노동을 통해 완성한 작품을 현존성과 지배로 이끈다는 의미에서 현재이다. 현재의 노동은 본래 **일차적이고 현실적인 것**만이 아니다. 거기에서 두 방향을 가진 기재성과 미래는 깨어져 비존재로 가라앉는다. 오히려 현재는 비로소 **미래와 기재성으로부터** 생겨나고, 미래와 기재성에서만 시간화된다. 현재는 기재성으로부터 미래로 넘어감으로서 '존재한다'. 그리고 반대로 미래의 성취는 기재성을 위한 것이다. **넘어감으로서** 현재는 **수행 속에서**, 즉 **순간** 속에서 시간화한다.

그러므로 우리가 규정을 경험할 때 시간의 근원적인 본질을 경험한다는 말에서 우리가 생각했던 것이 보다 분명해진다. 그 규정은 1) 임무와 사명 속에서 우리의 규정되어 있음이며, 2) 규정되어 있음으로부터 발원하고 **그것을 위해 도약하는** 노동 속에서 우리의 규정되어 있음을 의미한다.

c) 지배적인 근본기분에 의해 철저히 기분 잡혀있음으로서의 규정

그러나 사명 속에서 노동으로 규정된 임무, 즉 방금 말한 이중적인 의미에서 규정은 **여전히 세 번째** 의미에서의 **규─정**이다.

우리는 규─정되어 있다. 다시 말해 언제나 **기분(Stimmung)**에 의해 **철저히 기분 잡혀있다**(durchstimmt). 그러므로 임무와 사명이 노동 속에서 규정되어 있음을 가지며, 노동은 기재성으로부터 미래로 뻗쳐 나간다. 이처럼 **그때마다 근본기분은 임무, 사명 그리고 노동 전체를 지배한다.** 우리의 규정은 그것들을 견인하는 **기분지어져 있음(Gestimmtheit)** 속에 있다.

사람들은 기분을 **통상적인** 인간의 심리학적 표상에 따라 ─ 거기에 사고와 의지가 있는 것처럼 ─ 본래적인 마음의 능력에 추가되는 **어떤 부가물**로 파악하곤 한다. 왜냐하면 기분은 말하자면 심리적 활동의 **색채와 음조**, 다시 말해 **심정적인 측면**에 따른 **어떤 상태**이기 때문이다. 사람들은 기분의 힘과 마찬가지로 기분의 내적인 본질도 **오인하고 있다**. 이른바 냉정하게 사고하고 물음을 제기하는 사람처럼 강한 의지를 가지고 행동하는 사람은 기분으로부터 자유롭고, 기분을 대개 무시할 것이라고 사람들은 생각한다. 기분은 여성적인 것(Weibisches)으로서 계속해서 기분에 의존하는 소위 정서적인 사람에게만 관련된 문제라는 것이다.

여기에서도 다른 영역에서처럼 본질은 **비본질**에 의해 평가절하된다. 소심하고 줏대 없는 인간만이 기분에 의해 규정되는 것이 아니다. **오히려** 위대한 자, 냉정한 자, 현실적으로 행위하는 자도 즉각 기분에 의해 규정된다. 그 차이는 다만 위대한 인간은 큰 근본기분에 의해, 소심한 인간은 우리가 '일시적인 기분(Launen)'이라고 부르는 작은 기분에 의해 떠밀려 순응하며 이끌린다는데 있다. 나아가 그 차이는 다음의 사실에서만 드러난다. 큰 근본기분은 그것이 **강력하면 강력할수록 보다 더 은밀하게** 작용한다. 또는 큰 근본기분이 고유한 형식, 즉 창조와 결단하는 행위 속에서 **나타날 때**, 다시 말해 근본기분이 — 민족과 예술에서는 그것은 어떻게 나타나는가? — 고유한 업적 자체, 위대한 예술 속에서 나타날 때 보다 더 은밀하게 작용한다. 반면에 소심한 자의 작은 기분은 계속해서 초라함 또는 얼빠진 **자유분방한 모습으로** 드러난다. 기분은 우리의 심리적 활동에 **덧붙여지는 것이 아니다.** 오히려 기분은 우리 현존재가 근원적으로 가장 깊고 넓게 존재자에 **개방되거나 닫히는** 시간적 힘의 **근본사건이다.**

d) 시간과 맺는 근원적인 관계의 필연적인 획득

규정되어 있음에서 놓여있는 우리의 규정적 존재는 항상 기분지어져-있다(**ge-stimmt**). 우리가 이렇게 규정이라고 명명하는 것의 통합적인 **삼중적** 의미는 임무, 사명, 노동을 **기분의 통일성** 속에서, 즉 미래, 기재성, 현재를 이들 시간화의 **통일성** 속에서 경험하게 한다. 다시 말해 우리의 존재를 순응하도록 이어주고, 그 자체에서 사건으로 '규정하는' 근원적 힘으로서 경험하게 한다. **시간은 힘의 이음구조(Machtgefüge),** 즉 역사적인 것으로서 우리 존재를 이어주는 크고 유일한 이음매(**Fuge**)이다. 그리고 시간은 그때마다 우리 자신, 즉 민족의 — 어떤 민족의 — **역사적 유일회성**을 위한 **원천근거**가 된다. 삼중적 의미에서 **우리의 규정**은 역사적인 사건의 근본적인 특징이다. 이렇게 이해된 우리 존재의 **규정**에 대한 경험으로부터 **본래적 시간과 맺는 근원적 본질관계**를 획득하는 것은 오늘날의 사람들에게는 분명 쉽지 않다. 그 이유는 무엇보다도 우리가 전승된 시간의 표상을 통해 잘못 인도되어 왔기 때문이다. 그것에 따르면 시간은 임의적인 내용의 공허한 형식, 다시 말해 인간의 본래적이고 고유한 존재와는 **낯선 경과**, 즉 우리의 일상이 그것에 따라 흘러 지나가는 **무차별적인 지나감**이기 때문이다. 우리가 역사적 민족이 되어야 한다면, **그 자체에서 역사적인 것으로서** 우리 현존재를 규정하는 힘의 이음구조에 대한 경험으로부터 우리는 비로소 시간과의 근원적인 관계를 획득해야만 한다.

27절. 존재 전체에 대한 의문과 현존재

그러나 바로 여기에 우리에게 익숙한 시간의 표상 — 즉 틀과 경과로서의 시간 — 이 우리가 처음 기술했던 것처럼 **잘못된 것이 아니라**고 이제 **분명하게** 말할 수 있는 기회가 주어졌다. 그러한 시간의 표상은 자신의 **고유한 진리와 필연성** 그리고 근원적인 시간에의 본질적 귀속성을 가진다. 그것은 1927년에 출판된 『존재와 시간』에 제시되어 있다.[2] 나는 어려운 — 나에게도 어려운 — 이 책을 여러분에 읽으라고 강요할 수는 없다. 그렇지만 아마도 나는 여러분들이 이미 그 책에 대해 관심을 가지고 있는 것만큼 여러분들이 그 책에 **관하여** 어떤 하나의 문헌처럼 훑어볼 것이 아니라 먼저 이 책 자체를 철저하게 연구하라고 요구해야 할 것이다. 사람들이 오늘날 철학이 운영되는 상황을 잘 알고, 동시대인들이 항상 최악의 독자라는 사실을 잊지 않는다면, 지난 7년 전부터 지금까지 이 책에 대해 일부는 악의적인 헛소리로, 일부는 호의적으로 그 한계를 말하고 있다는 것에

---

2 [Martin Heidegger, Sein und Zeit, GA2, Hrsg. von Friedrich–Wilhelm von Herrmann, Frankfurt am Main 1977.]

207

2부 | 역사의 본질로서 근원적으로 통일된 시간 물음

더 이상 놀랄 필요가 없다.

이 책은 어떤 영원한 진리를 포함하고 있지도 않으며 하늘에서 떨어진 것도 아니다.

이 책은 유감스럽게도 저자 자신도 가장 잘 알고 있는 큰 결함을 가지고 있다.

그러나 이 책은 사람들이 지금 많은 글쓰기를 통해 수다를 떨고 있는 물음 또한 포함하고 있다. 바로 그 때문에 그 물음은 다시 물어져야만 하고, 다른 사람에 의해 물어지고 받아들여져 더욱더 철저하게 물어질 때까지 오랫동안 물어져야 한다.

그러나 〔그 책에서 물었던〕 그 물음은 역사적 현존재를 형성하는 힘의 이음구조라는 시간의 근원적 개념을 제공하지도 않고 재론하지도 않는다. 그러나 분명 앞서 언급한 일상적 시간의 표상은 시간의 근원적 본질로부터 **발원한다. 어떻게** 그리고 **어떤** 단계에서 그것이 발원하는지는 여기에서 제시할 수 없다. 마찬가지로 우리는 우리에게 익숙한 시간표상이 **역사적이고 시간적으로 가장 먼저 획득되었지만**, 근원적 시간에 **앞서** 지배적인 것으로서 완성될 수밖에 없었던 사실과 이유에 대한 근거를 여기에서 다룰 수 없다. 그리고 우리가 이미 부딪쳤던 물음을 여기에서 철두철미하게 추적할 수 없다. 그 물음은 다음과 같은 것이다. 무엇 때문에, 어떤 과정에서 우리에게 익숙한 존재 — 현재로서의 시간에 대한 관점에서 나온 지속적 현존성으로서의 존재 — 에 관한 표상이 생겨날 수 있었고 생겨나야 했는가? 마찬가지로 왜 시간을 통상적으로 공간과 연결하여 '공간과 시간'이라고 부르는가? **왜 바로 시간이** 모든 사유와 철학함의 **가장 높**

고, 가장 넓고, 가장 깊은 개념, 즉 존재개념의 근원영역이 되는가? 서양 철학의 시초부터 시간의 힘과 존재의 지배 사이에 비밀스러운 내적 연관이 작동하고 있다. 그렇기 때문에 "존재와 시간"이라는 말은 어떤 책을 위한 임의적인 제목이 아니라, 철학의 가장 내적인 물음이고 그로 인해 가장 은닉된 물음이기도 하며, **철학의 규정**, 즉 **철학의 사명, 철학의 임무, 철학의 노동이다. 다른 한편으로 우리가** 시간의 표상에서만이 아니라 시간에 대한 우리의 전체적인 태도에서 **전면적인 변화가** 준비된다면, 그리고 시간이 우리에게 더 이상 단순한 과거, 일어난 일의 추이와 지속을 측정하기 위해 통용되는 틀이 아니라고 한다면, **존재개념 전체의 근본적인 변화가** 그와 동시에 수행되어야 하고, 서구 정신의 시원과 비교될 수 있을 만한 정신의 변형이 이루어져야 한다. 여전히 시대는 **진부한 표상들과 익숙한 사고방식** 속에 **아주 다양하게** 고착되어 있고, 그것에 너무 **밀착되어 있기** 때문에 시간의 본질로부터 일어나는 이러한 시대의 변혁은 개별자들에 의해서만 예감될 수 있을지 모른다. 다가올 것이 우리를 곤경에 빠뜨리고, 오늘날의 것과 어제의 것이 괴로움과 안정을 주는 이러한 **과도기**의 상황에서는 익숙한 것을 풀어헤쳐 아주 다른 것을 간접적으로 지시하고, 불안정 속에서도 그것을 굽히지 않고 작동하도록 하는 것이야말로 항상 첫 번째로 해야 할 일이다.

우리를 지속적으로 고양시켜 언어의 존재, 인간의 **존재**, 자기 **존재**, 민족존재, 역사와 **존재로서의** 사건이라는 관점에서 마주하게 만든 **의문들**, 즉 물어야 할 이 모든 것은 존재 전체에 대한 의문 (**Fragwürdigkeit**)에서 생겨난다. 다시 말해 〔존재가〕 은밀하게 우리에 의해 장악될 수 없는 — 우리에게 고유한 인간존재를 지배하는 힘의 이음구조, 즉 역사적인 것으로서 — 시간 속에 뿌리를 내리고 있다는 사실에서 지금 생겨난다. (뒤 211-213쪽, 참조)

우리가 시간의 근원적 본질을 우리가 '**규정**'이라고 명명했던 것에서 경험한다면, 그때 시간은 **순수하게 주체적인 것**으로서, 즉 **인간의 주체에 속하는 것**으로 드러난다. 출현하는 돌발사건, 예를 들어 지각의 이동, 식물과 동물의 변이는 분명 흘러가는 지금의 계열로서 시간의 틀**에서 진행된다**. 그러나 돌, 식물, 동물은 — 시간의 힘 속에 들어서있고 분명 시간 자체로 '존재하는' — 우리 자신처럼 근원적이고 본래적인 의미에서 시간적이지 않다. 식물과 동물은 임무를 떠맡지 않고 사명에 순응하지 않는다. 이러한 떠맡음과 순응함이 그것들의 **존재**방식을 특징 짓지 않는다. 그런 까닭에 동물과 식물은 노동하지도 않는다. 왜냐하면 그것들은 결코 **노동할 수 없기** 때문이다. 마차를 끄는 말도 노동하지 않는다. 왜냐하면 말은 염려할 것이 없기 때문에 노동할 필요가 없다는 것이 아니라, 오히려 마차에 얽매여 있기 때문이다. 우리의 표현으로 말하면 노동사건 (Arbeitsgeschehnis) 속에 얽매여 있기 때문이다. 기계 또한 노동하지 않는다! 물리학적 개념의 '노동'과 반대되는 것이 '**노동자**'로서 인간이다.[3] 심지어 그것들[식물과 동물]도 자신들의 법칙을 따른다. 그렇지만 **그것들은 이 법칙을 자신들의 법칙으로서 알지 못한다**. 그러

---

3 [아마도 하이데거는 이때 에른스트 윙거를 생각하고 있는 것으로 보인다. Ernst Jünger: Der Arbeiter. Herrschaft und Gestalt. Hanseatische Verlagsanstalt: Hamburg 1932.]

나 동물과 인간의 차이는 인간이 법칙 속에서 진행하는 것에 대한 의식을 가지고 동물은 그렇지 않다는 점에 놓여있는 것이 아니다. 그 차이는 인간의 존재에게 어떤 것도 지나가지 않고, 오히려 모든 것이 사건으로 일어난다는 사실에 있다. 사건은 그 자체로만 존재하는 임무를 떠맡는 것이다. 그 임무는 떠맡음에서 그리고 떠맡음을 통해 되어간다. 인간은 — 새가 부화기에 부화하는 것처럼 — 임무를 '저절로' 떠맡지 않는다. 그 외에도 인간은 — 동물과 달리 — 이러한 떠맡음을 지식으로 파악할 수 있다. 그럴 뿐만 아니라 임무를 떠맡는다는 것은 임무를 규—정하면서 그 임무 아래 규정된 자로 자신을 복종시키는 것이다. 이것은 우리가 **임무를 간과하며 소홀히 하여 그것으로부터 달아나고 오해할 수 있음**을 의미한다.[4] 우리는 그 임무를 규정되지 않은 것으로 풀어내어 단순한 활동으로 분산시킬 수 있다. 우리는 우리 현존재를 기만하고, 그것에 대해 수다를 떠는 자가 될 수 있다. 모든 동물, 식물, 돌은 그렇게 할 수 없다. 왜냐하면 그것들은 미래와 기재성을 **가지지 않으며**, 그런 까닭에 그것을 상실할 수도 없기 때문이다. 다시 말해 그것들은 낱말의 엄밀한 의미에서 무—시간적으로 존재하기 때문이다.

'**규정**' 속에서 우리는 우리 존재를 시간성으로서 경험한다. 시간의 힘은 우리 존재의 본질을 한정하고 충족시킨다. **우리는 인간으로서 그때마다 자기 자신으로 존재한다. 바로 이러한 존재자를 앞으로 우리는 단적으로 현존재라고 부를 것이다.**

---

4 역사 – 비역사!

식물과 동물도 **존재한다**. 그것들의 존재는 **생명**이다.

수 그리고 기하학적 공간의 관계도 **어쩌면 존재한다**. 그것의 존재는 **존립함**(존립)이다.

지구와 바위, 물질도 존재한다. 그것들의 존재는 눈앞에 있음이다.

인간도 존재한다. 그것의 존재는 **현존재**이다.

이러한 언어사용은 자의적이기도 하지만 필요하다.

현존재는 근본적으로 역사적이다. 왜냐하면 **시간의 힘**에 의해 떠받쳐지고 그것에 이끌려 순응하기 때문이다. 그리고 **시간성**이 인간의 본질 속에서 **탁월함**을 형성하는 한, **역사로서 사건**은 **인간의 탁월한 존재방식**이다. 그리고 인간은 그 본질근거에서 역사적이기 때문에 그 이유에서 그리고 그 이유에서만 인간은 비역사적일 수 있다. 심지어 **인간만이 비역사적일 수 있다**. 인간만이 비역사 속에서 그리고 역사의 비본질 속에서 방황할 수 있다. 그에 반해 생명이 있는 것과 마찬가지로 생명이 없는 것도 포함하여 **자연**은 결코 비역사적이지 않고 **무역사적**이며, 그것의 존재(흐름과 진행)에 있어서 **역사**와 사건으로 향해 있지 **않다**. **자연은 무시간적이기 때문에 무역사적이다**. 이 사실은 시간을 통해 자연적 흐름과 진행이 측정가능하고 확정가능하다는 것, 또는 사람들이 그것들이 '**시간 속에**' 있다고 말하는 것과 모순되지 않는다. 그러므로 우리는 **내부 시간성**(Innerzeitigkeit)과 **시간성**을 구별한다. 시계를 통해 측정이 가능한 시간에 따르는 내부시간적으로 존재하는 것은 **시간적**일 필요가 없다. 다시 말해 자신에 고유한 존재 안에서 시간의 힘을 통해 규정될 필요가 없다. 시간적인 것은 내부시간적일 수도 있다. 인간의 출생일과 사망일이 그렇다. 무시간적인 것도 내부시간적일 수 있다. '자연'이 그렇다. 그러나 모든 무시간적인 것이 내부시간적일 수는 없다. 수가 그렇다. 이에 상응하여 자연존재의 무역사성은 자연 — 풍경 등등 — 이 **역사 속에 '진입한다'**는 사실을 배제하지 않는다.

이 모든 것에서 말해지고 있는 것은 **시간성으로서의 시간**이 인간존재에게 힘으로서 **앞서 보유되어** 있다는 사실이다. 그러므로 우리를 단계적으로 변형시켜온 인간존재에 대한 우리의 물음은 앞서부터 **전체적으로 시간과 그것의 시간성**에 대한 물음이다. 우리가 **인간존재를 규정하는 본질로서의 시간성을 지속적으로** 주시하면서 지금까지 거쳐온 우리 물음의 맥락은 **지금 반대방향에서 수행되어야** 한다. 나아가 **의도적으로** 우리는 지금 그 반대방향에 있었던 **지금까지 다룬 일련의 물음**을 고수하지 않고, 오히려 그 물음들을 **통일적으로 함께 파악**하고자 한다. 이것은 그 안에 언어가 **존재**하고, 다만 **존재할 수 있는 영역**을 가늠하기 위한 것이다.

여기에서 우리는 **인간 현존재의 또 다른 특징**을 만나는 **동시에 시간의 본질**을 점차 더 성숙하게 전개할 것이다.

28절. 시간이 주체적이라는 숙고에 대한 논의

　우리는 이러한 종합적인 고찰들을 이미 언급했으며 **지금도 명백하게 강조되는 숙고에 대한 논의로부터** 우선 시작할 것이다. 왜냐하면 시간을 인간 현존재에 **일면적으로 배정하고, 그로부터 모든 비인간적 존재와 비역사적인 존재의 무시간성을** 이끌어내는 주장을 통해 **시간이 유일하게 인간적 주체에** 귀속되며 그로 인해 시간이 순수하게 **인간 안에 있는 주체적인 것으로 평가절하**되기 때문이다. 이에 따라 시간은 인간의 심리적 체험의 영역, 인간의 내면에 놓인다. 그 결과 당장 자연과 대상 자체는 **시간적으로 존재하지 않게 된다.** 왜냐하면 그것들은 분명 인간의 주체적인 것 밖의 대상으로서 존재하기 때문이다.

　우리가 시간을 배타적으로 인간의 본질에 배정함으로써 **주체적인 것으로 만들었다는 사실에 대한 이의제기는 그때 분명 인간이 주체이고 그에 따라 그의 존재가 그의 주체성에서 성립한다는** 사실을 명백히 **전제하고 있다는 점에 있다.** 왜냐하면 **그러한 경우에만** 시간은 '주체적인 것'으로 언급될 수 있기 때문이다. 그러나 이때 인간존재가 **주체존재를 통해 사물의 객체존재와의 구별된 것으로 충분히 한정될 수 있는가?** 오늘날에도 여전히 통용되고 있으며, 인간과 관련된 철학의 모든 익숙한 문제를 주도하고 있는 '주체'라는 인간의 특징은 어떤 것인가?

그러나 우리가 했던 것처럼 시간을 배타적으로 인간에게 배정하는 것을 반박하기 위해 인간의 **주체적 성격**과 그것에서 나온 시간의 주체성에 관한 **광범위한** 물음을 우리가 다룰 **필요가** 있는가? 그것은 자연과학이 동물의 **시간감각**에 대해 말하고 있는 사실, 예를 들어 개미와 벌의 시간감각을 연구하여 **놀랄 만한 결과를 보여주고** 있다는 사실에 대한 간단한 제시로도 이미 **충분하다.**

a) 동물은 시간감각을 가지는가?

그러므로 동물이 시간감각을 가진다면, 다시 말해 생명 진행이 가령 별들의 운행처럼 시간 속에서 흐르고, 시간을 통해 측량될 뿐만 아니라 살아있는 것 자체가 **시간에 대한 감각을** 가지고 **시간에 따라 움직이고** 시간을 통해 규정된다면, **시간의 소유가** 인간의 특징을 의미한다고 할 수 없다. 그렇다면 동물의 시간감각은 어떠한가? 생물학이 동물의 시간감각에 관해 말하고, 더욱이 그에 관한 연구를 내놓고 있다는 **사실이 동물이 시간감각을** 갖고 있으며, 심지어 인간과 **비슷한** 방식으로 **시간적으로** 존재한다는 것을 증명하는 것은 아니다. 예를 들어 박새와 다른 새들이 특정한 계절에 둥지를 틀기 시작하여 알을 낳으며, 제비가 특정한 시기에 모여 남쪽으로 날아간다는 것은 물론 사실이다. 다만 물어야 할 것은 이것이다. 새들이 그러한 자신의 행동을 위해 시간을 알 필요가 있는가? 아니면 시간 자체에 대한 감각만이라도 가질 필요가 있는가? 결코 그럴 필요가 없다. 그러한 행동을 하는 새들이 지구, 날씨 등등과 같은 자연상태의 특정한 영향 아래에 있다는 사실로 그것은 충분하다. **우리**가 이러한 자연상태를 특정한 **계절**에 속하는 것으로 고유하게 경험하고 있다는 사실로는 **동물**과 시간의 관계를 결코 증명하지 **못한다**. 결국 여기에서 **놀라운 것**은 동물이 사람들이 말하는 것처럼 **시간감각을** 가진다는 것, **심지어 달력과 시계 없이도** 시간을 안다는 것이 아니라 동물이 **시간과 관계없이** 인간이 가진 것보다 훨씬 더 직접적인 감각을 가지고 일반적인 자연사건과 관계를 맺고 있으며, 그 속에서 삶의 장을 스스로 획득할 수는 있다는 사실이다. 예를 들어 가을의 태양 위치, 그로 인해 주어지는 빛의 분포, 점차 냉각되는 온도, 식물세계와 동물세계의 상태변화, 그 외에도 어쩌면 우리의 감각에는 감춰진 우주적 관계는 지구의 상태와 환경 — 우리가 마찬가지로 **수확기**로 규정하며, 우리의 시간질서 안에 편입된 상태 — 을 반복적으로 특징 짓는다. 이렇게 출현한 모든 돌발사건들은 근본적으로 시간 자체와는 무관하다.

경악해야 할 것은 동물의 시간감각이 **아니라 인간의 경솔함**(Leichtsinn)이다. 이 경솔함으로 동물과 식물의 생명에 속한 **완전히 다른 것**, **본질적으로 고유한 것**을 묻기보다는 인간 현존재의 연관을 여러 빛깔로 조야하게 채색하여 동물과 식물의 **생명**에다 옮겨놓음으로써 **그것들의 본질이 훼손될 수 있다.**

동물의 시간감각에 관한 연구들로 동물이 그러한 감각을 가진다는 사실이 증명되는 것이 아니다. 오히려 그러한 사실이 연구에 **앞서 소박하게 가정되는 것이다.** 이 가정은 학문적 연구의 결과가 아니라 — 성급하고 무비판적으로 정립된 — 인간존재와 동물존재의 유사관계를 근거로 하는 형이상학적 주장을 내용으로 한다. 물론, 동물의 **시간감각에 관한 우리의 논쟁**도 하나의 형이상학적인 주장이다. 다만 전자와 후자에서 형이상학적 주장이 **증명되는지, 그리고 어떻게 증명되는지**를 물어야 할 것이다. 생물학에서도 그 주장은 증명되고 있지 **않다.** 사람들은 그러한 증명이 앞서 작동하고 있다는 사실은 물론, 어느 정도로 그것이 작동하고 있는지를 전혀 모르고 있다. 동물의 시간감각에 대한 우리의 논쟁을 위한 근거는 동물이 말하지 않는다는 사실에, 다시 말해 언어를 가지고 있지 않다는 사실에 놓여 있다. 동물이 **말할 능력이 있다면** 동물은 분명 **시간관계를 가질 수 있으며 가져야 한다.** 다시 말해 동물은 그들의 **삶**에서 그 자체로 **시간적**이어야 할 것이다. 동물에게는 언어가 없다. 그 때문에 시간감각을 가정하기 위한 어떤 본질적 근거도 성립하지 않는다. 실제로 동물이 시간감각을 가진 것으로 설명하려면, 그렇게 보이는 것을 사람들은 다른 방식으로 설명해야 한다. 이때 사람들은 동물도 **말할 능력이** 있다는 것을 다음과 같이 **논박**할 수 있을 것이다. 즉, 동물도 우리가 이해하지 못하는 **다른** 언어를 가진다는 것이다. 동물도 '**의사소통**'을 한다. 우리가 인간적 관계에 상응하여 **의사소통**이라고 부르는 것이 동물에게도 있다는 사실은 **재론할 필요가 없다.** 다음과 같은 동일한 물음이 강조될 뿐이다. 1) 언어 일반의 본질은 의사소통에 있는가? 2) 동물이 — 우리가 말하는 것처럼 — 유인하는 소리, 경고하는 소

217

리와 같은 '신호'를 보낼 때, 동물은 **어떤 것에** 관해 의사소통하고 있는가? 이러한 두 물음은 부정되어야 하며 이때 우리는 주의해야 한다. 즉, 우리는 동물이 가진 고유한 본질의 특이함을 인간의 행동에 동화시킴으로써 파괴해서는 안 된다.

그러나 우리는 이 모든 것으로부터 다음과 같은 근본적인 것을 알 수 있다. 즉, 동물존재를 파악하고 해석할 때 인간존재의 전이를 통해 우리가 동물에게 투입한 것과 **동물에게 가장 고유한 것** 사이의 경계를 구분하지 않는 한 인간존재와 동물존재의 비교는 잘못된 길로 인도할 수 있다는 점이다. **이 경계**는 인간존재가 앞서 충분히 근원적으로 경험되고 파악되어 그것의 고유한 본질에서 한정되고, 그로 인해 동물존재와 식물존재가 그것들의 고유한 방식에서 개방되어 획득될 가능성이 제공될 때만 비로소 명백하게 확정될 수 있다.

b) 인간의 주체적 성격에 대한 물음

그러므로 **동물의 시간감각에 대한 관점**으로는 시간이 **배타적으로** 인간적 **주체**에 귀속해있다는 **시간의 주체성**에 관한 주장을 **즉각** 반박하지 못한다. 따라서 우리는 인간의 주체적 성격에 대한 물음을 피할 수 없게 되었다. 그러나 주체로서의 인간, 즉 인간존재의 본질을 이렇게 특징 짓는 것이 **근본적으로 잘못되었다**는 것을 드러내려면 시간의 **주체성**에 관한 숙고가 무의미하고 무효한 것이 되어야 한다.

그러나 도대체 무엇 때문에 여기에서 그런 숙고가 필요한가? 왜냐하면 '주체적'이라는 말은 바로 개별적이고 분리된 나와 연관되어 있고 그것에 제한되어 있다는 것을 의미하기 때문이다. 우리는 '주체적' 생각과 '주체적' 평가에 관해 말한다. 그리고 그것을 우리는 개별적인 나에게만 생겨나고 그로부터 — 나의 고유한 것과 나의 내적인 것에서 — 정당화된 것이라고 이해한다. '주체적인 것'은 객체적이지 않은 것, 즉 그 자체로 존재하는 객체의 사태내용에서 가져오지 않은 것이다. 그렇지만 시간이 배타적으로 인간에게 속한다면, 즉 시간이 '주체 속에'만 있다면, 시간은 결코 그 자체로 있는 것, 즉 객체적인 것이 아니다. 그렇다면 시간은 순전한 가상이다. 역사가 개별적인 인간주체를 넘어서 어떤 객체적인 것이라고 가정한다면, 시간이 어떻게 사건과 역사의 힘으로서 진술될 수 있는지가 이해될 수 없다.

주체적인 것은 자아에 속한 것이다. 인간의 자아는 주체이다. 이러한 인간본질의 특징은 어떻게 가능한가? 여기에서 '주체'는 도대체 무엇을 의미하는가?

주체는 라틴어로 '수브엑툼(subjectum)'에서 유래한다. 이것은 그리스어 '휘포케이메논(ὑποκείμενον)'의 번역으로 밑에 놓여있는 것, 아래에 놓여있는 것, 즉 그 위에 다른 어떤 것이 존재하는 토대를 의미한다. 휘포케이메논(수브엑툼)의 개념은 그리스 철학에서 생겨났다. 이 개념은 거기에서 지배적이며 처음부터 두드러지게 강조된 존재개념에서만 이해될 수 있다. 분명히 휘포케이메논의 개념은 그 자체로 존재개념을 부각시키고 확정하는 일에 본질적으로 함께 참여하고 있다. 그리스인들에게 '존재'는 영속적인 현존성(시간!)과 같은 것을 의미한다. 존재하는 것은 **지속하는 것**이다. 만나고 있는 앞에 놓여 있는 사물에서 지속하는 것은 속성의 **변화**, 커짐과 작아짐의 **변화**, 상황의 **변화 속에서 끝까지 유지되고 있는 것**이다. 만일 존재자를 그것이 무엇인지 그리고 그것이 어떻게 **있는지**에 따라 제시하고 진술하고자 한다면 **말함**은 항상 다시금 이처럼 끝까지 유지되고 있는 것과 직면한다. 그런 까닭에 이러저러한 존재, 즉 속성들은 **진술된 것, 즉 '프레디카타(praedicata, 술어들)'**이다. 속성들이 진술하고 있는 그 **무엇**은, 그것들 아래에 놓여있는 것이다. 그리고 그것은 항상 이미 앞서 놓여있는 것, 즉 휘포케이메논이다. 수브엑툼은 술어들이 **그것에 관해** 진술하고 있는 그것이다. 그러므로 한 문장에는 주어와 술어가 놓인다. 이러한 진부한 구별로 남아있는 것이 오늘날에도 여전히 **생생하게** 존재에 대한 우리의 이해 속에 작동하고 있다!

'휘포케이메논'이라는 낱말과 개념은 이미 **아리스토텔레스**에서 **이중적 의미의 특징**을 가진다. 이 의미는 그리스인들에게 우연적인 것이 아니다. 그것은 먼저 속성의 변화에서도 그때마다 **사물 자체에 계속해서 지속하는 것**으로 여겨졌다. 휘포케이메논은 존재에 **부합하는** 의미, 즉 **존재론적** 의미를 가진다. 그러나 동시에 '휘포케이메논'이라는 명칭은 **진술**, 즉 로고스에서 근저에 놓여있는 것을 의미한다. 휘포케이메논은 **논리적** 의미를 가진다. 이러한 두 의미는 일치할 필요가 없다. 그러나 두 개념이 **근원적으로 연관되어 있다는 사실**은 그리스인들이 강조하여 이후에도 척도를 부여하는 방식에서 지속적으로 현존하는 것으로서 여겨지는 존재자를 '**로고스**', 즉 진술과 연관된 것으로 보았다는 것을 의미한다. 진술은 **문장**으로서 근원적으로 존재자에 적합한 파악과 보존을 위한 형식이다. 존재 — 지속적인 현전성 — **주체** — 존재의 규정 — 진술, 즉 로고스 — 앞서-말해진 것 (Prae-dicat, 술어). (이 강의를 시작하면서 **전승된 문법**, 즉 언어와 그 **구조를 파악하기 위한 근본범주**가 그리스 논리학에서 유래한다는 사실을 강조한 바 있다. 지금 이것은 문법적 근본개념들이 그것이 파악하고 있는 것을 속성을 가진 **눈앞에 있는** 사물로서 앞서 파악하고 있다는 것을 의미한다. 언어는 그 자체로 눈앞에 있는 것, 즉 사물일 뿐만 아니라 동시에 **사물에 관한 진술들의 진술연관**이기도 하다.)

α) '주체'와 '객체'의 근대적 의미변화. 삼중적 인간해방

중세에 그리스어 '휘포케이메논(ὑποκείμενον)'의 의미는 '수브엑툼(subjectum)'이라는 개념으로 유지되었다. 수브엑툼은 그 자체로 **눈 앞에 있는** — 속성 아래 놓여있는 — 사물이다. 하나의 **수브엑툼**은 예를 들어 눈앞에 있는 집이다. 중세에는 이미 '오브-엑툼(**ob-jectum**)'의 개념도 있었다. 이것은 마주 놓여있는 것과 마주 서있는 것, 대립해-서있는 것(Gegen-stand)을 의미한다. 이것은 근원적인 의미에서 내가 그것을 나에게 **마주 세워놓고, 내 앞에-놓고**, 나에게 앞서-놓는 한에서 나에게 마주 서있다는 근원적인 의미에서 오브엑툼, 즉 앞에 놓여져 있는 것 자체를 의미한다. 내가 지금 '황금산'을 나의 앞에-놓는다면, 앞에-놓여진 것이 오브엑툼이다. 객체는 다만 나에 의해 **앞에-놓여진 것, 사고에서 상상된 것**이다. 그것은 우리가 오늘날 말하는 것처럼 단순히 주관적인 것이다. 반면에 그 자체로 눈앞에 있는 저 집은 중세와 고대에서 수브엑툼이다. 그것은 오늘날 **우리**에

221

의해 **객체적인 것**이라고 언급될 것이다. 두 개념의 의미는 정반대로 뒤 집혀졌다. 우리는 이러한 변화의 역사를 조금 더 추적해볼 것이다. 이때 전승된 낱말들의 무차별적인 의미변화 자체보다는 그러한 언어의 배후 자체에 **고대와 중세의** 사고와 존재가 근대의 인간 현존재에서 **엄청난 큰 변화를 겪고 있으며 그것이 여전히** 작동하고 있다는 사실을 아는 것이 중요하다.

우리는 심지어 휘포케이메논이라는 개념의 **근원**이 그리스 철학의 근본물음, 즉 존재자의 존재에 대한 물음과 **아주 밀접한 연관**을 가진다는 것도 이미 알았다. 이 물음은 **아리스토텔레스 이후 본래적인 철학**, 즉 제1철학(πρώτη φιλοσοφία)으로서 사람들이 후대에 '**형이상학**'이라 명명했던 것의 과제이다. 당시 **사유와 물음의 변화**에서 고대와 중세의 세계상으로부터 벗어나길 시도했었다면, 그것은 즉각 **형이상학**, 즉 제1철학과 관련되었음에 틀림없다. 그것은 형이상학이 분명 그러한 변화를 함께 규정하고, **자기 자신에 대한 새로운 성찰**을 수행해야 했음을 의미한다. 전승된 철학에서 근대철학으로의 변화를 수행한 책의 제목이 "제1철학에 관한 성찰(Meditationes de prima philosophia)"이라는 제목을 가지게 된 것도 그런 이유이다. 1641년에 출판된 이 책의 저자는 바로 데카르트이다. 그를 사람들은 통상적으로 근대철학의 시조라고 부른다.

우리는 오늘날 데카르트가 바로 이행과 전환의 시기에 있었기 **때문에** ─ 스페인의 **프란시스코 수아레스(Francisco Suárez)**의 위대한 형이상학을 통해 교과목으로 그에게 전달된 ─ **전승된** 사유, 즉 **중세적 사유로부터 보다 이전의 것도 물려받았다**는 사실에 대해 더 많은 것을 알고 있으며 그것에 주목하고 있다. 물론, 데카르트가 존재자 전체와 자기 자신과의 관계 속에 있는 근대적 인간의 태도를 일깨운 첫 번째 사람은 아니다. 새로운 시도와 가치평가가 이미 그의 시대 이전에 인간 현존재의 다양한 영역에서 일어나고 있었다. 나아가 근대적 인간존재의 형성은 **그때까지의** 속박에서 벗어나는 **해방**에서 수행되었다. 그와 함께 그때마다 인간의 **고유한 힘**과 능력에 대한 **숙고**가 동반되었다. 이 해방은 세 가지 주된 방향에서 수행되었다.

1) 그리스도교 교회의 초자연적 삶의 질서와 교리적 권위로부터 벗어남. 동시에 인간존재가 세계의 계산, 발명, 정복, 지배라는 고유한 자연적 힘을 가지게 됨.

2) 신체적 생명을 규정하는 자연적 성장의 속박으로부터 인간존재의 벗어남. 자연의 모든 것을 기계로 바꾸어 해석함. 신체는 기계로서 자연적 속박에서 벗어나고, 이성으로서의 정신과 대비됨.

3) 공동체와 근원적 질서로부터 인간의 **벗어남**. 이에 대해 인간 자신은 — 많은 개인의 무리라는 사회의 의미를 가진 — 공간질서의 출발점, 요소, 형성근거가 됨. 계약의 토대 위에서 성립된 국가.

(세계를 사유하는 근본태도와 방향에 대한 간단한 특징묘사)

('독일 대학' 참조. 1934년 8월)[5]

---

5 [Martin Heidegger: Die deutsche Universität, In: Ders.: Reden und andere Zeugnisse eines Lebensweges, GA16, Hrsg. von Hermann Heidegger, Frankfurt am Main 2000, S. 285–307.]

B) 데카르트에 나타난 흔들리지 않는 토대로서 주체의 '근대정신'

데카르트는 근대정신의 운동이라는 의미에서 그 운동을 결단을 통해 **촉진시키면서** 모든 전승된 지식과 모든 통상적인 앎을 **의심하고** 그것에 대해 물음을 제기하였다. 그것은 **모든 앎**을 해체하고, 인식 능력을 약화시키기 위한 것이 **아니라 그 반대이다**. 즉, 모든 앎을 처음부터 새롭게 본래적으로 인간 **자신에 의해** 세워진 **명료한 근거와 토대로** 이끌기 위한 것이다. 그런 까닭에 데카르트는 **의심할 여지가 없**는 어떤 것에 도달할 때까지 의심을 감행하였다. 그것은 바로 **앎**, 다시 말해 **학문의 새로운 구조와 방해가 없는 미래의 발전을** 위해서 **토대(Unterlage), 즉 아래에 놓여있는 것을** 제공해야 하는 것이다. 그는 흔들리지 않는 토대(fundamentum inconcussum)를 찾았다. 다시 말해 그는 그때까지 고대와 중세의 사유에서 의미하는 모든 앎에 있어서 지속적으로 현존하는 것, 즉 토대, **수브엑툼**을 찾았다. 어떤 방법으로 데카르트는 그가 찾고자했던 토대(수브엑툼)를 발견하는가? 그리고 무엇이 이러한 찾음에서 수브엑툼으로 제공되는가? 데카르트는 의심할 여지가 없는 것, **최초이자 최후의 확실성을 부여하는 것,** 그것만을 찾았다. 다시 말해 **무엇이, 어떤 사태연관**이 확실한 것으로서 증명되는지는 우선 **중요하지 않다.** 그것이 다만 전적으로 확실하다면 **충분하다.** 진리의 내용적 형태는 중요하지 **않다.** 오히려 **확실성**이 중요하다. 그것은 **수학적 규정성**의 의미에서 명석하고 판명하게 **파악되는** 것으로 앞서부터 확실하다고 여겨진 것이다. 데카르트는 이러한 방향을 견지하고 이러한 의미를 추구하면서 최초의 확실성을 고대한다.

그러므로 내가 모든 현실적이고 가능한 방식으로 알 수 있는 것을 의심하고 동시에 믿을 수 없는 것으로서 배제한다면, 그때 여기에 여전히 의심함 자체만은 남아있다. 모든 것을 의심하더라도, 나는 의심하고 있는 현존을 의심할 수 없다. 의심함이라는 눈앞의 존재의 관점에서 나는 동시에 다음을 경험한다. 즉, 내가 의심할 때 그리고 의심하는 한 나, 즉 '자아(ego)'가 있어야 한다. 그러나 의심함은 나의 사고의 한 방식이자 하나의 심리적 태도 및 의식의 방식이다. 이 방식은 나, 즉 자아가 존재하는 한에서만 존재한다. 다시 말해 [...]⁶ 나는 의심한다(**dubito**). 나는 생각한다(cogito). 그러므로 나는 존재한다(**ergo ego sum**). 이 '나'라는 나의 존재는 단적으로 의심할 수 없는 것이다. 다시 말해 그것은 앞서 항상 이미 **지속적으로 현존하는** 것, 모든 사고 활동을 위해 근저에 놓여 있는 '자아'이다. 나의 존재는 찾고자 했던 지속적으로 현존하는 수브엑툼이다. 다시 말해 수브엑툼은 '나는 존재한다(ego sum)'이다. 수브엑툼은 '사유하는 것(**res cogitans**)'이다. 그러나 나는 앎의 근거-놓기(Grund-legung)라는 맥락에서 임의적인 수브엑툼이 아니라 탁월한 흔들리지 않는 토대(fundamentum inconcussum)이다. 다시 말해 나는 **척도를 부여하는 수브엑툼**이다. 그런 까닭에 다른 의미에서 '나'에게는 지금 그리고 앞으로도 '주체([S]ubjekt)'라는 명칭이 **우선적으로** 주어진다. 그러나 이것은 반대로 앞으로 '주체'가 되려는 것은 '나'이어야 한다는 것을 의미한다. 그러므로 나는 주체가 되고, 나와 연관된 것은 주체적인 것이 된다.

---

6 [판독 불가능한 낱말]

앞으로 나-주체로부터 인간이 가진 앎의 능력에 대한 모든 물음, 즉 일반적으로 **인간에 대한 물음**이 시작되어야 한다. 인간은 자기 자신을 알고 있는 **나**로서 **수브엑툼**, 즉 모든 앎의 토대이자 규정근거이다. 나 그리고 나에게 **의심할 여지가 없는 것**이 법정이 된다. 그 법정에서 내가 나의 표상에서 앞에 세운 것 중에서 **의심할 여지없이 확실하게 존재하는 것**, 다시 말해 지금 실제로 '**존재**'하는 것이라고 **요구할 수 있는 것**이 결정된다. 주체로서 나는 앞에-놓여있는 것, 즉 오브엑툼에 관해 그것이 얼마만큼 마주-서있는 것으로서 **그리고 그 자체에서 지속적으로-존재하는** 것인지를 앞으로 결정한다. 나-주체에 대하여 지금 **오브엑툼 ─ 마주해 있는 것 ─** 은 나-주체와는 **다른 것**, 다시 말해 우선 대개 **눈앞에 있는 것**이다. 그에 반해 주체로서 인간이 가진 심리적이고 신체적인 속성에 속한 능력들에서 직접적으로 드러나는 것, 다시 말해 감각에 주어진 모든 것, 즉 색, 소리, 냄새 등의 감각내용은 **주체적인 것**이다. 의식과 체험의 영역에서 **드러나고 거기에서 출현하는** 모든 것은 주체이다. 이로써 우리는 주체와 객체에 대한 **완전한 뒤바뀜**을 이들의 역사에서 그리고 이러한 역사적 운동의 근거에서 **분명하게 보여주었으며,** 여기에는 ─ 언어의 낱말들과 각각의 근본낱말들이 **껍데기**처럼 사람들이 사물에 덧붙여 임의적으로 바꾸는─ 낱말의미의 **소박한 변화만**이 놓여 있는 것이 아니라는 사실을 알게 되었다.

c) 사물과 나의 상호적인 침투로서 인간존재의 규정

그러나 '나'가 척도를 부여하는 수브엑툼으로 등장하면서 '자아'가
주체가 되고 다른 한편으로 이전에 나와 관계된 것이 객체가 되었다는
역사에 대한 통찰보다 우리에게 더 중요한 것은 다음의 물음에 대한
대답이다. 인간의 '자아'와 인간 자체가 앞서 주체로 파악된다는 사
실에는 어떤 이해와 본질적 경계가 놓여있는가? 여기에서 우리는 다음
세기의 인간 현존재와 자기이해를 위한 가장 본질적인 단계를 제시할
수 없다. 두 가지 사실에 대해서만 언급할 것이다. 1) 인간을 나―주
체로서 특징 짓는 것을 통해서 휘포케이메논에 놓여있는 고대의 존
재개념, 즉 눈앞에 있는 사물에서 추론된 영속적인 현존성이 뚜렷하
게 어떤 비판적인 물음도 없이 인간과 인간존재로 옮겨지고 있다는 사
실이다. 이러한 옮겨짐은 매우 광범위하게 일어난다. 인간의 존재와
존재방식에 대한 물음은 결코 상세하게 제기되지 않았다. 왜냐하면
주체존재는 분명 즉각적으로 밝혀지는 것, 최초의 확실성, 존재자의
존재에 대한 ― 계속해서 모든 존재자, 객체로 여겨지는 것, 그 존재에
서 실체로 여겨지는 것을 주체로부터, 즉 나로부터 파악하는 ― 다른
모든 경계설정과 규정을 위한 근본토대이자 출발점이기 때문이다.
서양철학 전체의 전개가 마감되는 헤겔의 철학에서 ― 헤겔이 "실체를
주체로, 즉 사물을 자아로, 자아를 사물로 파악하는 것이 중요하다"고
말했을 때 ― 이 과제는 분명히 제기된다.[7] 인간을 자아로 해석하고

---

7 [Hegel: Phänomenologie des Geistes. 같은 책, S. 19.]

자아를 주체로 규정함을 통해 인간존재에 대한 **물음을 자명한 것으로서 등한시하기** 시작하였다. 우리는 오늘날에도 그 영향을 받고 있다. 전면적인 회의에 근거한 데카르트의 방법이 매우 철저한 것으로 보일지라도 결국 그가 내린 결단 속에는 정당하고 비판적인 물음과 그것의 필요성이 인식되지 못했음이 밝혀진다. 다시 말해 그는 즉각 '자아'가 고유한 존재방식에 맞게 **수브엑툼으로** 포착되고 개념적으로 파악될 수 있는지를 인식할 수 없었다. 2) **자아를 주체로 탁월하게 특징지음과** 동시에 **인간존재의 규정**은 즉시 '자아'의 권역으로 제한된다. 다시 말해 먼저 자아만이 완전히 개별화된 자기 자신으로, 즉 홀로 확실한 것, 참된 존재자로서 분리된다. 이 자아는 **먼저** 모든 다른 존재자로부터 **격리된 것**으로서 여겨진다. 그로부터 다음의 물음이 생겨났다. 어떻게 이 분리된 자아가 자기 자신에서 벗어나 '내가 아닌 것', 즉 사유하는 것(res cogitans)이 아니라 연장을 가진 것(res extensa)! = 다른 자아! 즉 객체와의 관계 속에 들어설 수 있는가?

인간에 대한 파악과 규정에서 이렇게 주체로 특징지어진 자아의 우위가 끼친 **영향**은 19세기 전반을 거쳐 현재에 이르기까지 증명될 수 있다. 사람들이 오늘날 '자유주의(Liberalismus)'라고 부르는 것은 그러한 인간이해에 뿌리를 내리고 있다. 그러나 자유주의의 투쟁은 근본에서부터 생겨난 진정한 새로운 현존재의 절박성을 드러내는 존재의 변혁 및 본질적 태도의 변혁이 아니라 진부한 관용구로 자주 사용되고 있다. 그러므로 자유주의 안에서 퇴보가 빈번하게 일어난다는 사실에 관해 사람들은 놀랄 필요가 없다. 왜냐하면 자유주의는 일상적인 가치평가와 수십 년 전부터 유입된 사고방식 속에서 **중단**

없이 유지되고 있기 때문이다.

이때 **극복되지 않은** 사고방식의 영역에는 우리가 시간을 인간존재의 근본적인 힘으로 해석함으로써 시간은 '**주체적인 것**'이 된다는 숙고도 담겨 있다. 사람들이 인간을 주체와 자아로서 생각한다면 그리고 그렇게 생각하는 한 물론 그렇다! 그러나 우리는 인간존재의 시간성을 철저하게 드러내어 인간을 분리된 '**자아**'로 규정하는 것을 **처음부터 명백히 피해왔다**. 그 이상이다. 시간성을 인간본질의 근본적인 힘으로 드러내는 작업은 **바로** 인간존재를 근원적으로 새롭게 경험하는 것을 **목표로 한다**. 우리가 시간을 '주체적인 것', 인간의 분리된 자아 속에 격리되어 있는 것으로 만들었다는 이의제기는 여기에서 **완전히 의미 없는 것으로 여겨진다**. 왜냐하면 시간성과 **정당하게 이해한** **그것의 본질**은 인간을 나−주체로 파악하는 것을 **근본적으로** 해체하는 것이기 때문이다. 어떤 정도로 그러한가?

시간성은 인간을 분리된 자아로 제한하는 것을 **벗어나 있다**. 더 좋게 말해서 **정당하게 파악되고** 근원적으로 경험된 시간성은 그 자체 안에 격리되어 있는 자아라는 인간의 표상을 더 **이상 생겨나게 하지 않는다**. 지금 그것을 보여주는 것이 중요하다.

인간을 그와 동일한 다른 존재와 사물들 가운데 **개별적인 생명체**로 출현하는 것처럼 표상하는 것은 **우리에게 아주 익숙한 것**이다. 개별적인 인간의 경계는 자신의 신체를 둘러싸고 있는 **피부의 표면**이다. 피부는 말하자면 인간의 외부와 내부 사이의 **경계선**이다. 거기에서 심리적인 것과 소위 체험적인 것은 그것이 **심장** 또는 **뇌** 또는 **횡격막** 속에 있는 것인 냥 **개별적인 내면성**으로서 여겨진다. 이러한 체험은 인간 속에서 출현한다. 인간은 위, 코, 두 다리를 '가지고 있는' 것처럼 체험을 '가진다'. 인간이란 존재는 지구상에 놓여 그 주위를 배회하며, 그때 다른 사물 또는 동일한 존재로부터 다양한 영향과 작용을 받고, 인간도 다시금 그것에 반작용한다. 이처럼 개별화되어 많은 사례들로 눈앞에 있는 나에 대한 표상은 — 사람들이 특징 짓는 방식으로 말한다면 — 인격적 존재 또는 완전히 정반대로 '타락한 주체'라는 한층 더 정신적 것으로 다양하게 묘사될 수 있다. 겉으로 보기에 자연스러운 경험의 방식은 이러한 인간의 표상을 위해 척도를 부여하는 것으로 여겨진다. 이로 인해 우리의 눈앞에 있는 생명체, 이 경우에는 이성을 가진 생명체를 우리는 만나고 있다. 이러한 형태의 경험과 그것에 속하는 사유방식은 우리에게 거리낌 없을 정도로 익숙할 뿐만 아니라 모종의 정당성도 가진다. 인간존재에 대한 본질규정이 중요하다면 이러한 경험방식이 척도가 될 수 있는지에 대해 물어야 한다. 우리의 고찰은 전체적으로 인간이 그렇게 존재하지 않는다는 사실을 입증하였다. 다른 한편으로 우리는 이미 완전히 다른 방향의 경험을 지시해왔다. 즉, 우리는 인간존재의 경험을 진술된 세 가지 의미를 가진 '규정' 속에서 그리고 그것으로부터 제시하였다.

2부 | 역사의 본질로서 근원적으로 통일된 시간 물음

2장

인간을 그에 대한 규정에서 경험함

29절. 기분, 노동, 사명, 임무의 내적 관계

앞에서 강조한 것을 한층 더 그것의 이음새 속에서 **보다 근원적이**고 예리하게 개념적으로 파악하여 행동하는 이해에 맞게 적용하는 것이 지금 중요하다. 이를 위해 **몇 가지를 제시하는** 것으로 충분할 것이다.

a) 기분. 기분과 신체의 관계

우리의 규정은 — 우리가 세 가지로 말했던 것처럼 — 기분지어져 있음에 떠받쳐지고 있으며, 억제되었건 고양되었건 기분에 의해 촉진된다. 예를 들어 모든 사물과 조화를 이루는 근본기분 또는 고립감이라는 반대기분, 권태의 기분과 온 몸으로 느끼는 감동의 반대기분, 낙관적인 기분이 있다. 이 기분들을 우리는 앞서 언급한 익숙한 경험의 형태에 따라 대개 우리의 심리적 상태를 위한 **특징이자** 그것을 알리는 **신호로** 여긴다. 그것들은 우리의 모든 행동에서 우리가 **어떤 심정의 상태로 존재하는지에 대한** 형태와 방식을 보여주는 증거이다. 이러한 오해가 내적인 체험들로 구성된 주체라는 인간에 대한 익숙한 표상에도 작동하며 척도가 되고 있다. 우리는 기분을 주체와 주체의 내면에서 피어오르는 연기 같은 체험으로 여기기도 한다. 즉, 우리는 기분을 그때마다 불의 열기에 따라 끓거나 식어버리는 냄비 속의 물처럼 여긴다.

나는 우리가 이때 기분을 오해하고 있다고 말했다. 왜냐하면 우리는 오래전부터 가지고 있는 선입견으로 인해 기분이 우리 자신을 존재자 전체 속으로 옮겨놓는다는 사실과 **기분**이 우리 자신과 관련된 그때마다의 권역을 — 개방하여 열어 밝힘으로써 — 앞서 탁월하게 그때마다 경계를 짓는다는 사실을 보려고 하지 않기 때문이다. 그러나 아주 일상적인 기분은 근본기분이 아니다. 예를 들어 **화난 기분**은 어떤가? 화난 사람은 아무것도 듣고 싶어 하지 않는다. 모든 것은 그에게 감춰지고 흐려진다. 기분이 앞서 모든 시선을 혼란스럽게 만드는 한 날카로운 시선과 민첩한 사고는 힘을 잃는다. 반대로 **기쁨은** 모든 것을 밝고 단순하고 명확하게 만들고, 우리에게 평소에는 은닉되어 있던 사물들을 보고 경험할 수 있게 한다.

하지만 기분의 특성들에만 주목하는 것으로는 부족하다. 그렇게 할 경우에 우리는 **여전히** 기분을 주체 안에 놓여있는 체험으로 표상하게 된다. 그리고 우리는 기분을 통해 — 어두워지거나 밝아지는 — 앞서 말한 현상들을 다시금 주체 안에 있는 **체험 작용**으로만 해석하게 된다. 오히려 파악해야 할 것은 기분 속에서 우리는 존재자가 우리에게 개방되어 드러나고 또는 감추고 물러나는 형태로 그때마다 **이미 존재자와 그것의** 존재로 옮겨져 있다는 사실이다. 기분, 즉

강한 근본기분과 그 반대기분에 의해서 우리는 존재자에 내어놓여져 있다. 그로부터 존재자는 우리에게 그때마다 이러저러하게 전체적으로 우리와 관계하거나 — **영향을 미치며** 압박하거나 — 떠나간다. 기분에 의해 우리는 존재자에 내어놓여져 있다. **우리는 보다 분명하고 적절하게 다음과 같이 말해야 한다.** 즉, 우리는 **처음부터 분리되**어 자기 안에 웅크리고 있는 — 그리하여 기분을 근거로 사물과의 관계를 받아들이는 — 자아이자 주체가 결코 아니다. 오히려 '**우리는 존재한다**'는 것은 앞서 기분지어져 있음이 우리를 존재자 한가운데 내어**놓여 있도록 한다는 것을** 의미한다. 우리는 존재한다. 다시 말해 우리는 그러한 내어놓여져 있음 속에서 기분지어진 채 움직인다. 바로 이것이 우리가 내적인 것 그리고 가장 내적인 것으로 특징 짓는 것이다. 그것은 **어떤 방식으로 어떤 곳 안에** 있는 것이 아니다. 오히려 우리가 이러한 불필요한 비유를 사용해도 좋다면 **그것**(내적인 것)**은 외부**에 있다. 더 좋게 말하면 기분은 우리가 **본질적으로** 내어놓여져 있음 안에 들어서서 움직이는 형태로 우리를 규정하고 있다. 우리를 '외부에서' 볼 수 있고 붙잡을 수 있는 — 우리에게 '내부로부터' 감지될 수 있는 — **신체**는 심지어 **본래** 눈앞에 있으며, 우리의 존재를 지탱하고 있는 것으로 보인다. 신체의 도움으로 우리는 — 사람들이 말하는 것처럼 — **땅 위에 두 다리로 굳게 서있다.** 그렇지만 **이것은 우리**의 근본적인 눈앞에 있음이지 기분의 내어놓여져 있음 속에서의 움직임은 아니다. 그렇다면 다리, 다른 신체의 부분, 육체적 속성들은 무엇을 의미하는가? 우리가 12개 이상의 다리를 가졌다면 우리는 땅 위에 **굳게** 서있지 **못할 수도** 있다. 이러한 서있음이 앞서 기분에 의해 철저하게 규정되어 있지 않다면 우리는 — 우리가 서있고 이것을 경험하는 것처럼 — **결코 그렇게 서있을 수 없다.** 땅과 자연으로서의 토대는 이 기분에 의해 우리를 두루 지배하고 돌보고 위협한다. 우리가 눈앞에 있는 것처럼 '신체'라고 확정하는 그것은 우리 존재의 근원성에서 **함께 움직이고 있으며,** 기분의 힘에 **의존하고 있다. 근본적으로 전도된 물질적인 사고와 평가만이 기분을 일시적인 것, 무력한 것, 양적이지 않은 것, 계산할 수 없는 것이라고 여길 수 있다.** 이에 대해 인간의 근육과 골격은 분명 손에 잡히는 구체적인 것이다. 그러나 거기에서 우리는 신체와 신체성이 떠나고 환각이나 유령처럼 사라졌다고 생각하지 않기 때문에 그 반대의 경우가 참이다. 왜냐하면 **기분 속에 얽혀있음에 의해 일반적으로 신체적인 것은 독특하게 압박되거나 느슨하게 되며, 혼란스럽거나 보존되는 독특한 힘을 가지기 때문이다.** 오래전부터 잘못된 사고방식에 따라 우리는 신체상태와 기분의 연관을 단지 일면적으로만 알고 있다. 다시 말해 일시적인 것, 사라지는 것, **붙잡을 수 없는 것으로서 기분이 신체의 질료성에 의존하고 있다는 방향에서만 알고 있다.** 예를 들어 위의 통증은 기분을 억누른다. 이처럼 우리는 이미 보다 정확하게 위장의 불쾌함에 관해 말하고 있다. **고통과 질병은 도대체 무엇인가? 질병은 건강처럼 신체상태로 간주된다.** 질병은 생물학적 과정의 장애이다. 질병의 존재는 신체의 진행이 아니다. 오히려 질병의 존재는 인간의 역사적 사건이다. **근본적으로 앞서 우리의 신체성이 기분 속에서 움직이고 기분에 의존되어 있다는 이유에서만 신체상태의 구성틀은 이러저러하게 우리의 기분에 영향을 줄 수 있다. 많이 언급되고 있는 피와 혈연도 혈통이 앞서 인간적인**

것으로서 심정(Gemüt), 즉 기분 — 규정의 통일성 속에 있는 시원적인 상호공속성 — 의 힘에 의해 지탱되고 철저하게 지배되지 않는다면 결코 아무것도 아니다. 피의 외침(Stimme)은 현존재의 근본기분에서 생겨난다. 그러나 그 기분은 그 자체로 움직이고 떠오르는 것이 아니라 **우리가 규정**이라고 명명하는 것의 근원적인 통일성과 함께 한다. 규정에는 **노동이라는 사건**으로 일어나는 우리 현존재의 규정되어 있음이 속해 있다.

b) 노동

우리는 노동을 **현재**로서 특징지었다. 이것은 노동이 **그때마다 지금의 것**이라는 것을 의미하지 않는다. 왜냐하면 그것은 많은 다른 것에도 적용되기 때문이다. 노동이 우리의 존재를 — 우리가 많은 것에 대해 [?] 말하고 있는 것처럼 — 주문, 성취, 경영, 일로 인한 구속, 그에 의한 존재자의 개방으로 옮겨놓는 한, 노동은 어쩌면 그 자체로 본질적 이음구조에 있어서 현재이다. 노동 **속에서 그리고 노동을 통해** 존재자는 우리에게 규정된 관점과 방향에 따라 그것의 존재에서 개방된다. 노동하는 자로서 인간은 존재자와 그 이음구조의 개방성으로 **옮겨진다**. 그리고 이러한 옮겨짐(Entrückung)은 추가적인 것도, 앞서 그 자체로 고립된 나에게 **덧붙여지는 것**도 아니다. 오히려 이러한 옮겨짐은 우리의 존재로부터 형성된다. 우리의 존재는 **자신의 가장 고유한 구성틀에 따라** 존재자에로 **옮겨져 있음**이다. 그러

237

나 이 옮겨져 있음은 그때마다 우리의 태도 속에서 수행된다. 왜 사람들이 노동의 부재가 돈을 벌 기회를 상실함, 즉 행위를 하지 않음만이 아니라 정신적 파괴와 상실이라고 대놓고 말하는가? 그 이유는 인간에게 노동의 결핍이 개별적으로 분리된 자아로 귀결되는 것이 아니라 그 반대로 노동의 결핍이 인간의 본질에 속하기 때문이며, 인간을 항상 이미 떠받치고 있는 존재자에로의 **옮겨짐**을 **공허하게** 만들기 때문이다. 노동은 그 자체로 존재자와의 연관 및 그 존재자를 다루는 인간존재와의 이음(Einfügung)을 수행한다. 그 때문에 노동의 부재는 그러한 연관을 공허하게 만드는 것이다. 이러한 연관은 그대로 있지만 충분히 실현되지 않고 있다. 실현되지 않는 존재자와의 연관, 더 이상-관계하지-않음, 그로 인해 연관-맺지-않음은 고립이자 상실이다. 고립 속에서도 인간은 — 돌이 다른 사물들과 분리되어 있는 것처럼 — 개별자, 즉 '자아'로서 **자기 곁**에만 머물러 있지 않다. 오히려 고립 속에도 즉각 존재자 전체와의 **연관**은 놓여져 있지만 **실현되지 않은 채** 놓여있다. 고립은 고통, 즉 하나의 기분이다. 다시 말해 고립은 개방된 존재자에 내어놓여져 있음의 한 방식이다. 노동이 부재할 경우에 그것은 **무력하게 내어놓여져 있음**이다. 옮김으로서 노동은 현존재가 자신의 기분 속에 내어놓여져 있음이라는 역사적인 수행의 이음구조이고 그로부터 형성된 것이다. 그런 까닭에 **노동의 기쁨**에 대한 물음이 중요하다. 이 기쁨은 단지 노동이 **동반하는** — 결과와 부가물로서 — 기분이 아니다. 그 반대로 **근본기분으로서** 이 기쁨은 **진정한 노동**을 가능하게 하는, 다시 말해 그것의 수행 속에서 인간을 현존재로 존재하게 하며, 존재자 전체에 귀속하게 하는 **가능성의 근거**이다. 노동 속에서 존재자의 현재화가 일어난다. 이 것은 우리가 존재자를 성취, 확립, 실현 속에서 만나고, 우리 현존재 가 이러한 존재자의 존재와 이어지는 것을 의미한다. 우리가 노동하 면서 존재자와 **대면하고**, 우리를 넘어선 강력한 힘 속에서 존재자를 (노동과 학문 속에서) 만나게 하여 그것의 강력함을 우리와 이어준 다는 근원적인 의미에서 **노동은 현재이다**. 다시 말해 억제된 놀라움 과 감행하는 투쟁의 거대한 기분에서 존재자를 지배한다는 근원적 인 의미에서 현재이다.

우리는 여기에서 현존재의 근본기분이라는 큰 진폭에 놓여 있는 기분처럼 **노동의 본질**을 그것의 전체적인 충만함과 깊이에서 드러내 보일 수 없다. 중요한 것은 다만 기분에 의한 현존재의 **내어놓여져 있음**과 마찬가지로 노동에 의한 **현존재의 옮김**을 첫 번째 제시에서 현 재로서 **분명하게** 드러내고, 그것에 대한 진정한 경험에 이르도록 안 내하는 것이다.

c) 사명과 임무

노동하는 태도는 자유롭게 떠도는 기분과 같은 것이 **아니라** 기분 으로서 조율되어 있다. 그리고 (기분의) 큰 **진폭**은 노동에서만 **획득** 된다. 노동은 다시금 규정되어 있음으로서 **그때마다 지금의 상태로만** 있는 것이 아니다. 기분과 규정되어 있음은 첫 번째로 언급한 의미에 서의 규정, 즉 ~을 향해 **규정되어 있음**에 속한다. 노동은 과제에서 생겨나고, 그때마다 전승된 것의 상태와 그것의 가능한 성취와 직결된다. 그러나 **과제와 전승된 것**은 사명과 임무에 근거하며 그것에서 규정된다. 사명과 임무에 의해 현존재는 그때마다 이미 그 **자체로** 자신을 사명 속으로 **앞서 보내며 그것에 의해 인도된다**. 이를 통해 말하고자 하는 것은 전승으로서 기재성과 우리에게 다가오는 것으로서 미래가 **현존재에 앞서** 있으면서 **근본적으로 제한을 벗어나도록** 한다는 것이다. 기분을 통해 내어놓여져 있음과 노동으로 옮김은 **지향하는 폭**을 넓히고 전승되고 있는 역운을 개방하고 확장시킨다. 다시 말해 그것은 **사건을 일으키는 것으로서 역사적이다**. 나와 주체로의 제한과 격리는 결코 근원적인 것이 아니다. 오히려 **시간의 힘은 기분에 의해 조율**되는 미래, 기재성, 현재로서 현존재의 내어놓여져 있음, 옮겨져 있음, 확장을 시간화한다.

30절. 민족의 규정을 통해 주체적 존재를 분쇄함

우리는 개별적 주체에 속하는 눈앞의 존재방식으로 있지 않다. 그러한 주체는 그 주위에 있는 외적인 것에 대해 그때마다 **내적인 것**을 구비하고 있는 것처럼 여겨진다. 우리의 존재는 존재자에 **근원적인** 내어놓여져 있음 속에서 존립한다. 기분에 의해 우리는 근본적으로 항상 이미 — 존재자가 우리에게 개방되는 형태로 — 존재자 전체로 **향해 있다.** 이러한 개방성은 우리를 존재자와 그것의 존재와 연결하고, 존재자 한가운데서 서로 이러저러하게 기분지어져 있는 **근원적 귀속성**을 정초한다. 겉으로 보기에 주체적인 것 중에서 가장 주체적인 것으로 여겨지는 **기분**에 의해 인간은 **결코** 개별화된 주체로 있지 않고, 서로를 위해, 서로에 **맞서**, 서로 **함께** 있다. 예를 들어 이것은 그리움처럼 다른 사람이 직접 거기에 있지 않을 때도 마찬가지이다. 인간의 존재는 **다수의 사람이 거기에 있다는 사실**에 근거하여 **서로 함께** 있는 것이 아니다. 오히려 반대로 인간의 있음은 그 자체로 **기분지어져 서로 함께 있음**을 의미하기 때문에 다수의 사람은 **인간으로서만 공동체** 안에 있을 수 있다. 그러나 존재자에 내어놓여져 있음은 그때마다의 특징, 즉 **노동**에 의한 통로, 범위, 한계를 만든다. 노

241

동은 그 본질에 따라 내어놓여져 있음의 영역에서 우리를 **작품과 이음구조를 향해** 자유롭게 개방된 존재자로 옮겨놓는다. 이를 통해 말하고자 하는 것은 바로 이것이다. 노동은 그 수행목적을 위해 **다른 노동과 다른 사람과의 공동노동에 의존하는 추후적인 것이 아니다.** 반대로 노동은 인간의 근본태도로서 **서로 함께 있음과 서로를 위해 있음**의 근거이자 가능성이다. 노동 **자체**는 개인에 의해 행해짐에도 불구하고 인간을 다른 사람들과의 **공동존재(Mitsein)** 속으로, 정확히 말해서 내어놓여져 있음 안에서 그리고 그것에 근거하여 인간을 전체 안으로 **옮겨놓는다.** 내어놓여져 있음에로 옮김은 우리의 존재를 **사건으로 일어나게** 한다. 그것은 우리의 존재가 전승 속에서 **자신을 벗어나** — 앞서 나의 자의와 고집에서 해방된 — 사명의 완수라는 임무 속에 앞서 보내졌기 때문이다. 내어놓여져 있음, 옮김, 전승, 앞서 보냄은 우리에게 인간의 존재를 **개방시킨다.** 이것을 우리는 나–주체로서 인간을 규정하는 것과 구별하는 방식으로 말해야 한다. 여기에서 주체적 존재는 **분쇄된다.** 내면에 있는 체험을 사물처럼 폐쇄된 형태로 모아놓음이 **분해되고,** 인간의 존재는 그 자체 안에서 확장되어 옮겨진 것으로서 존재자에, 그리고 그와 함께 비로소 그 자신에게 **개방**된다. **엄밀히** 말한다면 격리된 나–주체에 대한 **대립적** 표상에서만 우리는 인간 현존재의 본질이 그렇게 **열린다고** 말할 수 있다. 그러므로 인간존재가 우선 **닫혀 있다고 여기고** 그러한 분리된 상태에서 일차적으로 벗어나야 한다고 생각하는 것은 잘못된 것이다. 상황은 항상 정반대이다. 그러나 이러한 인간존재의 형태가 비로소 **그러한 존재에게만 충족되는 존재자가 어떻게, 누구로 존재해야 하는지**

를 파악하도록 해준다. 이 존재자는 결코 주체가 아니다. 또한 이 존재자는 — 계약에 근거하여 일차로 개인들의 집합을 만들어 공동체를 정초하는 — 다수의 주체도 아니다. 오히려 근원적으로 내어놓여져 있음, 옮김, 전승을 떠맡아 인수해온 소수의 존재자가 다만 우리가 민족이라고 명명하는 것일 수 있다.

a) 존재자의 근원적인 내어놓여져 있음과 학문적 대상화. 역사적 현존재와 동물적 생명의 분리

강조된 존재, 즉 지금 더 뚜렷하게 파악된 규—정에 근거하여 비로소 개별자들은 개별자로 경험되며 행동할 수 있다. 그리고 이 경험에 근거하여 비로소 개별자의 존재가 자신 안에 제한된 자아로 분리된 것으로 뒤집혀 오해될 수 있다는 사실이 드러난다. 그러나 나—주체로서 인간을 규정하는 것은 데카르트에서 개별적 인간의 분리라는 방식으로만 수행된 것이 아니라 그러한 분리는 인간존재의 경험을 고유하고 근원적인 방향으로 인도하지 않았던 물음의 과정에서 일어났다.

다른 한편으로 인간존재를 그의 규정으로부터, 즉 시간성 및 역사적이고 민족적인 존재로부터 근원적으로 경험하는 차원에서 개별화의 힘과 같은 진정한 방식들이 가능하며, 나아가 절박하다는 사실이 확고하게 드러난다. 우리는 여기에서 주체들과 그들의 다수성에 대한 익숙한 표상을 고집해서는 안 될 것이다. 개별자의 고독한 개별화(Vereinzelung)는 진정으로 생산적인 고독 속에서 가능하다. 이 고독

(Einsamkeit)은 개방적 행위와 활동의 한가운데 있을 수 있고, 전체를 위해 유일한 방식으로 작동하며, 감춰진 의무 속에서 자신의 민족과 연결되어 있다. 이 고독은 자신만을 생각하는 별난 사람이 의지할 데가 없어 멀리 떨어져 있는 것과 구별되어야 한다. 반대로 **부산스럽게 어디에나 기웃거리고 어디에나 나타나는 것으로는 결코 민족의 연대성을 증명할 수 없다**. 분주함 뒤에는 아주 뻔뻔한 이기심을 교묘하게 숨기고 있을 **수** 있다. 민족적 존재는 거주민의 단순한 출현도 아니고 식물과 동물이라는 종의 무리에 속하는 생명의 진행과정도 아니다. 오히려 민족적 존재는 시간성, 다시 말해 역사성으로서 '규정'이다.

그러나 아직도 우리는 시간성의 본질을 충분히 이끌어내지 못했다.[1] 나아가 피할 수 없이 내어놓여져 있음, 옮김, 전승, 앞서 보냄을 특징지으면서 어떻게 기분을 통해 그리고 기분 속에서, 어떻게 노동을 통해 그리고 노동 속에서, 어떻게 사명과 임무를 통해 그리고 사명과 임무 속에서 존재자 전체가 상이한 영역에 따라 그때마다 이미 드러나고, 은폐성 속에서 고양되었는지를 제시해야 했다. 그러나 존재자의 이러한 비은폐성(Unverborgenheit)에 의해 존재자는 객체처럼 주체와 마주 서있지 않다. 우리는 존재자를 우선 대립해─서있는 것으로서 만나지 않는다. 이러한 오류는 지속되어왔다. 왜냐하면

---

1 이후의 정리작업 55─124쪽, 참조. 〔이 각주는 하이데거의 강의수고 55쪽에 있는 붉은 글씨의 메모이다. 편집자가 설명하고 있듯이 이 메모가 의미하는 것은 확인이 되지 않으며 관련 자료는 유고에서도 발견되지 않고 있다. ─ 옮긴이〕

사람들은 존재자를 항상 우선 그것이 학문 안에서 생각되고 파악되는 한에서만 캐묻기 때문이다. 근원적으로 존재자는 인간 현존재가 기분지어져 노동하는 자로서 자연의 존재, 즉 자연의 힘, 산출된 작품, 발생한 운명, 상황의 존재 안에 이어져 있는 **방식 속에서** 열어 밝혀진다. 이러한 근원적인 개방성에 근거하여 비로소 존재자의 대상화와 같은 것도 가능하다. 이때 존재자는 마주 서있는 것으로서 단지 그렇게 경험되고 생각되고 고찰된다. 그러나 존재자의 존재는 대상적 존재에서 길러내어지지 않는다. 그러나 그러한 오해는 이전부터 사물이 **객-체(Ob-jekt)**로서 정립된 곳에서만 분명히 생겨나고 발생했었다. 그리고 그러한 오해는 다시금 인간에 대한 이해를 **주체**로 전제하였다. [그렇지만 우리에게 존재자는 결코 객체에 대한 학문적 인식 속에서 근원적으로 열어 밝혀지지 않고, 오히려 거기에서 작동하는 노동의 본질적 기분에서, 그리고 모든 것을 규정하는 역사적 민족의 규정에서 드러난다.] 그럼에도 존재자의 비은폐성은 존재자를 은폐성에서 **모두** 드러내지 **않는다.** 반대로 존재자의 비은폐성이 사건으로 일어나는 한, **즉시 존재자의 은폐성도** 비로소 힘을 가진다. 오늘날 추구되는 비이성적인 것은 흐릿한 불명료함에서 그리고 딜레탕티즘의 주변을 배회하면서 얻는 것이 아니다. 그것은 철저하고 엄밀한 앎이 한계에 부딪혔을 때만 획득된다.

식물과 동물과 같은 모든 생명체는 존재자와 얽혀 있다. 더 정확히 말하자면 그것들 **또한** 어떤 행동의 일치라는 방식에서, 심지어 기억과 정해진 궤도를 따르는 충동적 행동에서 존재자와 만나고 다시금 존재자 속에 편입된다. **그러나 그 모든 것에서 동물은 그의 행동**

245

과 연관된 협소한 주위환경에 사로잡혀 있다. 동물은 존재자를 존재자로서 만나지 않는다. 동물에게 존재자는 개방되지도 은폐되지도 않는다. 동물은 그의 생활권 안으로 쇄도하는 것을 향해 돌진한다. 동물은 덤벼들어 낚아채고 삼킨다. **동물은 낚아챈다.** 동물이 낚아채는 것은 존재자로서 접근되는 것이 아니다. 동물도 **존재 자체**와 이어져 있지 않다. 동물, 즉 생명체가 **낚아채면서 사로잡혀 있다**고 하는 것은 존재로 옮겨진 역사적 현존재가 기분지어져 노동하며 내어놓여져 있다는 것과 **본질적으로 다르다.**

b) 역사의 사건은 그 자체로 존재자의 개방성에 대한 알림이다. 개방하는 위대한 순간을 평가절하하는 역사기술적 인식

역사의 사건은 본질상 그 자체로 내어놓여져 옮겨지고 확장된다. 이것은 역사 그 한가운데서 일어나고 있는 장(場)이 사건 그 자체를 통해 개방된다는 것을 의미한다. 사건은 내몰리고 위협받고 방해받으며 존재자로서 개방된다. 다르게 말하면 **사건은 그 자체로 알림(Kunde)이다.** 사건은 존재자를 알린다. 사건은 존재자와 서로 연결되고 이어져 있다. 우리가 해결하지 않은 채 내버려 두었던 물음은 이제 대답을 얻는다. **알림은 외부로부터 역사에 덧붙여지는 것이 아니다.** 오히려 내어놓여져 있고 옮겨진 것으로서 사건은 **알리고 있다.** 다시 말해 역사는 거기에 내어놓여져 있고, 거기로 옮겨져 있는 장을 알리고 있다. 그와 동시에 알림은 '일어난 것'을 배열하는 어떤 지식획득이 아니라 오히려 역사적인 것의 확장에 속해있는 것이다. 이 알림은 그때마다 **전체 사건과 순간의 상황**을 알린다. 이 상황은 이러 저러하게 말할 수 있는 상태의 단순한 축적이 아니다. 오히려 역사적 상황은 그 자체로 그때마다 역사적 존재 전체를 알린다. '알린다 (kündet)'는 것은 단지 인식과 정보를 주는 것을 의미하는 것이 아니라 **임무, 사명, 노동 앞에 세우는 것**이다. 본래 **역사적인 것은 위대한 순**간의 고지 그리고 전체 사건을 **자신 안으로 모아들이는 변혁**의 힘 속에 놓여 있다. 본래 역사적인 것은 사람들이 통상적으로 역사를 찾고 있는 곳, 즉 순간이 **고요하게 잦아든 곳**에 놓여 있지 않다. 사람들은 그러한 순간의 끝남과 완료를 발전으로 해석하고 싶어 한다. 그렇게 본다면 위대한 순간은 **교란과 파괴**처럼 여겨진다. 역사기술적 인식에서 사건의 알림은 — 그 인식은 모든 것을 이미 알고, 더 잘 알기 때문에 — 무난하게 소통되는 무난함과 평이함을 통해 **대개 평가절하**된다. 그러므로 역사에 대한 **정보와 일화**는 사소하며 계산될 수 있는 것으로 무난하게 여겨진다. 안락함과 질서 밖에 놓여있는 것은 압도적인 것이며 과도한 것이다. 그것은 전승되어온 것과 지금까지 통용되어온 것을 넘어선 것이며 **간단하게 계산할 수 없는 것, 불명료한 것, 고통스러운 것**으로서 배제되어 왔다. 그렇지만 역사에 대한 진정한 알림은 바로 그 역사가 **은폐된 것 앞으로** 우리를 데려다놓는 순간에 **알려진다**. 순간의 비밀은 압도적인 것과 불가피한 것의 알림이다. 비밀 속에서 역사의 사건은 **가장 고유한 견고성**을 가진다.

c) 순간에의 결의성으로서 인간의 역사적 현존재

비밀이 단순하면 단순할수록 존재자에 내어놓여져 있음과 그로 인한 그것의 폐쇄성은 더 강력해진다. 그런 까닭에 역사적인 것으로서 인간 현존재는 순간의 결의성에서만 본래적으로 역사적일 수 있다. 결의성은 소위 많은 의지력을 가지고 맹목적으로 실행하는 것이 아니다. 오히려 결의성은 비밀에 개방되어 존재에로 옮겨진 행위이다. 그 행위에는 몰락의 가능성, 즉 희생이 드러나지 않게 다가가 있다. 따라서 사람들이 날씨를 대하는 것처럼 임무와 사명에 대해 정보를 주고 그 추이를 보는 것이라고 생각하는 것은 잘못된 기대일 수 있다. 역사의 알림은 결단성에 놓여있는 자에게만 주어진다. 그 자만이 역사적 현존재의 불가피성을 알 수 있고 알 필요가 있다. 그러나 그것을 모르는 자와 역사의 비본질 속에서 맴도는 자라고 해도 역사와 노동에서 결코 벗어날 수 없다. 왜냐하면 비결의성 속에서 자기 자신을 닫아놓고 있는 예외자도 항상 본질적으로 자연 속에 있는 동물의 낚아채는 사로잡혀 있음과는 다르게 함께-비틀거리며 존재하기 때문이다. 비결단성은 인간적이고 역사적인 현존재의 본질에 대한 부정으로서 항상 현존재의 비본질에 대한 긍정이다. 그에 반해 동물은 항상 — 그의 방식으로 — 생명체의 본질을 보존한다.

과제와 임무를 거부할지라도 인간은 자신의 존재를 피할 수 없다. 몰락 속에서도 인간은 그가 존재하고 있다는 사실과 그가 누구인지, 그가 어떻게 존재하는지, 즉 그의 존재와 존재할 수 있음이 그에게 떠맡겨져 있음을 증명해야만 한다.

d) 염려로서 인간존재:
존재자에 내어놓여져 있음과 존재를 위임 받음.
염려에 대한 오해를 물리침: 역사적 자기존재의 자유로서 염려

지금까지 언급한 것을 통해 우리는 더 근원적인 현존재의 **깊이**를 제시할 것이다. 이미 여러 면에서 존재의 상이한 방식 — 무생물이 보여주는 눈앞의 과정, 식물과 동물의 생명, 넓은 의미에서 수의 성립, 인간존재로서의 현존재 — 이 상호 대립적으로 부각되었다. 그러나 인간의 존재방식을 그의 고유한 구성틀에서 제시하는 하는 것만으로는 충분하지 않고, 우리가 그 자신으로 있는 이 존재자가 그의 존재와 어느 정도로 **관계**를 맺을 수 있는지를 파악하는 것이 중요하다. 그에 반해 모든 **비인간적** 존재자는 대개 그의 존재에게 만은 낯설지 않다. 그러나 존재에 **대한** 낯섦도 여전히 존재**와의** 관계이다.

비인간적 존재자는 내어줌(Übereignung)과 낯섦과는 달리 사로잡혀 자기 안에 웅크리고 있으며 불명확하게 밀쳐진 상태에서 차폐되어 있다. 이러한 존재자는 그의 존재방식과 **무차별적으로 관계**를 맺는다. 그에 반해 **우리는 '[우리의] 있음'** 속에 존재가 놓여있는 방식으로 **존재한다.** 다시 말해 우리는 우리가 존재자로 **존재하는** 한에서 **문제가 되고 있는** 그 존재를 내어주고 위임받으며 존재한다. 우리의 존재에는 우리가 아닌 존재자의 존재로 내어놓여져 있음과 옮김이 속하고 있기 때문에 존재를 위임받음(Überantwortung)은 마찬가지로 전체 안에 있는 존재자의 존재를 내어줌(Übereignung)을 의미한다.

이러한 위임받음은 역사적인 인간 현존재를 항상 이러저러한 **자신의 규정에서 존재에 대해 응답해야** 하고, **그것에** 책임을 가져야하는 그러한 존재자로 만든다. 개방되는 존재자에 내어놓여져 있음, 가공되어 완성된 작품의 존재 안으로 옮겨짐, 임무와 사명 속에서 이 모든 것을 통일적으로 확장하고 보냄은 동시에 근원적으로 **존재를 위임받음**을 의미한다. 위임받음으로부터 그리고 그 속에서 현존재의 모든 사건은 일어난다. 이러한 인간존재의 근본본질, 즉 **존재자에 내어놓여져 있음**을 나는 **존재를 위임받음**이라고 여기고, 그것을 나는 **앞으로 '염려'라고도 명명한다.**

이처럼 인간 현존재의 본질을 염려로서 해석하는 것은 거의 모든 방향에서 오해되어왔다. 사고가 편협한 사람이 **매여 있는 안락함**은 인간 현존재를 염려로 규정하여 **슬프게만** 보아서는 안 된다고 여긴다. 인간의 삶에는 **사랑도** 속해있다는 것이다. 이것을 증명하기 위하여 **프로이센 학술원 기관의 독일 문예신문**[2]에서는 즉시 **상투적으로** 괴테를 인용하기도 하였다. **어떤 사람들**은 현존재를 염려로 파악하는 것이 **고달프고 초조한** '세계관'의 표현이라 여기고, 특히 다른 곳에서는 **불안**에 대해서도 그렇게 언급한다. 이들은 영웅적인 태도를 권한다. 그와 반대로 어떤 사람들은 실천적 참여를 너무 강조하는 것에 대해 거부감을 가지고 **숙고하고 관조하는** 인간을 더 높이 평가하려고

---

2 [Paul Hofmann, Sein und Zeit/Martin Heidegger, Halle 1927. In: Deutsche Literaturzeitung für Kritik der internationalen Wissenschaft (Berlin), 50. Jahrgang, Nr. 6 (1929), S. 155–172.]

한다. 그러나 서로 대립되는 이러한 입장들은 그들의 숙고로 인해 길을 잃고 헤맬 수밖에 없다. 다시 말해 이러한 입장들은 **아직도** 앞서 충분하고도 명확하게 언급했던 것을 파악하지 **못하고** 있다. 인간존재를 염려로서 특징 짓는다고 해서 인간적 주체의 우발적인 감정이 다른 감정에 비해 **우위를 차지하고** 있음을 **강조하려는** 것이 아니다. 오히려 여기에서 염려는 존재로 내어놓여져 있음, 다시 말해 **모든 주체성의 분쇄**를 의미한다. 염려는 **모든 기분**이 사실상 비로소 가능하게 되는 시간성으로서 인간존재의 근본구성틀을 의미한다.

인간이 존재자에 내어놓여져 있음으로 인해 존재로 옮겨져 역사적 존재자로 확장되기 때문에 **인간은 다만 존재할 수 있다.** 결국 인간은 내어놓여져 있음 속에 들어서 그것을 위해 또는 그것에 대립해 **있는, 바로 그렇게 존재하는** 존재자로서 **존립하고 있다.** 우리가 위임받은 존재의 성립, 즉 그 존재를 견디어내고 관철함, 즉 그러한 존재자 자체로 존립함을 우리는 **내존성(Inständigkeit)**이라고 명명한다. 인간존재는 **역사적인 것**으로서 **자신의 지속(Dauer)**을 다른 존재자처럼 계속해서 눈앞에 있음을 통해 획득하는 것이 아니라 자기 존재의 내어놓여져 있음을 **인내하며(ausdaueren) 결의성**에서 그 근거를 찾음으로서 획득한다. **내존성**은 우리가 그때마다 우리의 **규정**을 존립시키는 형태와 방식이다.

규정의 내존성은 **염려의 한 특징**이지만 **그것의 완성된 본질과** 일치하지 **않는다.**

그러나 인간은 내어줌과 낯섦의 개방적 **관계** 속에 있는 존재로 현성하기 때문에 인간존재에는 **자기 자신의 성격**이 속해 있다. 염려로서 현존재의 존재는 인간존재의 **자기성(Selbstheit)**을 가능하게 하는 근거이다. 이제 왜 자기 자신의 성격이 **나와 주체적인 것**으로 회귀함에 놓여 있지 **않은지**가 분명해진다. 왜냐하면 자기 자신은 바로 현존재를 **자기 자신에서 벗어나 존재에 위임하고, 그 존재를 그렇게 자기존재로 향하게 하는 시간성에 의해** 자아성과 주체성을 분쇄하는 것이기 때문이다. 그런 까닭에 마땅히 현존재는 그때마다 각자 우리의 것, 나의 것 그리고 너의 것이어야 한다. 우리가 '현존재는 그때마다 나의 것이다'라고 말할 때, 자아성과 주체성의 원칙적인 분쇄 이후에 그것은 현존재가 **개별적인 나로 되돌려지고 그것에 의해 단번에 증명된다는 것**을 의미할 수는 없다. 오히려 '현존재는 그때마다 나의 것이다'라는 나의 말은 즉각 나의 존재가 **서로 함께 있음과 서로를 위해 있음**이라는 내어줌 속에 있다는 것을 의미한다. 그러므로 나는 역사적으로 존재하며 역사에의 결단성 속에 있다는 사실을 통해서만 자기 자신으로 존재한다.

그때마다 고유한 현존재로 자기존재를 가장 탁월하고 명백하게 개별화하는 것이 죽음과의 관계에서 일어난다는 사실은 우연이 아니다. 거기에서 존재에로 진입하는 인간의 **가장 넓은** 내어놓여져 있음, **가장 견고한 옮김, 가장 깊은 확장됨** 그리고 그로 인한 모든 자아성의 **가장 근원적인 탈고유화(Enteignung)**가 알려진다.

현존재는 염려이다. 그 때문에 현존재는 자기 자신이라는 본질적 성격을 가진다. 현존재가 이러한 본질적 성격을 가지기 **때문에** 우리가 인간이라고 명명하는 존재자**의** 존재에 대한 물음은 무엇물음(Wasfrage)이 아니라 **누구물음(Werfrage)**이다. 누구물음이 인간에게 제기됨으로써 우리는 **역사적 존재**로서 **우리** 존재와 관련된 누구—물음을 통해 스스로 물음 안으로 옮겨진다.

염려는 우리 존재의 근본적 본질이다. 이것은 **우리의 존재가** 문제가 되고 있음을 의미한다. 다시 말해 이것은 앞서 언급한 것에 따라 삼중적 의미에서 우리의 규정이 문제가 되고 있음을 의미한다. 염려는 그 자체로 **규정에 대한 염려**이다. 염려는 현존재의 본질이 개방된 존재자에 내어놓여져 있으며, 존재의 불가피성에 내어줌의 방식으로 있다는 것을 의미한다. 염려는 **그 자체로** 역사적 자기존재의 **자유에 대한 염려**이다. 자유는 이런저런 행위가 **구속되어 있지 않다는 것을 의미하지 않는다.** 오히려 자유는 **존재의 불가피성을 관철함**, 알고자 하는 의지 속에 역사적 존재를 **떠맡음**이다. 이것은 존재의 불가피성을 민족의 순응적 질서의 **지배로** 전환시키는 것이다. 역사적 존재의 **자유에 대한 염려**는 그 자체로 **역사적 사명의 본질적 법칙으로서 국가의 힘을 강화시키는 것이다.**

e) 민족의 역사적 존재로서 국가

역사적인 인간 현존재의 존재가 시간성, 즉 염려에 근거하기 때문에 국가는 본질상 필연적인 것이다. '국가'는 **추상적이고 개념적인 것도 아니며 무시간적인 인간본성과** 연관하여 **고안된** 법에서 도출된 것도 아니다. 오히려 국가는 역사적 존재의 본질적 법칙이다. 이러한 역사적 존재에 순응함을 통해 오로지 민족은 진정한 역사적 지속을, 다시 말해 자기사명의 보존과 자기임무를 위한 투쟁을 확보한다. **국가는 민족의 역사적 존재이다.** 민족은 오늘날 종종 미사여구로 사방에서 등장하는 애매하고 흐릿한 감상적인 것이 아니다. 또한 국가는 오늘날 은밀하게 만들어진 공동체의 조직형태에 불과한 것도 아니다. 오히려 국가는 지배의지의 **관철**이 **사건으로 일어날 때**에만 그리고 **그런 한**에서만 '존재한다'. 이때 지배의지는 사명과 임무로부터 생겨나고 노동과 활동으로 **직접 연결된다.** 인간, 민족, 시간, 역사, 존재, 국가는 정의의 연습대상처럼 추상적 개념이 아니다. 오히려 그것에 대한 본질적 이해는 언제나 역사적인 것, 즉 미래적이고 기재적으로 결단하는 것이다. 진정한 것이든 그렇지 않은 것이든 전승된 모든 것은 역사적 결의성의 비판이라는 용광로 속에 들어가야 한다. 이것은 마침내 우리의 역사적 존재가 형성되는 특징을 드러내는 **주제,** 즉 **사회주의(Sozialismus)**와 관련된다. 사회주의는 **단순히 경제관념의 변화**를 의미하지 않는다. 그것은 **괴상한 획일주의**와 도달할 수 없는 것에 대한 **찬양**을 뜻하지도 않는다. 사회주의는 **맹목적인 공익성을 무작정 추구하는 것**이 아니다. 오히려 그것은 우리의 역사적 존재에 관한 **기준**과 **그것의 본질적 이음구조**를 위한 염려를 의미한다. 그런 까닭에 그것은 **직업과 활동에 따른 서열, 모든 노동에 대한 침해할 수 없는 존경,** 존재의 불가피성과 근원적 관계를 맺고 있는 봉사의 **무조건성**을 추구한다. 시간, 즉 염려라는 역사적 존재의 본질로부터 우리의 자기존재에 대한 물음이 생겨난다. 왜냐하면 이 물음은 지금 보여주어야 할 것처럼 **곁에 가까이 서있는 관찰자의 호기심에서 당장 나온 것이 아니라 이 물음은 그 자**

체로 앎에 대한 염려이기 때문이다. 그러나 그 앎은 앞에서 포착하여 개념적으로 논의한 현존재의 진리를 관철시키는 노동이다.

3장

인간존재와 언어

인간의 본질에 대한 **물음과** 대답은 우리를 근본적으로 **변화시켰다.** 그리고 여기에서 결정적으로 중요한 것은 이러한 물음과 대답이 알려진 것과 **다르다거나 새롭다는** 사실에만 있는 것이 **아니다.** 왜냐하면 '낡은 것'과 '새로운 것'은 항상 오늘날의 **분주함과 권태로움의** 시야에서 생겨난 평가일 뿐이기 때문이다. 우리의 물음과 대답에서 본질적인 것은 그것이 역사적인 우리 현존재의 존재로부터, 즉 염려로부터 파악되어야 한다는 사실이다. 그리고 그 물음과 대답은 **우리 존재의 성격,** 즉 **내존성이라는** 성격을 가지며 **내존적으로** 머물러 있을 때 그리고 그러한 한에서만 존재하는 것이어야 한다. 내존적인 물음은 묻는 자를 포함하는 물음, 즉 **총괄적인 물음이다.**

그러나 '인간은 누구인가'라는 물음을 물어야 **했던** 것은 우리가 언어의 본질에 대한 물음을 제기했기 때문이다. 왜냐하면 모든 본질물음은 선행–물음이기 때문이다. 우리는 앞서 '**도대체 언어는 어디에 있으며 어떻게 있는가**'라는 물음을 물었다. 밝혀진 것은 언어는 인간이 존재하는 한에서만 존재하며, 나아가 언어는 인간이 **어떻게** 존재하는지에 따라서만 존재한다는 사실이다. 그러나 어떤 방식으로 인간이 **존재하는**지에 대한 물음은 그가 **누구인가**라는 물음에 근거한다. 우리는 인간 현존재의 본질을 해명하고자 했고, 인간의 존재를 **시간성, 염려, 규정에 대한 염려로** 파악했다.

지금도 우리는 여전히 언어를 **앞서** 강조한 인간 현존재의 **구성틀에서 파악하고자** 한다. '언어', 그것이 무엇인지를 우리는 정말로 알고 있는가? 아니다. 우리는 그것을 아직 알지 못한다. 지금 언어는 인간 현존재라는 개념에서 비로소 **의문시되고,** 진정으로 근거가 제시

257

된 의미에서 비로소 **물어질 수 있게 되었다.** 우리가 지금 현존재의 본질적 구성틀에서 획득한 통찰과 거기에서 생겨난 개념의 도움으로 언어의 본질을 정의할 수 있었다고 한다면 그것은 값싼 속임수일 수 있다.

31절. 세계를 형성하고 보존하는 민족이라는 역사적 현존재의 중심을 지배하는 언어

우리의 물음을 진행하면서 명시적이지는 않을지라도 우리는 그때마다 항상 이미 언어가 다루어지고 있다고 여러 번 말했다. 어느 정도로 그러한가? 시간의 힘이 시간성으로서 우리의 본질을 형성하는 한, 우리는 개방될 수 있는 존재자에 내어놓여져 있다. 동시에 그것은 존재자의 존재가 우리에게 내어줌의 방식 속에 있다는 것을 의미한다. 우리를 철저히 지배하며 변화를 일으키는 존재 전체, 이 전체를 지배하는 전체성은 세계이다. 세계는 이론적 이성의 이념이 아니다. 오히려 세계는 역사적 존재의 알림 속에서 알려진다. 그리고 이 알림은 비밀 속에 있는 존재자의 존재의 개방성이다. 이 알림 속에서 그리고 그것을 통하여 세계는 지배한다. 그러나 이 알림은 언어의 근원적인 사건 속에서 일어난다. 알림 속에서 존재자에 내어놓여져 있음이 사건으로 일어나며 언어 속에서 존재를 위임받음이 사건으로 일어난다. 언어에 의해 그리고 언어에 의해서만 세계는 지배한다. 즉, 존재자는 '존재한다'. 언어는 격리된 주체 속에서 출현하고, 주체들 사이에서 의사소통으로서 이리저리 건네지는 것이 아니다. 언어는 주체적인 것도 객체적인 것도 아니다. 언어는 결코 이러한 근거 없는 구

259

별의 영역에 속하지 않는다. 언어는 그때마다 역사적인 것으로서 존재를 위임받고, 존재자 전체에 내어놓여져 있는 **사건 이외의** 다른 것이 아니다. 골짜기의 포근함, 산맥의 위협적임, 천체의 숭고함, 광포한 바다의 냉혹함, 식물의 침잠함, 동물의 사로잡혀 있음, 기계의 계산된 질주, 역사적 행위의 고단함, 창조된 작품의 **절제된** 도취, 지식을 가진 물음의 냉철한 대담함, 노동의 확고한 깨어있음, 마음의 침묵, 이 모든 것이 언어로 '존재한다'. 이 모든 것은 언어의 사건 속에서만 존재를 **획득하고 상실한다.** 언어는 세계의 지배를 형성하며 보존하는 민족이라는 역사적 현존재의 중심이다. **시간성이 시간화되는 곳에서만 언어가 사건으로 일어난다. 그 반대도 마찬가지이다.**

32절. 아직 파악되지 않은 역사적 현존재의 임무로서 논리학: 언어사건 속에서 일어나는 세계지배에 대한 염려

그러나 우리는 왜 언어의 본질에 대해 **묻는가**? 그 이유는 다음과 같다. 우리 현존재가 염려, 즉 **규정**에 대한 염려로서 그 **규정**을 일깨우고 떠맡아 보존하는 염려이기 때문이다. 그리고 염려가 **자유의 염려**로서 모든 존재자의 본질을 위한 **앎과 앎의 가능성**에 대한 염려이기 때문이다. 그리고 그 앎은 우리에게 단순한 사실에 대한 **피상적인 지식**도 아니며 모든 것에 대해 생각 없이 떠드는 잡담도 아니기 때문이다. 그리고 그 앎은 **책임을 떠맡는 말**을 통해서만, 다시 말해 **역사적인 노동** 속에서 창조하는 언어에서 생겨난 견고성을 통해서만 정초되고 형성되며 전승되고 일깨워질 수 있기 때문이다.

그리고 우리는 왜 언어의 본질에 대한 물음을 '**논리학**'이라고 부르는가? 그 이유는 다음과 같다. 논리학이 '**로고스**'를 다루고, '**로고스**'가 이야기, 즉 **언어를 의미**하고, 방금 그렇게 언급한 논리학을 통해서 이야기의 본질이 성급하게 평이하게 피상적인 것으로 오해되었다. 그 때문에 '**논리학**'은 아직도 **파악되지 않은** 인간적이고 역사적인 현존재의 임무이다. 그럼에도 불구하고 사고의 규칙에 관한 **학설**로서 **지금까지의 논리학**이 존재의 모든 규정을 위한 최상의 중요한 규칙으로 여

261

겨지기를 요구하고 있다. 그 때문에 그 요구는 언어의 본질에 대한 근원적인 개념에서부터 **더 근원적으로** 파악되고, **지체 없이 갱신되어**야 한다. 논리학은 우리에게 **개인이 하룻밤 사이에** 완성하여 **교본으로 시장에 내어놓을** 수 있는 그런 것이 아니다. 논리학은 **결코 논리학을 위한 것이 아니다.** 논리학의 물음은 세계의 **지배**가 언어에서 사건으로 일어남으로써 **존재가 힘을** 갖는 존재자의 존재에 대한 **앎의 염**려로서 생겨난다.

33절. 본래적 언어로서 시짓기

이러한 언어의 본질에 대한 물음은 언어의 비본질에서 나올 수 없다. 그리고 그러한 본질의 가상에서 잘못 파악하거나 곡해해서도 안 된다. 언어의 본질은 언어를 오용, 평준화, 왜곡 속에서 소통수단으로 여기고, 소위 내적인 것의 단순한 외적 표현으로 격하시키는 곳에서는 알려지지 않는다. 언어의 본질은 세계를 형성하는 힘으로서 즉시 언어가 사건으로 일어나는 곳에서, 즉 언어가 존재자의 존재를 앞서 비로소 모범적으로 형성하고(vorbilden), 이음구조 안으로 가져오는 곳에서 현성한다. 근원적인 언어는 시짓기의 언어이다.

그러나 시인은 그때마다 오늘날의 것에 대해 시구를 만드는 자가 아니다. 시짓기는 일군의 어린 소녀들을 위한 위안이 아니며, 예술을 향유하고 멋을 부리기 위한 것이라고 여기는 탐미주의자들을 위한 자극도 아니다.

참된 시짓기는 오래전부터 이미 우리를 향해 멀리서부터 말을 걸어왔으나, 우리가 아직도 결코 따라잡지 못한 그러한 존재의 언어이다. 그런 까닭에 시인의 언어는 결코 오늘날의 것이 아니다. 시인의 언어는 항상 기재해온 것이고 미래적인 것이다. 시인은 결코 동시대적이지 않다. **동시대의 시인이** 조직을 결성할 수 있긴 하지만 그것은 **부조리한** 것이다. 시짓기와 그와 함께 하는 본래적 언어는 **존재의 지배가** 근원적인 작품의 우월한 범접 불가능성 속에서 드러난 곳에서만 사건으로 일어난다.

이것을 알기 위해 오늘날 **훈육(Zucht)**에 대해 많은 것을 말하고 있는 독일인들은 그들이 **이미 소유하고 있는 것을 보존한다는** 것이 무엇을 의미하는지를 배워야 한다.

2부 | 역사의 본질로서 근원적으로 통일된 시간 물음

부록

[56-60쪽에 대하여]

베르그송에게 있어서 인간

충동적인 모든 생명의 근본토대에서 — 성취된 하나의 결과

생명의 진화를 위한 성공적 사례
"생명의 성공(réussite de la vie)", 정신적인 힘(L'énergie spirituelle) (58쪽)[1]
| 마지막에 출현한 척추동물(le dernier venu des Vertébrés)[2] |
창조적 진화(Evolution créatrice), 288!

인간은 위대한 존재이다(l'homme est la grande)

1 [Henri Bergson: L'énergie spirituelle. Essais et conferences. Librairie Felix Alcan: Paris 1919.]
2 [Henri Bergson: L'évolution creatrice. Librairie Felix Alcan: Paris 1907, S.145f.]

[77-79쪽에 대하여]

잘못된 물음

1. 일반적으로 무엇 안에 있는 것
2. 다음으로 — 인격[?]
3. 자기 자신 — 무엇에로 향함
4. 우리 자신 — 그때마다 **나** 자신과 그것의 합
5. **보편자**(유개념)로서 자기 자신

[131-134쪽에 대하여]

역사의 본질에 대한 물음. 이 물음의 폭과 의미는 겉보기에 잘 알려진 것처럼 **역사철학**에 할당되어야 하는 것처럼 보인다. 그러나 그것을 **훨씬** 더 넘어서 있다. **'언어철학'** 참조.

동일한 것이 여기에서도 타당하다.

그렇다면 그때 처음부터 의도적으로 **그러한 제한**을 도외시하고 배제하여 아주 **자유롭게** 제시하는 것 ― 그것은 **하나의 상자 안에 넣어 보호하는 것이 아님!**

     ↑

그에 반해 진리, 역사규정의 성격, 이론적 인식 ― 절대적 진리 ― 는 연결되어 있다.[?] 왜냐하면 모든 것은 **상대적**이거나 임의적이지 않으며, **절대적인 것**에 대한 거부와 함께 **상대적인 것**의 가능성도 사라지기 때문이다. 완전한 대립은 빗나간 것이며, 근거가 없는 것이다.

역사 ― 인간존재의 요구

의미 : 1. 인간 바깥에 있는 의미에서 역사

      2. 내부 ― 역사적

역사 ― 다의적

동일한 것 ― 동일성

그렇지 않으면 ― 차이

1. 어떤 것이 진행되고 있는 도처 ∣ **향함과 운동**

       운동

경과   **왕래**   **사건**

지구   생명   인간

항공기 ― a ∣∣ **기계** ∣

     b ∣ **항공기** ―― 비행!

    역사적 성격

역사 안으로 진입함 — **과거**
역사 안으로 들어섬 — **미래**

역사를 만듦
　역사를 자신 앞으로 이끌어 옴 — 역사에 의해 **지탱됨**

지구 — 동물 — **역사가 없음** — 왜냐하면 **인간이 없기** 때문이다 — 인간으로[?]
회귀 ㅣ= 역사로서의 인간 — **존재의** —

통상적 고찰을 다시 **수용함** — **의도적** — **지식적** — 알림

[148-150쪽에 대하여]

[1]

외적인 표식어의 나열을 통해 물음의 연관을 보여주고자 함

알림과 역사 a) 이미 일어나고 있음
              b) 알림이 없음 ─ 보다 본질적인 것

학문 / 정형화 근거지어짐 ─   근거지음
       비로소 올바르게 규정함 ← 조사함
    그러나!
    경계의 구분 ─ 마비
                             [...][3]
그러나 똑같이 **반대의** 가능성이 있다

지식 ─ 개방성 ─ 함께 지탱하며 주도함!
            |
역사과학 ─ 척도를 부여하는 겉보기의 결과
    19세기
     객관성   심리학
                 사회학
                 ─ ?

학문 ─ 그 자체!
죽은 객체 ─ 현재

---

3 판독 불가능한 두 낱말

271

현재의 연관
그러나 — 오늘날의 것
  이중적인 것

지배적이지 않은 무형식적인 것
강제적인 것 — 일상적인 것 ㅣ 비역사적인 것

부정적인 것이 아님
단지 **현재**를 위한 것이 아님!

역사 – 비역사

  사건.

뒤에 남겨둔 것 — 역사 = 알림

우리의 마지막 시도 — 시간의 관점에서 본 역사의 본질

과거, 되어짐, 기재성
이전부터 현성하고 있는 것 —
그것에 따라 경계 지어져야 하는 것! **오늘날 여전히 작동하고 있는 것**
오늘날 현실적인 것
본질의 가상으로서 비본질
우리에게 본질적인 것 – 결코 눈앞에 있지 않으며 파악할 수 없는 것
오히려

우리가 그것에서 결단하는 미래로부터

그리고 이것은 우리에게 기재성이다

전승? 관여 —

'시간공간이 아니다' —

오히려 시간화의 통일성 — 기재성은 미래를 '가진다'.

사건 그 자체의 **근본구조**

변혁 —

우리의 물음과 대답 —

두 가지 오해.

[4]

사건

사건으로 옮겨짐

결단

민족
  |
우리−자신
  |
인간
  |
언어
  |
<u>로고스</u>
 ↑ |
<u>논리학</u>

결단성 — 사건과 그것을 통하여

[162-167쪽에 대하여]

1. 역사 — | 자연 | 역사과학 | — 시간.

2. 과거 — 현재 | 미래 — **역사기술!**

3. 모든 운동 — 시간 속에서 — 't(시간)'와 역사적 연도 — 날짜.

4. 공간으로서 시간 — 자연과 역사 — 동일한 것!

그렇지만

5. 역사 그리고 | **과거** | **역사에 속하는** — 과거

세 가지 물음 1. 여기에서 과거가 의미하는 것은 무엇인가?

           2. 거기로부터 **우월한 것**은 a) 보다 이른 것의 우월성으로서,

              b) 역사의 규정으로서

           3. 이로부터 역사와 시간의 관계에 관해 무엇이 말해지는가?

[200-203쪽에 대하여]⁴

   그러나 우리에게 3) 규─정은 **기분**에 의해, 즉 그때마다의 지배적인 근본기분에 의해 **철저히 기분지어져 있음**을 의미한다. **기분지어져 있음**으로서의 규정. 기분은 우리 마음의 활동, 가령 사고와 의지에 속한 **어떤** 감정적인 부과물이 아니다. 기분은 다른 것과 나란히 있는 소위 마음의 능력도 아니다. 또한 기분은 그저 어떤 사람이 어떤 기분 속에 있는지에 대한 표시가 아니다. 오히려 기분적으로 있음은 이러저러하게 그 자체로 처해있다는 심정적 존재를 의미한다. 기분지어져 있음으로서 **규─정(Be─stimmung)**은 규정되어 있음으로서의 규정에 속하고, 규정성은 노동에 속한다. 기분은 우리 현존재를 존재 전체에 뿌리내리고 연결시키는[?] 힘으로서 우리를 지탱하고 철저하게 지배하는 시간을 드러낸다. 여기에서 이렇게 제시된 시간의 본질을 파악하기 위하여, 즉 경험하기 위하여 우리는 당연히 모든 심리학과 그것의 범주로부터 먼저 자유로워져야 한다. 마찬가지로 전승된 생물학의 개념으로부터도 자유로워져야 한다. 시간의 조율하는 힘은 우리에게 대부분 은닉된 채 있다. 그리고 권태와 같이 잘 알려져 있지만 근본적으로는 비밀스러운 기분에서 우리는 오늘날 거의 시간을 원초적으로 경험할 수 없다. 왜냐하면 우리는 전적으로 전승된 시간개념의 공허함 속에 있기 때문이다.

   우리가 지금 '시간은 역사적 우리 현존재를 규정하는 힘으로서 시간화한다'라고 말하고, 그때 규정을 규정되어 있음, **규정성** 그리고 기분지어져 있음으로 경험한다면, 적어도 대략적인 것을 파악하기 위한 첫 번째 실마리가 주어진 셈이다.

---

4 [쪽수표시는 수고에 색연필로 밑줄이 그어져 있었다.]

[207-211쪽에 대하여]

이러한 시간의 개념은 우리가 익숙한 표상에서 알고 있으며, 우리에게 — 그것을 따라서 우리가 **시간을** 일상적으로 직관하는 — 필수적 도구로 여기는 시간의 개념과는 완전히 다른 것인가?

[224-228쪽에 대하여]

오늘날에도 여전히 중요하게 여겨지는 근대학문의 근원이 여기에 있다. 학생들이 그들의 간행물에서 근대학문의 문제점을 지난 세대와 지금 세대 교수들의 책임으로 돌리는 험담을 여전히 하고 있다면 그것은 매우 안타까운 일이다.

[241-244쪽에 대하여]

오늘날에도 여전히 지배하고 있는 **주체**로서의 인간이해에 대한 다양한 의문점들. 이러한 이해는 인간존재를 **규정** 속에서 역사적인 것, 즉 **시간성**으로 파악하는 완전히 다른 근본경험을 통해서 분쇄되었다.

제대로 이해된 시간의 본질은 자아와 연관된 모든 것으로부터 벗어나게 한다.
'규정'이라는 낱말의 **삼중적** 의미를 통해 우리에게 알려진 세 관점에 따라 이것을 수행함.
기분과 위대한 근본기분이 우리를 드러내고, **신체성**를 자체 지탱하고 이끄는 방식.
현재로서의 노동이 — 우리를 옮겨 — 우리의 존재 안으로 **옮김**을 수행하는 방식.

34년 여름학기 강의, 56쪽에 대해

역사와 비역사

    역사성의 유산

    순간에서 분출함

    경영 속으로 다시 몰락함

    사소한 것과 계산할 수 있는 것의 출현 — 비밀스러우며 비유하기 어려운 것

    사건은 지배되지 않으며 그것의 **가능적인 위대함에서도 은닉되어 있다.**

    ———————————————

    민족으로서 최고의 역사성

    확장하는 현존재 — 대지

    가장 심오한 존재 — 염려

편집자의 후기

마르틴 하이데거의 전집 38A권은 1934년 여름학기에 매주 두 시간 동안 행해진 "언어의 본질에 대한 물음으로서의 논리학" 강의를 처음으로 그의 강의수고의 사본에서 가져온 것이다.

수고는 — 강의를 위해 적용한 익숙한 방식대로 — 좌측 절반에는 일련의 텍스트로, 우측 절반에는 추가내용과 교정, 부연설명과 부가적인 주해로 구성된 가로형식의 2절지로 구성되어 있다. 하이데거는 65쪽의 번호가 매겨진 원고를 가지고 강의를 하였다. 그때 16a, 16b, 30a, 43a, 46a쪽은 마지막 60쪽에 놓여있었다. 덧붙여 하이데거는 여러 형식의 메모지 22장을 페이지 사이에 남겨두었다. 메모지에 그는 부가적인 주해를 작성하거나 특정한 풀이를 짧게 정리하였다. 이 책에 나는 (전집 35권에서 이미 했던 것처럼)[1] 강의원고 안에 있는 쪽수를 기록했다. 수고에는 — 하이데거가 분명히 강의를

---

1 Martin Heidegger: Der Anfang der abendländischen Philosophie. Auslegung des Anaximander und Parmenides. GA35. Hrsg. von Peter Trawny, Frankfurt am Main 2012.

준비하면서 기록했던 — 번호가 붙여지지 않은 110개의 메모지 묶음도 포함되었다. 강의 자체에서 언급되지 않은 메모들은 필요 없기 때문에 이 책에 포함시키지 않았다. 그러므로 나는 대부분의 강의록의 편집에서 적용한 방식을 따랐다고 할 수 있다.

*

나의 사본을 완성하기 위하여 나는 — 시모네 마이어(Simone Maier)와 헤르만 하이데거(Hermann Heidegger) 박사에 의해 작성된 — 2011/12년에 나온 그 외 강의수고의 사본을 입수하였다. 이 사본은 나의 사본을 교정하는 마지막 단계에서 많은 도움을 주었다.

이 수고와 함께 나는 당연히 귄터 조이볼트(Günter Seubold) 교수에 의해 편집된 전집 38권을 가지고 있었다. 조이볼트는 자신의 후기에서 그의 편집본에 근거가 되는 "4개 또는 5개의 문서"[2]를 참조했다. 당시에 그 문서에는 수고가 속해 있지 않았다.

그래서 조이볼트는 "하이데거의 강의수고"가 "그 당시", 다시 말해 1998년에 전집 38권이 출판된 시점에 "소실된 것으로 여겨질" 수밖에 없다고 단정하였다. 계속해서 그는 "모든 개연성을 고려해보자면 그것은 하이데거로부터 빌린 뒤 더 이상 반환되지 않았다"[3]고

---

2 Martin Heidegger: Logik als die Frage nach dem Wesen der Sprache. GA38, Hrsg. von Günter Seubold, Frankfurt am Main 1998, S. 173.
3 같은 곳.

말한다. 사실상 하이데거는 수고를 50년대 중반에 — 1959년 7월 12일에 중병으로 사망한 — 도리 비에타(Dory Vietta)에게 분명히 넘겨주었다. 이후에 그 수고는 그녀의 유산으로 남아 있었다. 그 유산은 그녀가 죽은 후에 그녀의 아들인 질비오 비에따(Silvio Vietta)에 의해 인수되었다. 이것을 전집 38권이 출판된 지 약 10년 후인 2007년에 독일 문서보관소가 입수하였다.

55쪽에서 하이데거는 붉은색 글씨로 다음과 같은 메모를 남겼다. "이후의 정리작업 55–124쪽, 참조". 이 메모가 의미하는 바가 무엇인지를 지금까지 알아낼 수 없었다. 강의에 대한 특별한 "정리작업"은 하이데거의 유고에서 발견되지 않았다.

이 강의가 출판되는 과정에는 1991년에 빅토르 파리아스에 의해 번역되고 주석이 달린 스페인어 대조판 "Logica. Lecciones de M. Heidegger (semestre verano 1934) en el legado de Helene Weiss"도 속해있다. 이 책은, 조이볼트가 밝히고 있듯이, 루이즈 크론(Luise Krohn)에 의한 강의 필사본에 근거하고 있다.

*

하이데거는 1934년 여름학기에 우선 "국가와 학문"이라는 제목을 가진 강의를 할 계획이었다. 가장 먼저 전수된 "검은 노트", 즉 1931년 10월에 시작하고 있는 "암시 X, 숙고(II), 지침들(Winken X und Überlegungen(II) und Anweisungen)"에서 "논리학"–강의를 정리하려는 결정이 확인될 수 있다. 거기에는 다음과 같은 내용이 기술되어 있다. "이것이 내가 실제적인 '논리학' 아래에서(35쪽 참조) 구상하고 있는 그것이다! 로고스는 '진술'이 아니라 오히려 자기 자신 위에 스스로를 세우며 존재자 그 자체에 대해 물음을 거는 말 건넴이다. 다시 말해 그러나 존재에서 존재자를 표현하는 것은 진리(ἀ-λήθεια)의 '본질'에서 일어나는 근본사건이다.(34년 여름학기 강의, 참조)"[4] 그리고 "독일인만이 존재를 근원적으로 새롭게 시로 지을 수 있고 말할 수 있다. 독일인만이 테오리아(θεωρία)의 본질을 정복하고 마침내 논리학을 창조한다."[5] 그때 위에 제시한 "검은 노트" 35쪽에는 다음과 같은 것이 제시되고 있다. "'논리학'(25쪽 참조) ― 그의 현존재가 존재자 전체 그리고 그것의 깊이와 '근거'에서 존재자 전체의 본질과 일치하지 않는 자는 어떤 '논리학'도 필요하지 않으며, 그에게 논리학은 무가치한 것이다. 그는 항상 자신의 '건전한' 사고를 가지고 그럭저럭 잘 지내며 살아간다. 그러나 본질 속에 실존하는 자는 자신을 위해 '논리학'을 요청해야 한다. 왜냐하면 논리학은 ― 제대로 이해된 것이라면 ― 형식적 기술이 아니라, 진리의 해방에 속하는 힘이자 내적인 훈련이기 때문이다. 그런 까닭에 **제대로 된 논리학** 강의는 통상적으로 '사멸'되어 생명력이 없는 진부한 이야기가 결코 아니며, 진지한 사람과 '소질을 가진 사람들'을 위한 것이다. 그것은 결코 소질이 없는 자와 사유할 능력이 없는 자를 위한 것

---

4 Martin Heidegger: Überlegungen II-VI (Schwarze Hefte 1931-1938). GA94. Hrsg. von Peter Trawny. Frankfurt am Main 2014. S. 23.
5 같은 책, S. 27.

도 아니다. 그들에게 논리학은 아무런 도움도 줄 수 없다."[6]

그러므로 하이데거는 강의에서 "'논리학' 자체를 시원에서부터 근본적으로 해체하여 그 이름에 담긴 보다 더 근원적인 과제를 일깨우고 포착"할 수 있기 위해 노력한다. (이 책, 25쪽) 그것을 위해 그는 "언어의 본질"에 대한 새로운 파악을 전개하였다. 이 새로운 파악은 항상 그가 그 시대 속에서 여전히 생각했던 "민족"의 "현실적인 변혁"과 연결되어 있다.(이 책, 125쪽) 강의 끝부분에서 겨울학기에 행해진 "횔덜린의 시"[7]에 관한 강의를 준비했었다는 사실이 분명해진다. 왜냐하면 "근원적인 언어"는 "시짓기의 언어"라고 말하고 있기 때문이다.(이 책, 263쪽)

*

내가 가지고 있는 강의의 칼라 복사본을 통해 나는 붉은색 밑줄과 초록색 밑줄 이외에도 알아보기 힘든 노란색 밑줄을 반영할 수 있었다. 가장자리에 나는 수고에 원래 매겨져 있는 번호를 표시했다. 기호 '¦'는 페이지 바뀜을 표시한다.[8] 부록에는 하이데거가 원래 수고의 페이지 사이에 놓아두었던 메모지들 이외에 노란색 색연필로 그은 구절들이 수록되어 있다. 여기저기에 나는 꺾쇠 괄호 '[ ]' 안의

---

6 같은 책, S. 30.
7 Martin Heidegger: Hölderlins Hymnen "Germanien" und "Der Rhein", GA39, Hrsg. von Susanne Ziegler, Frankfurt am Main 3/1999.
8 [이 책에서는 별도 표시를 하지 않았다 — 옮긴이]

각주들을 달아 역사적 사건과 연관된 내용을 제시했다. 또한 인용문을 확인하고 각주에 그에 대한 서지사항을 달았다. '[?]'는 의문스러운 구절, 즉 판독하기 어려운 것을 나타낸다. 'D'는 수고를 의미한다.

"언어의 본질에 대한 물음으로서의 논리학" 강의의 수고 편집은 필사본으로 이루어진 첫 번째 출판을 대체할 뿐만 아니라 비교를 가능하게 해준다. 비교를 통해 아마도 청강생에 의해 파악된 것과 하이데거의 수고 사이의 차이를 살펴보는 것이 가능하게 되었다. 한편으로 철학교수들은 자신의 강의에서 항상 자신이 글로 써서 준비한 것에 포함되지 않는 것 또한 말한다. 다른 한편으로 그들은 글로 써서 기록한 생각들을 강의에서 약하게 또는 강하게 말하기도 하며 생략하기도 한다. 최종적으로 조이볼트가 편집에 사용한 두 개의 판본은 매우 달랐다. 그렇지만 나는 조이볼트가 작업한 강의의 구성을 약간 변경하여 수용할 수 있었다.

*

나는 이 책의 편집을 맡겨준 최근에 돌아가신 헤르만 하이데거 박사, 그리고 편집작업을 맡겨준 그의 아들이자 유산 관리인인 변호사 아르눌프 하이데거(Arnulf Heidegger)에게 감사를 드린다. 그리고 교정작업을 위해 나에게 자신의 강의 사본을 넘겨주었던 시모네 마이어에게도 감사를 드린다. 또한 프리드리히 대왕(Friedrich dem Großen)의 인용문을 확인하는 데 도움을 준 상수시(Sanssouci)의 연구소 책임자인 위르겐 루(Jürgen Luh) 박사에게도 감사를 드린다. 나아가 속기로 쓰인 문장을 판독해준 뮌헨에 있는 가벨스베르거 속기센터에 감사를 드린다. 마지막으로 교정을 해준 알렉산드로 로세(Herrn Alexander Losse) 씨에게도 감사를 드린다.

2020년 4월 3일
뒤셀도르프에서 페터 트라브니(Peter Trawny)

하이데거 연보

1889	9월 26일, 메스키르히에서 출생함
1903 – 1906	콘스탄츠의 김나지움을 다님
1906 – 1909	성 게오르크 신학생 기숙학교로 전학함
1909	9월 30일, 예수회에 수련 수사로 입회함
	10월 13일, 심장병으로 집으로 돌아옴
1901 – 1911	프라이부르크에서 신학과 철학을 공부함
	가톨릭계 잡지에 반모더니즘적 글을 게재함
1911 – 1913	성직자의 길을 포기함
	프라이부르크 대학에서 철학, 정신과학, 자연과학을 공부함
1914	「심리주의의 판단에 관한 이론」으로 박사학위를 취득함
1916	「둔스 스코투스의 범주론과 의미론」(교수 자격 논문)
1919	가톨릭과 멀어짐
1918 – 1923	프라이부르크 대학에서 강의. 후설의 조교가 됨

1922	아리스토텔레스의 현상학적 해석으로 마르부르크 대학에서 주목을 받음
1923	〈존재론 강의〉로 '철학계의 숨은 왕'이라는 명성을 얻음
1927	『존재와 시간』(저서)
1928	후설의 후임으로 프라이부르크 대학에 초빙됨
1929	'형이상학이란 무엇인가?'(취임 강연)
1930	'진리의 본질', '형이상학의 근본개념들'(강의)
1933	총장으로 선출됨 5월 1일, 국가사회주의 당 가입 5월 27일, 총장 취임 연설
1934	4월, 총장직 사퇴 '언어의 본질에 대한 물음으로서의 논리학' (여름학기 강의)
1935	'예술작품의 근원'(강의)
1936	'횔덜린과 시작의 본질'(강의)
1936 – 1938	『철학에의 기여』(저서)
1936 – 1940	국가사회주의의 힘의 사유에 대한 비판적 논쟁
1938	'형이상학을 통한 근대 세계상의 정초'(강의)
1940	'플라톤의 진리론'(강의)
1945	나치 관련으로 강의를 금지 당함 (~1951)
1946	〈휴머니즘에 관하여〉(편지) '무엇을 위한 시인인가?'(강의)
1950	'사물', '언어'(강의)

1951/52	대학에서 다시 강의를 시작함.
	'로고스', '사유란 무엇을 말하는가?',
	'건축함 거주함 사유함',
	'……인간은 시적으로 거주한다……'(강의)
1952	프라이부르크대학 교수 은퇴
1953	'니체의 차라투스트라는 누구인가?',
	'학문과 숙고', '기술에 대한 물음'(강의)
1955	'내맡김'(강의)
1956	'근거율'(강의)
1957	'동일률'(강의)
1959	'언어에 이르는 길'(강의)
	메다르트 보스와 졸리콘−세미나를 진행함 (~1969)
1960	'언어와 고향'(강의)
1967	'예술의 유래와 사유규정'(강의)
1976	고향 메스키르히에 묻힘

찾아보기

지은이 **마르틴 하이데거**

Martin Heidegger, 1889 ~ 1976

독일 슈바르츠발트의 메스키르히에서 태어났다. 프라이부르크대학에서 신학과 철학을 공부했다. 1914년 「심리주의의 판단에 관한 이론」으로 철학박사 학위를 취득하고, 1916년 「둔스 스코투스의 범주론과 의미론」으로 교수자격 논문을 통과했다. 1923년 마르부르크 대학 정교수가 되었다. 1928년 후설의 후임으로 프라이부르크대학에 부임하였다. 1927년 주저 『존재와 시간』을 출간하였다. 1933년 총장으로 선출되었다. 1934년 학과 내의 불화, 당과의 이견으로 총장직을 사퇴하였으나, 이 시기의 정치적 행보는 그의 삶에서 오점으로 남게 된다. 총장직을 사퇴한 후 행한 첫 강의 "언어의 본질에 대한 물음으로서의 논리학"에서 그는 당시 자신의 정치적 입장을 간접적으로 시사하였다. 이후 그는 사유의"전회"라로 불리는 후기 사유의 길을 걸었다. 그의 존재사유는 데리다의 차연사상, 포스트모더니즘, 후기구조주의, 마르쿠제와 하버마스의 비판이론, 한나 아렌트의 정치철학 등에 많은 영향을 끼쳤다.

  주요 저서로는 『존재와 시간』, 『철학에의 기여』, 『숲길』, 『이정표』, 『동일성과 차이』, 『강연과 논문』 등이 있으며, 현재까지 약 100여권에 가까운 전집이 출간되었다.